经济管理类课程教材·国际贸易系列

U0795112

跨境电商实务

主编　刘春生

新形态教材

中国人民大学出版社
·北京·

内容简介

科技进步是推动全球贸易发展和商业模式变革的主要动力之一。进入21世纪以来，全球贸易经历了传统贸易阶段、全球价值链贸易阶段，正在逐步迈入国际数字贸易阶段。跨境电商作为国际数字贸易的主要应用场景之一，其兴起与发展推动了贸易全球化的大发展，受到各国的广泛关注和高度重视。

跨境电商的崛起，给传统的国际经济与贸易、电子商务、市场营销等专业提出了新的课题和要求，市场迫切需要既懂得跨境电商基础理论、政策演进，又懂得实务操作、平台运营的专业人才。本教材回应市场需求，紧紧围绕跨境电商基础理论，讨论跨境电商的具体实践与应用，介绍了主流跨境电商平台基础知识及操作、网络营销及客户开发和管理的内容与实施方法，以及跨境电商风险管理等内容，既适用于跨境电商专业、国际经济与贸易专业、电子商务专业学生的教学，也适用于相关从业人员的培训与学习。

作者简介

刘春生，中央财经大学副教授，硕士生导师，研究方向为贸易与金融。中国人民大学经济学院经济学博士，特华博士后科研工作站博士后，2006年7月进入中央财经大学任教，2013—2016年担任中央财经大学国际经济与贸易学院副院长，中澳合作项目副主任。国内多家媒体财经评论员；中国证券业协会专家组成员；中国新闻网签约专家；泰国正大管理学院博士生导师，MBA授课教师。主持或参与多项国家级、省部级课题，在各类期刊上发表论文50余篇，曾获教育部第六届高等学校科学研究优秀成果奖（人文社会科学），并多次荣获中央财经大学滋兰树蕙优秀教师奖、成心优秀教学奖、涌金优秀教学奖。

前言

PREFACE

近年来，中国跨境电商产业获得爆发式增长，成为中国外贸转型和高质量发展的重要推手。2020 年新冠肺炎疫情在全球暴发以来，跨境电商显示出独特的生命力，充分发挥了其在在线营销、在线交易、无接触交付等多个领域的特点优势，成为中国对外贸易的生力军。中国正积极培育通过跨境电商参与国际合作和竞争的新优势，进出口规模持续快速增长。从国家战略层面而言，跨境电商的发展有利于中国制造业的升级，中央和各级地方政府也把跨境电商作为稳外贸、稳增长的重要抓手。

2015—2020 年，中国跨境电商进出口规模在 5 年间增长了 10 倍。2021 年，中国跨境电商依然高歌猛进，根据中国海关的统计，2021 年中国跨境电商进出口总额达到了 1.98 万亿元人民币，同比增长 15%；其中，出口总额为 1.44 万亿元人民币，同比增长 24.5%。

随着跨境电商行业的高速发展，众多企业涌入市场，跨境电商行业的竞争日趋激烈。随着中国对外贸易的转型升级，传统贸易商也开始借助互联网进入跨境电商领域，预计未来将会有更多的企业参与行业竞争。

中国跨境电商行业的快速发展、企业的高速成长、市场的不断扩大，既和中国强大的生产制造能力、完善的基础设施、成熟的对外贸易分不开，也和中国政府提前布局、出台的一系列支持政策分不开。2013 年 8 月，国务院办公厅转发商务部等部门《关于实施支持跨境电子商务零售出口有关政策意见的通知》。这是国家层面出台的第一份关于支持跨境电商的专项文件。2015 年以来国务院分六批在全国 132 个城市开展了跨境电商综合试验区建设，对跨境电商交易、物流、通关、支付、退税、结汇等环节先行先试，力图打造标准化的技术和业务流程、监管措施、电子政务（如跨境电商一体化）窗口等，并基于制度创新、营商环境优化、管理与服务创新、贸易投资便利化、协同发展，在全国打造一批试点地区，为跨境电商的健康发展拓展道路，突破创新，培育一批跨境电商优质平台和优秀企业，打造一批跨境电商优质项目，逐步形成一套适应和引领全球跨境电子商务发展的管理制度和规则。2018 年，全国人大常委会审议通过了《中华人民共和国电子商务法》，这是我国第一部关于电子商务的综合性法律，对于规范电子商务行为、维护市场秩序、促进电子商务持续健康发展具有里程碑式的意义，其中第 71～73 条对跨境电商涉及的法律问题进行了规范。

2020 年，中国首批跨境电子商务专业开始招生，成为跨境电商教育界具有里程碑意义的事件。

跨境电商的发展给专业人才的培养提出了新的要求，为此，我们编写了《跨境电商实务》这本教材。在吸收相关教材宝贵经验的基础上，本教材的编写团队大量参考跨境电商的政策、法规、新闻、评论、学术论文，突出案例教学，将理论与实践相结合，模拟操作与形势分析相结合，试图为学生展现跨境电商运营的全景。

本教材基于跨境电商运营的各个流程，分为导论、跨境电商惯例与规则、跨境电商主要模式与平台、跨境电商店铺注册、跨境电商营销与市场开发、跨境电商交易流程、跨境电商物流与保险、跨境电商结算、订单处理与客户维护、跨境电商风险及其管理等章节，以学生为主体、以培养综合能力为目标，结合案例与实操进行编写。

本教材不仅可以作为国际经济与贸易、跨境电子商务、国际商务、贸易经济等专业的本科生、研究生的相关教材，也可以作为高职、高专跨境电商课程的教学用书和参考资料，还可以作为跨境电商从业人员的培训教材和指导用书。

本教材由中央财经大学国际经济与贸易学院刘春生担任主编并统稿、定稿，参加编写的人员主要为中央财经大学一线教学、科研人员，分工如下：第 1 章［刘春生、马仲溥（北京科技大学）］；第 2 章和第 7 章（李慧媛、杨甜、刘春生）；第 3 章和第 4 章（杨甜、刘春生）；第 5 章和第 9 章（王楚瑶）；第 6 章和第 8 章（杨莹）；第 10 章（杨斯佳、刘春生）。刘春生、金丹、马仲溥负责制作了本教材的全部课程资源（课件、习题答案、试卷、教学大纲、教学案例、操作视频等）。

由于编者水平有限，疏漏在所难免，恳请读者批评指正。

目录

CONTENTS

第1章 导论

学习目标

- 掌握跨境电商的基本概念；
- 理解跨境电商与其他相关概念的异同；
- 了解跨境电商与境内电商的区别与联系；
- 掌握跨境电商与传统国际贸易的区别；
- 了解跨境电商崛起的原因；
- 了解跨境电商的发展历程；
- 理解跨境电商的基本特征；
- 掌握跨境电商实务的学习方法。

关键概念

跨境电商　数字贸易　跨境零售电商

案例导入

2021 年 1 月 13 日，中华人民共和国商务部新闻发言人在新闻发布会上介绍，近年来，中国外贸新业态蓬勃发展，持续创新。中国跨境电商 5 年增长近 10 倍，2021 年继续保持两位数增长。跨境电商市场采购贸易规模 6 年增长 5 倍，2021 年出口额再创历史新高，外贸综合服务企业超过 1 500 家，海外仓数量超过 2 000 个，加工贸易保税维修项目已建成约 130 个，离岸贸易稳步发展，新业态新模式已成为推动外贸转型升级和高质量发展的新动能。

针对今年外贸承压面临的挑战，商务部下一步将按官方部署要求，重点做好以下工作：一是扎实推进跨境电商综合试验区建设，会同有关部门做好新一批综试区扩围工作；二是提升市场采购贸易方式便利化水平，完善市场采购贸易方式试点动态调整机制；三是培育一批优秀海外仓企业，完善便利服务各贸易市场的海外仓网络；四是稳步推进外贸综合服务企业、保税维修与离岸贸易发展。

形势分析

数字丝路为全球贸易自由化增添新动力

2017年，首届“一带一路”国际合作高峰论坛在北京成功举办，习近平主席在会上提出：“我们要坚持创新驱动发展，加强在数字经济、人工智能、纳米技术、量子计算机等前沿领域合作，推动大数据、云计算、智慧城市建设，连接成21世纪的数字丝绸之路”，数字丝路的概念横空出世。数字丝路是“一带一路”倡议与数字经济的深度融合，从新冠肺炎疫情暴发以来，全球贸易、投资、金融的数字化转型正在加速，以和平合作、开放包容、互学互鉴、互利共赢为主旨的“一带一路”建设迎来新的千载难逢的发展机遇，也以实际行动和最大的热情与诚意响应“一带一路”沿线国家和地区弥补“数字鸿沟”和实现数字化转型的诉求。

数字丝路为“一带一路”建设打开了前所未有的视野，为各国互联互通插上了翱翔天际的翅膀，为各国无间合作拓展了无限的想象空间，为全球贸易自由化增加了新的动力。数字丝路的不断发展，不仅有助于促进跨境电商、数字贸易、互联网金融等数字经济服务领域的发展，而且能在更多元化的市场中、更广阔的场景中、更日新月异的状态下去发展、优化、升级云计算、大数据、物联网、人工智能、区块链、量子计算等先进的技术；不仅有助于利用跨境电商平台推动双边乃至多边的货物贸易发展，也有助于技术、金融、教育、文化、医疗等服务贸易的发展；不仅有助于参与国家的企业、产品、人才、资金的走出去，也有助于利用本国市场推动国外资源的引进来；不仅可以促进基础设施的国际合作，也有利于国际产能合作。

中国在数字丝路的建设过程中，一直秉持“共商、共建、共享”的理念，以跨境电商和数字贸易作为最重要抓手和切入点，既努力推动中国企业连接“一带一路”沿线国家和地区的需求和市场，也通过进博会、广交会、服贸会、消博会等盛会打造线上线下相融合、货物贸易与服务贸易齐发展、出口与进口共繁荣的局面，并充分利用直播、短视频、在线支付、数字人民币、虚拟现实技术等打造永不落幕的自由贸易平台，为后疫情时代国际贸易的新发展积累了宝贵的经验。

资料来源：刘春生. 从全球贸易自由化看“数字丝路”发展. 丝路瞭望，2022（6）.

1.1　跨境电商的基本概念

一、跨境电商的内涵

跨境电商是一种新兴的国际贸易形式，产生的时间相对较短，对跨境电商的模式、政策、监管与国际协调仍然处于探索阶段，因此，各国对跨境电商还没有统一的定义。不少国家认为，跨境电商只是国际贸易的一种形式，并非一个新的商业模式，只是电子商务与国际贸易的一种结合。但是，中国政府、商务部门、海关部门认为跨境电商是一种新的贸易模式，与传统国际贸易有着明显的区别，在制定与执行相关政策时，均有别于传统国际贸易。

网经社（www.100ec.cn）对跨境电商的定义包括狭义和广义两种。狭义的跨境电商是指跨境零售电商，即分属于不同关境的交易主体，借助互联网达成交易、支付结算，并通过跨境物流将商品送达消费者手中的交易过程，包括“9610”和“1210”海关监管代码模式。“9610”全称跨境贸易电子商务，俗称集货模式，适用于境内个人或电子商务企业通过电子商务交易平台实现交易，并采用“清单核放、汇总申报”模式办理通关手续的电子商务零售进出口商品。该模式下，商家将多个已售出商品统一打包，通过国际物流运送至国内的保税仓库（暂存区），电商企业拆大包按小包（单个订单包裹）逐个申报，为每件商品办理海关通关手续，经海关查验放行后，再由国内快递派送至消费者手中。每个订单均附有海关单据。“1210”俗称备货模式，操作起来比“9610”要简单得多，跨境电商网站可以将尚未销售的货物整批发至国内保税物流中心，再进行网上零售，卖一件，清关一件，没卖掉的就不能出保税中心，但也无须报关，卖不掉的还可直接退回国外。广义的跨境电商是指电子商务在进出口贸易及零售中的应用，包括：进出口跨境电商、跨境电商（B2B、B2C、C2C）平台和相关服务商。

中国银行对跨境电商的定义也包括狭义和广义两种。[①] 从狭义上理解，跨境电商基本等同于跨境零售。跨境零售是指分属于不同关境的交易主体，借助计算机网络达成交易、进行支付结算，并采用快件、小包等方式通过跨境物流将商品送达消费者手中的交易过程，即 B2C 模式。从广义上理解，跨境电商基本等同于外贸电商，是指分属于不同关境的交易主体，通过电子商务的手段将传统进出口贸易中的展示、洽谈和成交环节电子化，并通过跨境物流送达商品、完成交易的一种国际商业活动，广义的概念既包含 B2B 模式，也包含 B2C 模式。

阿里研究院对跨境电商的定义也分为广义和狭义两种。广义的跨境电商是指分属于不同关境的交易主体通过电子商务手段达成交易的跨境进出口贸易活动；狭义的跨境电商特指跨境网络零售，是指分属于不同关境的交易主体通过电子商务平台达成交易、进行跨境支付结算，通过跨境物流送达商品，完成交易的一种国际贸易新业态。

---

① 引自《中国银行跨境电商服务白皮书》。

综合以上观点，本书将跨境电商的概念界定为地理上处于不同关境的买卖双方，通过互联网平台完成浏览、比价、咨询、下单、在线支付等环节，然后利用跨境仓储和物流，最终将商品从卖方送到买方手中的一种国际商务活动。其中，货物或服务入境的被称为跨境电商进口，货物或服务出境的则被称为跨境电商出口。跨境电商也可以按照交易主体的不同，分为企业间跨境电商（B2B）、企业对个人跨境零售交易（B2C）和个人对个人零售交易（C2C）。

从以上概念可知跨境电商应当包括以下几个方面：

1. 信息和交易相关的各类 2B/2C 平台

跨境电商各平台中最核心的是电子商务平台，同时也包括供需信息平台、比价平台、物流平台、仓储平台、清关平台、信用平台、支付结算平台等。

2. 基础服务和衍生服务

基础服务包括：物流、支付、贸易通关、检测验货等。

衍生服务包括：代运营、咨询、培训、翻译、电子商铺设计、法务等。

服务参与者可以包含平台商，也可以包含服务提供商，还可以包含接入的监管机构及其相关企事业单位（提供贸易便利化服务等）。

3. 环境

环境主要涉及国家环境（文化、市场、法律等），技术环境（如移动互联网、云计算等），贸易规则、监管、政策环境（关、检、税、进出口管制政策等）。

因此，在跨境电商的产业链中，相关经营主体包括电商平台、外贸买家、外贸卖家、生产商、跨境支付商、收汇结算商、国际物流商、运营服务商等生态方，涉及的各类在线商业活动则包括货物的电子贸易、在线客户服务、数据信用、电子资金划拨、电子货运单证传递、物流跟踪等内容。

跨境电商企业也有多种类型，如综合电商平台、B2B 信息服务平台、品牌电商、直营 B2C 类电商、返利导购网站、供应链服务商、微商买手等；第三方服务企业，提供包括 IT、营销、代运营、店铺装修、人员培训、法律咨询等围绕跨境电商交易之外的一系列相关服务，这部分服务在跨境电商的在线服务市场中非常活跃；外贸综合服务商或跨境物流综合服务商，这又是一类包括物流、支付、融资、清关、保险等线下服务体系的贸易中间服务商。

二、跨境电商的相关概念

1. 数字贸易

数字贸易是比跨境电商更为宽泛的一个概念，狭义的数字贸易是指以数字化形式实现的产品和服务的贸易，主要包括数字化产品和数字化服务的贸易（如在线购买国外的音乐、游戏、网络服务、金融服务等）；广义的数字贸易不仅包括以数字形式传输的产品和服务的贸易，也包括基于数字化平台实现的传统货物贸易（如跨境电商）。从数字贸易的概念来看，广义的数字贸易包含了跨境电商的范畴。

2. 跨境零售电商

普通消费者接触和了解更多的是跨境零售电商，不少电商平台的国际站或国际馆都是跨境零售电商的表现形式。在跨境零售电商发展的初期，通过微信等社交平台进行的代购行为也属于跨境零售电商的初级形式。

顾名思义，跨境零售电商主要是直接面对消费者的一种跨境电子商务，是指通过集中采购（保税进口）或海外直邮方式，将商品进口至海关监管区域，通过在电子商务平台上进行进出口商品的展示、交易、支付，并通过跨境物流与境内物流衔接的方式来实现商品送达并完成商品交易的一类跨境电子商务。

三、跨境电商与境内电商的不同

1. 交易主体不同

境内电商的交易主体一般在国境内或关境内，即国内对国内，而跨境电商的交易主体是境内（外）对境外（内）。相比于境内电商，跨境电商交易主体的供给方与需求方涉及的范围更加广阔，遍及全球，由于不同国家/地区有着不同的消费方式、文化习俗、宗教信仰、法制体系和监管要求，跨境电商企业在经营过程中需要对跨文化冲突与管理有深入的理解与认识，并以此对公司战略、营销方式、数据处理、品牌建设等做出相应的调整与优化。

2. 业务环节不同

毫无疑问，与境内电商相比，跨境电商业务环节更加复杂烦琐，不仅涉及线上数据流动，还需要经过检验检疫、报关通关、外汇结算、进口征税等环节。

3. 支付结算不同

经过多年的发展，境内电商的支付结算体系已经非常成熟，支付宝、微信等互联网巨头占据了第三方支付的大半江山，同时，各家银行都建立了网银平台，支付快捷，费用低廉。跨境电商支付体系受限于各国基础设施成熟程度、金融支付方式的差异而效率低得多，同时，费用更加昂贵且汇率风险巨大。

4. 物流不同

境内电商主要依靠国内物流体系。2021 年，中国快递包裹数量达到 1 083 亿件，占全球一半以上，由此可见，中国的物流体系高度发达。但跨境电商则需要境外物流与境内物流的配合与协同，物流周期长，费用高，货损严重。

5. 交易风险不同

相较而言，境内电商要比跨境电商的风险小得多，境内电商主要面临的是市场风险与信用风险，而跨境电商还要面临政治、法律、汇率、技术等方面的风险。

四、跨境电商与传统国际贸易的区别

跨境电商本质上也是一种国际贸易，是在新的技术手段下电子商务和国际贸易的整合，相比传统国际贸易，跨境电商摆脱了时间和空间的限制。传统外贸的目标群体多是海外经销商，以企业用户为主，跨境电商多以小卖家或个人用户为主。由于可以随时拿到终端数据，跨境电商无疑更接近真实需求，其中在线评价、线上推荐、直播下单等电商机制是传统国际贸易所不具备的。

1.2 跨境电商的发展历程

一、跨境电商发展的背景

1. 全球贸易自由化的新动态

21世纪以来，全球贸易自由化经历了起起落落，展现出一系列新的动态和变化。2001年，在卡塔尔首都多哈举行的世界贸易组织（WTO）第四次部长级会议上，中国正式成为世界贸易组织成员，这不仅是中国深度参与经济全球化的里程碑，意味着中国改革开放进入历史新阶段，也是21世纪以来全球化和贸易自由化最重要的标志性事件。在此之后，2013年中国首次超过美国，成为全球第一货物贸易大国，总额突破4万亿美元，占到全球货物贸易总额的11.05%；2021年，在新冠肺炎疫情拖累世界贸易的情况下，中国货物贸易进出口总额突破6万亿美元，牢牢守住全球第一的位置。

在全球范围内，贸易自由化并非一帆风顺，总是与贸易保护主义相生相伴。2008年源自美国的次贷危机席卷全球，并迅速演变为世界性的金融危机，在这样的背景下，贸易保护主义和逆全球化一时之间成为燎原之势。根据世界贸易组织统计，2009年全球货物贸易额下降23%，跌至12.15万亿美元，世界贸易量下降12.2%，为70多年来的最大降幅。全球市场不景气，各国纷纷祭出贸易保护措施，包括出口补贴，反倾销措施，提高进口商品的技术标准，复杂的健康、卫生、环境、检疫措施，进口许可证，进口押金，手续繁杂的商品包装和标签规定等，这些以邻为壑的贸易保护措施拖慢了世界经济从衰退中恢复的步伐，也伤害了贸易自由化的根基。

近年来，美国掀起的对华贸易战可谓是全球贸易自由化的最大逆流，2016—2018年，美国的进口关税增长尤其显著，从5.4%增至12.5%。美国前任总统特朗普执政期间，对来自中国的进口商品全面加征关税，广泛制裁中国高科技企业，以维护国家安全为由，以长臂管辖制度为武器对中国相关企业、研究机构等进行进出口管制和投资限制，不仅影响到中美两国，更波及其他国家和地区。在美国特朗普和拜登两届政府推波助澜下，全球贸易保护程度明显提高，世界经贸环境已经产生了质变。当前，在全球范围内实施的贸易保护主义措施净数量是2010年时的2.5倍。由于美国的阻碍，世界贸易组织的争端解决机制不能正常运行，贸易自由化的基石——全球经贸体制正在遭受前所未有的冲击。

多边主义遇到严重挑战，世界各国纷纷寻找替代方案，众多的区域自由贸易协定（RTA）如雨后春笋般涌现，其中尤以《全面与进步跨太平洋伙伴关系协定》（CPTPP）和《区域全面经济伙伴关系协定》（RCEP）最受瞩目。

在全球贸易自由化蜿蜒前行的过程中，新的贸易模式与业态不断涌现。以数字技术为手段、数字服务为核心、数字交付为实现方式的数字贸易正在全球范围内兴起，得益于完善的物流和数字基础设施、强大的生产制造能力、高速发展的广阔的国内消费市场，中国正成为数字贸易的引领者。数字贸易既是新一轮科技革命和产业变革的重要产物，也已成为中国产业创新和畅通国内国际双循环的重要支撑。跨境电商作为数字贸易的最重要表现形式之一，随着全球贸易自由化的发展与动态变化，正在成为新的时代背景下国际贸易的新业态与新模式。

2. 互联网科技发展

互联网是20世纪以来全球最伟大的发明之一，进入21世纪，互联网信息技术可谓日新月异，从台式机到笔记本电脑，从有线网络到无线网络再到移动互联网，在经历了互联网1.0和互联网2.0时代之后，正在昂首迈进互联网3.0时代。由于互联网的发展，曾经横亘在地球村各个节点的物理距离正在被急剧缩小，而人类生产、生活、消费、投资乃至贸易的空间正在急剧膨胀，互联网在经济、社会、生活中无孔不入，掀起了社会生产和全球消费的新变革。全球的信息快速流动不仅改变着各国产业、经济、贸易、安全的格局，也带来了国家治理的新挑战。

世界各国普遍公认，互联网将成为全球产业转型升级的重要助推器。传统的商业模式、运营模式、生产与供应模式、服务模式的内部正在发生一场革命，全球资源出现新的聚合。众创、分包、众筹等无边界、人人参与、平台化、社会化的产业组织新模式将让全球各类创新要素资源得到有效适配和聚合优化，而数字营销、社交营销、大规模定制、移动服务、跨境电商、智慧物流、跨界联动等服务将让供求信息得到及时有效对接，按需定制、人人参与、体验制造、产销一体、协作分享等新商业模式将全面变革产业运行模式，重塑产业发展方式。

在传统的生产要素如土地、劳动、企业家才能和资本在全球资源配置、生产制造、贸易投资领域继续发挥重要作用的同时，信息、数据等已成为推动世界经济的新的驱动力量和增长引擎。基于互联网的创新也层出不穷，商业模式、生产制造方式都进入创新发展的新纪元。物流、资金流、信息流的速度前所未有地加快，跨越国界的过程以及方式都有着颠覆性的变化，来自世界各地的消费者正肆意地享受着万物互联时代新的全球化红利，以供给端驱动转变为需求端驱动，点对点的物资、信息交换正转变为网络化的生产消费空间。

无限互联时代的另一个影响就是众多的中小微企业形成的生产、制造节点成为全球生产网络的重要组成部分。数据和流量将改变生产、制造、营销的过程，头部聚集和长尾效应都将变得非常重要，求新、求特、求变、求异的消费理念必将点燃全球互联网，成为新的时代背景下商品、服务、数据提供者不得不重视和深入思考的趋势。

随着互联网科技进入互联网3.0时代，人类社会即将开启新一轮产业革命，区块链、元宇宙、人工智能、VR、AR、全息等新技术的应用将为人类打开虚拟世界的另一扇大门。

3. 基础设施快速发展

近些年来，基础设施的建设和发展日益引起世界各国的关注和重视，不少研究都表明，基础设施的完善程度和一国的经济增长和贸易发展都有着正相关关系。基础设施涵盖的范围比较广，既包括交通、邮电、供水供电、商业服务、科研与技术服务、园林绿化、环境保护，也包括文化教育、卫生事业等市政公用工程设施和公共生活服务设施等。

改革开放以来，我国高度重视基础设施建设，特别是进入21世纪以来，中国通过加大基建投资力度，基础设施建设取得了长足进步。

“要想富、先修路”的理念带动了各地的交通基础设施投资热潮和交通基础设施的巨大发展。截至2021年，中国铁路营业里程达到15万公里，其中高速铁路达到了4万公里，高铁营业总里程位居世界第一。在新冠肺炎疫情影响下，中国铁路客货运量仍然保持了增长，2021年中国铁路旅客发送量完成26.12亿人，比上年增长18.5%；铁路货运总发送量完成47.74亿吨，比上年增长4.9%。①

在公路建设方面，中国公路建设实现了总量的快速发展和质量的逐步提升。截至2021年底，全国公路总里程约528万公里，公路密度约55公里/百平方公里。其中，高速公路总里程近17万公里，稳居世界第一，约占公路总里程的3.2%。②

民用航空方面，截至2021年底，中国境内运输机场达到248个。2021年，全国民航运输机场完成旅客吞吐量9.07亿人次，比上年增长5.9%。全国民航运输机场完成货邮吞吐量1 782.80万吨，比上年增长10.9%。③

水路运输方面，截至2021年底，中国港口拥有生产用码头泊位超2万个，其中万吨级及以上泊位超过2 600个，约占泊位总数的12.7%，位居世界首位。④

在通信服务基础设施方面，2021年，中国新建光缆线路长度为319万公里，光缆线路总长度达5 488万公里，互联网宽带接入端口数达到10.18亿个，其中，光纤接入（FTTH/O）端口达到9.6亿个。2021年，中国移动通信基站总数达996万个，其中4G基站达590万个，5G基站为142.5万个，全年新建5G基站超65万个。2021年，中国电话用户净增4 755万户，总数达到18.24亿户。其中，移动电话用户总数为16.43亿户，其中5G移动电话用户达到3.55亿户。三家基础电信企业的固定互联网宽带接入用户总数达5.36亿户，全年净增5 224万户。其中，100Mbps及以上接入速率的用户为4.98亿户。

国内基础设施的高质量发展极大地推动了中国对外基础设施投资的进程。以“一带一路”建设为例，自“一带一路”倡议提出8年多来，中国与“一带一路”沿线国家投资共建了许多基础设施，既有铁路、公路、港口、机场等交通基础设施，也有风电站、光伏发电站、水电站等许多能源基础设施，推动了中国与这些国家的互联互通、贸易相通，促进了沿线国家的经济增长和贸易发展，也增加了中国与沿线国家的民心相通。2021年12月，“一带一路”建设的标志性项目之一——中老铁路正式通车。自通车以来，中老铁路货运量不断增加，极大地加强了两国之间的经济融合与贸易互补。

当前，国家之间的竞争也很快蔓延到了基础设施领域，由于意识到近20年来在基建

① 国家铁路局《2021年铁道统计公报》。

② 交通运输部网站。

③ 中国民用航空局《2021年民航行业发展统计公报》。

④ 交通运输部网站。

投资和发展方面远远落后于中国，美国拜登政府提出了一揽子基础设施建设法案，2021年末，美国众议院通过了规模约为1.2万亿美元的基础设施建设法案，旨在改善美国道路、桥梁、管道、港口和互联网等基础设施。

二、跨境电商的发展阶段

1999年，阿里巴巴集团成立，开启了跨境电商的1.0阶段。最初，阿里巴巴中国供应商网站只是互联网上的黄页，将中国企业的产品信息向全球客户展示，定位于B2B大宗贸易。买方通过阿里巴巴平台了解到卖方的产品信息，然后双方通过线下洽谈成交，所以当时的大部分交易是在线下完成的。2000年前后，少量中国供应商开始在eBay和亚马逊等国外平台尝试跨境电商，但并没有形成规模。此阶段跨境电商的主要商业模式是网上展示、线下交易的外贸信息服务模式。主要的功能是为企业信息以及产品提供网络展示平台，并不在网络上涉及任何交易环节。

2004年，跨境电商2.0阶段来临。在这一阶段，跨境电商平台开始摆脱纯信息黄页的展示，将线下交易、支付、物流等流程实现电子化，逐步形成在线交易平台。相较于跨境电商1.0阶段，跨境电商2.0阶段更能体现电子商务的本质，借助电子商务平台，通过服务、资源整合有效打通上下游供应链，包括B2B（平台对企业小额交易）平台模式，以及B2C（平台对用户）平台模式两种模式。在跨境电商2.0阶段，B2B平台模式为跨境电商主流模式，通过直接对接中小企业商户实现产业链的进一步缩短，提升商品销售利润空间。

2013年成为跨境电商重要转型年，跨境电商全产业链都出现了商业模式的变化。随着跨境电商的转型，跨境电商3.0“大时代”随之到来。加之2015年“互联网+”时代的来临，跨境电商已经站到了资本市场的风口上。以跨境电商为代表的新型贸易近年来的发展脚步正在逐渐加快，并有望成为国际贸易的全新增长引擎。

三、跨境电商的发展现状

过去十多年，全球跨境电商保持高增长态势。信息通信技术推动传统货物贸易方式升级改造，跨境电商平台、智慧物流、智能监管等新模式和新业态给国际贸易注入了新的活力。以跨境网络零售为例，2018年全球跨境电商B2C市场规模达到6 750亿美元，2021年达到1.25万亿美元，年平均增速接近23%，远超传统货物贸易增长速度。

随着数字化与物流网络的快速发展，B2C电子商务日益成为零售业主流。2021年，全球网购人数达到21.4亿，约占全球目标消费人群的60%，而他们的线上交易量约占其总零售消费量的22%，2021年交易额达到4.9万亿美元。（2014—2020年间全球B2C交易总额年复合增长率为13.5%。）迄今为止，B2C线上交易主要以境内（供需双方位于同一国家）为主，但是，跨境电商后来居上，正日益成为B2C贸易的主要增长引擎，2019—2021年，跨境电商年均复合增长率达到21.2%。因此，可以毫不夸张地说，我们正在迎来一场跨境消费盛宴。

从世界范围来看，亚太地区一马当先，正在成为这一潮流的引领者，因为无论是在跨境电商交易总额，还是在销量增长率方面，亚太地区都遥遥领先。2014—2020 年，全球跨境电商交易量增长中有 53.6%来自亚太地区。西欧和北美地区紧随其后，占比分别为 18.9%和 14.4%，欧盟国家的近岸 B2C 交易是推动西欧地区跨境交易量增长的主要力量。在其余新兴市场，目前其境内与跨境电商增长旗鼓相当，可见，全球各地区都在享受着日臻成熟的全球跨境商务带来的益处。

四、跨境电商对国际贸易的影响

2019 年 6 月，中共中央政治局常委、国务院总理李克强在调研杭州跨境电子商务综合试验区时指出，跨境电商是国际贸易发展一大趋势，能带动更多企业直接参与国际贸易，也有利于大、中、小企业融通发展，促进国内制造业升级和品牌成长。

得益于跨境电商的发展，不少中小企业能够直接和国外消费市场以及供应商连接在一起。跨境电商平台提供了全年无休、7×24 小时的服务，对于进出口企业而言意味着更加便捷、高效的业务拓展。

在传统的国际贸易业务中，不少贸易流程都是由贸易商作为中介完成的，成本以及业务环节都要多于跨境电子商务。比如，传统国际贸易中需要涉及建立联系、商务沟通与谈判、签订合同、履行合同等环节，而跨境电商则更多是直接面对国外消费者，由国外消费者的需求驱动跨境电商各业务环节，在极大程度上压缩了业务流程，简化了业务操作细节，去除了众多的中间商、贸易商，降低了成本，还利于消费者。不仅如此，网络技术的出现，可以保证信息传递打破原有的时间、空间限制，消费者可以随时随地掌握商品信息、物流信息，可以直接货比多家，并且做好商品定制工作，精准地选择自己需要的产品和服务。

跨境电商企业必须要及时跟进这种变化，做出相应的调整，对自己的公司战略、产品策略、定价策略、渠道策略和促销策略重新进行评估和设计，并利用大数据打造自己的选品、市场开发与营销模式。不少企业因此获得了巨大的发展机遇。对于传统的贸易商而言，则意味着必须转变思路，适应时代、科技、商业模式发生的巨变，努力进行数字化改造，尽快扭转从前利用信息差来赚取超额利润的做法，跟上新的商业潮流，同时利用国际化的平台如亚马逊、推特、Facebook、TikTok 等打造新的企业形象和产品形象，利用直播、云展、短视频、网络红人、意见领袖等宣传和推广自己的产品。跨境电商企业不仅需要具备产品思维、营销思维、服务思维，同时，更重要的是需要具备信息时代所不可或缺的数字思维。

在跨境电商新时代，互联网平台发挥着巨大的作用，从前因出口经营权、资金、渠道等各方面限制而无法从事国际贸易业务的中小企业和个人获得了从事跨境贸易的机会和渠道。越来越多的贸易经营主体，特别是小微企业乃至个人都可以参与到国际贸易活动中来，打破了传统外贸公司对国际贸易的垄断状态，丰富了商品的供应渠道和范围。

跨境电商带动了在线电子支付的国际化。在传统的国际贸易中，进出口商进行货款结算时主要采用汇付、托收以及信用证等支付方式，无论采用上述哪种结算方式，对于买方或卖方而言都可能有较大的风险，例如汇付，如果采用先货后款方式，买方收到货再付款则意味着卖方可能有收不到款项的风险；信用证的风险相对较小，但手续费较贵，且需要获得银行授信。在线支付平台的即时性和相对较为安全的特点在跨境电商行业得到了充分的体现，并因此推动了在线支付的国际化。当前，跨境支付收款公司包括支付宝、微信支付、京东支付、PayPal、环迅、宝付、富友、易宝、快钱、苏宁支付、国美支付、通联支付、万维支付、汇付天下等，它们都借助跨境电商走出国门，走向世界。

跨境电商的发展正推动着国际贸易的新变革，也带来了诸多新的挑战。首先，跨境电商的物品不同于传统国际贸易的货物，给海关的监管带来了巨大的挑战，不少违规、违禁货物借跨境电商之名入境进口国，有的造成了生物入侵，有的造成了疾病传播，有的造成了安全隐患，更有不少货物以样品、赠品等形式逃税、避税，也有不少商家唯利是图，走私货物，造成了诸多的监管难点。在跨境电商发展的初期，这些现象的普遍存在扰乱了国际国内市场秩序，也造成了跨境电商和一般贸易的差别监管和不公平待遇。

其次，跨境电商依托网络开展，数据安全问题层出不穷，个人隐私因此可能暴露于全球范围，不少系统和网络受到黑客攻击，勒索病毒横行世界，给各国商家和消费者都带来了巨大的损失。在跨境支付过程中，不少商家的系统被植入木马程序，肆意盗取用户信息，甚至在全球贩卖用户个人信息，数量众多的消费者被诈骗者盯上，诈骗手段层出不穷。

> **拓展阅读**
>
> 乌兰察布丰镇市阻断一起披着“跨境电商”外衣的电信诈骗案件

总的来说，由于跨境电商发展迅速，新的现象层出不穷，新的问题不断涌现，而跨境电商的监管通常具有滞后性，因此，一方面要保护公平竞争和市场的健康发展，另一方面也需要海关部门、商务部门、信息产业部门乃至国家安全部门等通力合作，协调管理。

由于跨境电商涉及多国消费者、商家和平台，对于全球而言都意味着新的挑战，各国跨境电商发展水平存在较大差异，基础设施、网络安全、信息技术、企业成熟度、在线支付、物流状况都有着不小的差距，各国的认识、研究、利益诉求都不同，因此，不仅国内的监管要跟上，国际监管协调也需要与时俱进，从区域化的贸易协定、投资框架协议乃至经济合作框架，到多边组织如世界贸易组织，都需要对跨境电商这种新的贸易模式进行深入研究，提前规划，早日谈判。各国政府、企业、平台、消费者均有权利和义务参与到这一场新兴的贸易革命和商业全球化进程中。

1.3　跨境电商的基本特征

一、跨国性

与国内电商相比，跨境电商顾名思义即跨越了国境或关境，因此具有明显的跨国特征。商家面对的是来自全球各国、各地区的消费者，这使得它们不得不考虑国际化的影响因素。而由于网络的传播速度之快，范围之广，相比传统的国际贸易来看，这些因素显得更加重要。一个中国消费者在美国亚马逊平台上可能购买到一家日本企业从泰国、马来西亚和中国台湾进口零配件在越南进行加工和组装的产品，而这个日本品牌是由韩国的代理商在亚马逊平台上进行销售的，广告是由一家德国公司制作，邀请法国的明星团队完成的。这当然是全球协作的一个典型范例，而在获得中国消费者认可的过程中，任意环节都不能出错。

网络的全球性特征带来的影响是双方面的，既有积极的一面，也有消极的一面。积极的一面是信息最大限度的流动和共享，消费者可以从全球选品，企业可以卖遍全球，市场规模呈现几何级数的增长，而市场规模的扩大必然会给企业带来全球性的红利，而规模经济也使得消费者能够直接受益；消极的一面是企业必然会因此面临因文化、政治和法律的不同而产生的风险，而这种风险的触达在跨境电商领域速度之快、范围之广、影响力之深远对于企业而言有时可能意味着灭顶之灾。

对于政府而言，对跨境电商的监管难度非常大，单笔业务金额小，在通过国际邮政业务进入另一国国境的过程中，由于监管的手段有限、技术制约、成本高昂甚至人手不足，可能无法对某笔货物进行监管，在很多情况下，海关对这类货物的监管不得不采取抽查的方式，因此，有不少货物违规、违禁进入另一个国家市场。

跨境电商的这一特点给行业的发展带来非常大的挑战，也是未来监管协调、国际谈判的重点。

二、无形性

跨境电商既包括通过电商平台完成的跨境商品交易，也包括通过电商平台完成的跨境服务的购买与消费。

在进行线上跨境商品交易的过程中，通过网络进行数据、图片、影像、声音的传输，实现商品的展示、宣传、推广、营销、服务、支付、评价、反馈都是以数据形式完成的，因而，尽管商品是有形的，但交易的大部分过程都是无形的，通过代码来完成。因此，跨境电商平台的设计，包括商铺的设计、流程的设计、支付的设计等对于无形的交易过程非常重要，数据流在跨境电商领域和物流、资金流、单据流一样举足轻重。

在进行线上跨境服务交易的过程中，不仅交易的过程，而且交易的标的都是无形的、数字化的。事实上，数字化的产品和服务生于网络，存于网络，流于网络。如对于一款全球流行的游戏，来自世界各地的消费者、玩家为游戏充值、付费、购买游戏装备、在线进行游戏交流、观看网络达人带来的游戏直播等成为时下最流行的消费方式。在疫情之下，在线跨境服务交易更是迎来爆发式的增长，中国互联网巨头字节跳动旗下的TikTok长时间排名全球各大手机应用商店App下载榜的首位，向全球消费者提供短视频服务，是近年来最成功的企业国际化案例之一。

在线进行的软件下载、影音播放、知识产权付费、游戏充值、电子书阅读、购买数据包等已经跨越国界，成为国际服务贸易的新模式。

三、即时性

在 20 世纪末，国际贸易从业人员的信息交流主要通过信件、电报、电传、国际长途电话等方式进行，一份信件从中国发到美国可能需要数周的时间，国际商务谈判也主要采用线下面对面的方式进行，对于大多数消费者而言，获取国际信息的方式主要通过电视等传统媒体，在国内外普遍存在信息差。

进入 21 世纪以来，互联网在全球范围普及，移动互联网时代已经到来，万物互联正处于爆发的前夜，电子邮件、即时通信工具、社交网络已经迅速取代了信函、电传、电报和国际长途电话等方式，传输的速度急剧加快，信息的发出与接收没有时间差。

跨境电商依赖于互联网，也繁荣于互联网，信息的传输突破了地理的局限，交易的效率在极大程度上获得了提高。数字产品的交易如程序、游戏、影音制品、电子图书等也越来越突破硬件的限制，可以实现在线的即时交易。

而移动互联网则使得这种交易更加迅速和便捷，甚至达到了无时无刻无处不可交易的状态。随着万物互联时代的到来以及人工智能、大数据的广泛使用，信息会精准地推送给消费者，企业甚至可以依据历史数据提前进行商品仓位的选择、物流的规划等，全球买卖、全年无休、全天即享的时代正在悄然而来。

四、快速迭代

互联网时代到来后，产业的发展都是快速迭代的。中国第一代互联网巨头是四大门户网站——网易、新浪、腾讯和搜狐，随后进入百度、阿里、腾讯、京东、美团、字节跳动等群雄割据的时代，从企业发展、增长逻辑、商业模式等方面都出现了全新的变化。京东、阿里、网易等先后布局跨境电商，与国际巨头亚马逊等正面竞争，拼多多依靠下沉市场反攻一二线城市迅速崛起，字节跳动国际化与电商布局齐头并进，跨境电商正处于巨头纷争的时代，商家也从代购转型入驻平台企业，随着各地出台相应的政策支持，海外仓、国内保税仓等加速了跨境电商平台和商家的不断演进，直播、社区营销、社交营销点燃了消费者对跨境商品的购物热情。

随着互联网时代的继续发展，可以预测，新的信息技术的使用如 VR、AR 和全息将不断优化消费者的沉浸式体验，必将为跨境电商带来新的发展机遇。

1.4 中国跨境电商发展的现状与趋势

一、跨境电商快速增长

近年来，中国跨境电商产业获得爆发式增长，成为中国外贸转型和高质量发展的重要推手。2020 年新冠肺炎疫情在全球暴发以来，跨境电商显示出独特的生命力，充分发挥了其在在线营销、在线交易、无接触交付等多个领域的特点优势，成为中国对外贸易的生力军。中国正积极培育通过跨境电商参与国际合作和竞争的新优势，进出口规模持续快速增长。从国家战略层面而言，跨境电商的发展有利于中国制造业的升级，中央和各级地方政府也把跨境电商作为稳外贸、稳增长的重要抓手。

2015—2020 年，中国跨境电商进出口规模在 5 年间增长了 10 倍。2020 年，在疫情之下，宅经济爆发，跨境电商意外获得了高速增长，通过中国海关跨境电子商务管理平台进行验放的进出口清单高达 24.5 亿票，比 2019 年增长了 63.3%，而进出口总额则高达 1.7 万亿元人民币，同比增长了 31.1%。2021 年，中国跨境电商依然高歌猛进，根据中国海关的统计，2021 年中国跨境电商进出口总额达到了 1.98 万亿元人民币，同比增长 15%；其中，出口总额为 1.44 万亿元人民币，同比增长 24.5%。

从跨境电商的业务模式来看，B2B 模式的交易规模占比常年保持在 80%左右，而 B2C 模式则保持在 20%左右。这主要是因为 B2B 模式的单笔金额比较大，而且长期订单比较稳定，实际上，也是因为不少传统贸易商正在转型线上，因此，它们在跨境电商结构中处于主导地位。2021 年，跨境电商 B2B 出口试点全面铺开，中国对“一带一路”沿线国家的贸易继续保持双位数增长，“中欧班列”“集拼转口”等新模式融合发展。“义新欧”、青岛至明斯克、合肥至德国汉堡、“苏新欧”、合肥至威廉港等跨境电商专列先后开通并投入运营，跨境电商 B2B 模式与“一带一路”倡议、“中欧班列”的大发展交织在一起，展开绚丽夺目的画卷。

虽然跨境电商 B2C 占比仍然相对较小，但增长的速度很快，发展的空间巨大，依托中国强大的互联网和物流基础设施，乃至发达的在线交易和支付体系，小批量、多批次的外贸进出口订单保持高速增长态势，为跨境电商企业打开国内外市场、促进国内国际双循环带来了机遇。在 2021 年第四届中国国际进口博览会上，新华网、央视搭档淘宝主播，带来了东亚、欧洲、非洲、南美等地区二十国进口好物专场，在四个多小时的直播中，总计有超过 1.1 亿人次围观，12 万罐阿富汗松子、塞尔维亚的咖啡豆和奶酪等商品被一抢而空。未来，更多的国外商品将通过跨境电商平台进入中国，分享巨大的中国消费市场带来的红利，而来自全中国的企业和商家也可以借助跨境电商的窗口向世界展示中国制造、中国创造、中国智造的高性价比商品。

二、跨境电商行业竞争激烈

随着跨境电商行业的高速发展，众多企业涌入市场，跨境电商行业的竞争日趋激烈。随着中国对外贸易的转型升级，传统贸易商也开始借助互联网进入跨境电商领域，预计未来将会有更多的企业参与行业竞争。

跨境电商行业竞争格局比较复杂，包括进口跨境电商和出口跨境电商的竞争格局。其中，进口跨境电商竞争格局基本成型，以平台型企业为主，其中淘系平台（天猫国际＋考拉海购）在 2021 年占据 49.1%的市场份额，表现可谓一枝独秀，京东国际、苏宁国际、唯品国际则分别占据 11.3%、11.2%和 10.5%的市场份额（见图 1－1）。

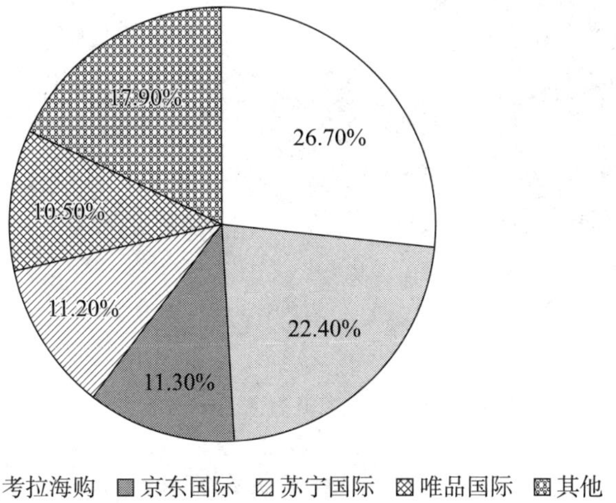

图1-1 2021年中国进口跨境电商竞争格局

资料来源：艾媒数据中心。

从整体来看，出口跨境电商目前的竞争格局尚未稳定，平台型电商、独立站、第三方平台卖家等模式均有机会，集中度较低，头部电商正你方唱罢我登场，行业发展面临的不确定性因素也非常多，必然会有相当一部分企业被淘汰出局。出口跨境电商的B2B类代表企业包括阿里巴巴国际站、中国制造网、环球资源、敦煌网等，它们为出口企业与境外采购商提供网上交易和洽谈平台并以此来赚取佣金报酬；而B2C类代表企业既有亚马逊、全球速卖通等互联网巨头平台，也有安克创新、傲基科技等同时依托电商平台、线下实体企业和独立站的第三方平台卖家，还包括SHEIN、ZAFUL等独立站卖家。2021年中国出口跨境电商竞争格局如图1-2所示。

拓展阅读

美国下载量最多的App竟然来自中国？SHEIN首次超越TikTok位居第一

无论选择以哪种方式进入国际市场，都有利有弊。入驻互联网巨头平台如亚马逊等可以获得丰富的客户资源，但若想从众多卖家中杀出重围也绝非易事，近年来，亚马逊平台封杀中国卖家的事件也让不少企业和品牌心有余悸，不得不考虑风险因素。第三方平台相融合的方式固然能够分散经营风险，提高产品渗透率，但对于企业而言则需要投入大量人力和物力。独立站可以实现自主运营、无须考虑大平台的抽成，充分占有数据、可获得宝贵的数据资产，但如何使消费者能够接触到网站并愿意留下来成为忠实用户，提高转化率并不容易，同时也要克服大量的技术问题，如支付系统的接入、网络流程的优化等。

跨境电商的跨越式发展给企业插上了国际化的翅膀，不少企业获得高速成长，成为行业领军企业，其主要代表包括安克创新、星徽股份、华鼎股份、跨境通、天泽信息、联络互动、广博股份、洋葱集团、兰亭集势等，其中不少企业在国内外资本市场上市融资，为未来的发展进一步奠定了坚实的基础。

在跨境电商发展的过程中，我们不仅要看到所面临的市场机遇，也要看到来自全世

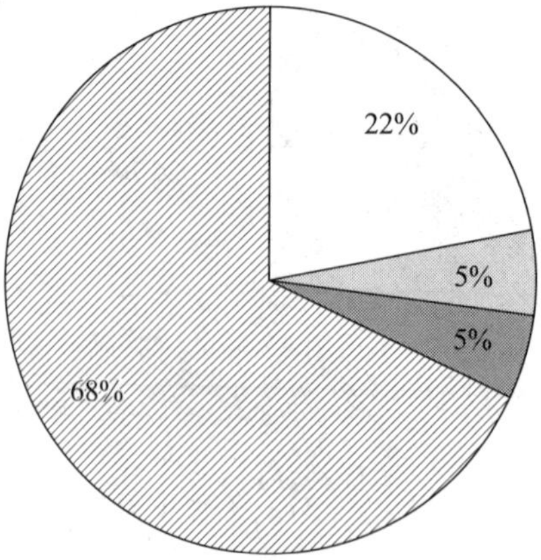

图 1－2　2021 年中国出口跨境电商竞争格局

资料来源：前瞻产业研究院。

界各国企业、品牌的竞争，只有夯实发展的基础，提升企业、产品、品牌、服务的竞争力，才能在全球市场中立于不败之地。

三、跨境电商发展获得政策支持

中国跨境电商的高速发展，离不开政策的大力支持。2013 年 8 月，国务院办公厅转发商务部等部门《关于实施支持跨境电子商务零售出口有关政策的意见》。这是国家层面出台的第一份关于支持跨境电商的专项文件。其内容主要包括：建立电子商务出口新型海关监管模式并进行专项统计；建立电子商务出口检验的监管方式，解决电子商务出口无法办理检验检疫的问题；支持跨境电商企业正常收结汇；鼓励银行等金融机构和第三方支付平台为跨境电商提供支付服务；制定电子商务出口的税收政策和建立电子商务出口信用体系。可以说，文件的出台为中国跨境电商的发展步入快车道保驾护航，对于近 10 年来跨境电商的规范增长以及长远发展打下了坚实的基础。

2015 年 6 月，国务院办公厅下发了《关于促进跨境电子商务健康快速发展的指导意见》。这份文件提出，支持跨境电子商务零售出口企业加强与境外企业合作，通过规范的海外仓、体验店和配送网店等模式，合理增加跨境电商消费品零售进口；鼓励形成一批具有较强竞争力的外贸综合服务企业，培育一批优质自建平台，鼓励企业利用自建平台加快品牌建设；利用现有财政、税收、金融政策，对符合条件的跨境电商企业“走出去”重点项目给予必要的资金支持等。

2015 年以来国务院分六批在全国 132 个城市开展了跨境电商综合试验区建设（见表 1－1），对跨境电商交易、物流、通关、支付、退税、结汇等环节先行先试，力图打造标准化的技术和业务流程、监管措施、电子政务（如跨境电商一体化）窗口等，并基于制度创新、营商环境优化、管理与服务创新、贸易投资便利化、协同发展，在全国打造一批试点地区，为跨境电商的健康发展拓展道路，突破创新，培育一批跨境电商优质平台和优秀企业，打造一批跨境电商优质项目，逐步形成一套适应和引领全球跨境电子商务发展的管理制度和规则。

表 1-1 跨境电商综合试验区

批次	时间	地 区
1	2015 年 3 月	杭州
2	2016 年 1 月	天津、上海、重庆、合肥、郑州、广州、成都、大连、宁波、青岛、深圳、苏州
3	2018 年 7 月	北京、呼和浩特、海口、无锡、义乌等 22 个城市
4	2019 年 12 月	石家庄、温州、汕头、佛山、银川等 24 个城市
5	2020 年 4 月	雄安新区、嘉兴、中山、湛江、三亚、乌鲁木齐等 46 个城市和地区
6	2022 年 1 月	鄂尔多斯、镇江、揭阳、宝鸡、阿拉山口等 27 个城市和地区

资料来源：根据中国政府网相关信息整理。

2018 年，全国人大常委会审议通过了《中华人民共和国电子商务法》，这是我国第一部关于电子商务的综合性法律，对于规范电子商务行为、维护市场秩序、促进电子商务持续健康发展具有里程碑式的意义，其中第 71～73 条对跨境电商涉及的法律问题进行了规范。

总的来说，中国已经形成一整套支持跨境电商发展、完善跨境电商监管、促进跨境电商制度创新的法律、法规、政策体系，并根据不断发展和变化的跨境电商行业、市场、模式进行相应的调整、优化与完善。

1.5 跨境电商实务的学习方法

一、理论与实践相结合

对于跨境电商实务课程而言，必须要重视理论与实践相结合的学习方法。一方面，跨境电商课程虽然是一门实操性较强的课程，但对于学生而言，必须要重视相关基础理论的学习，夯实本门课程的理论框架。不具备基本的理论，就无法理解跨境电商行业未来发展的基本趋势，不能对跨境电商市场运行的基本逻辑、竞争优势的积累、营销环境的分析、市场策略的选择、客户关系的挖掘及维护等进行深入的思考和分析，无法对跨境电商所面临的市场风险、汇率风险、信用风险等有深刻的认识。在学习本门课程之前，同学们需要具备国际贸易、国际金融、国际商务、国际企业运营与管理、管理与组织行为、消费心理学、市场营销等相关的基本理论，搭好课程学习的理论框架。

另一方面，跨境电商实务课程毕竟不是传统理论学习的课程，增强“干中学”、学以致用非常重要，学生掌握了一系列基本知识和基础理论后却从未进行过任何的操作演练，将无法理解课程的基本流程、基础环节，从而对本门课程无法有全面的认识与深入的探析。

市场环境千变万化，交易对手复杂难料，支付过程充满风险，监管政策随时调整，消费者的心理、诉求难以捉摸，这些都必须在学习基础理论之后，通过实践、操作、观察、数据分析等进行复盘与优化。

对于跨境电商运营者而言，即使做了最充分的准备，都可能遭遇供应商的突然断货、消费者的不满与投诉，乃至国家政策、国际局势的变化。例如，俄罗斯和乌克兰危机爆发后，跨境电商买卖双方通过中欧班列进行交易的货物可能会遇到无法及时交割的问题，给进口方和出口方都带来巨大的挑战，也可能引起终端消费者的不满。“纸上得来终觉浅”，读万卷书和行万里路都很重要，没有理论支撑，则无法预判形势，提前布局；没有实践经验，则无法应对突然变化和风险来袭。

本教材的大部分章节都涉及跨境电商的基本环节和运营流程，学生在学习过程中，需要在具备基本理论的基础上，充分实践“知行合一”的指导思想。

二、形势与政策相结合

跨境电商实务课程特别强调对现实世界的关注，教材为大家学习课程搭建了基本的构架，但如果想通过学习课程掌握基本技能，并且能够在跨境电商行业有一番作为，在国际市场上能够具备长期持续的竞争力，必须要对现实问题有清醒的认识，对国内外宏观经济形势、国际局势、行业发展变化、竞争对手的情况、新的商业模式、新的产品与服务、新的营销手段与推广方法有充分的研究，这需要学生们对宏观、中观、微观形势保持长久的关注与持续的学习。

跨境电商实务课程国际化的特点要求学习本门课程的时候，不仅要关注国内局势，而且要时刻关注世界经济政治形势。近年来，国际局势波谲云诡，中国面临的外部环境日益复杂，2018 年以来，美国对从中国进口的产品全面征收关税，成为贸易保护主义与逆全球化的标志性事件。美国对华的贸易战、科技战、金融战、文化战、宣传战已经全面展开，跨境电商的运营者和从业人员必须时刻关注时局变化，做出相应的调整。

跨境电商作为国际贸易的新业态与新模式，无论是商界、学界还是政界，都在深入学习，慢慢摸索发展的经验，国家对跨境电商的政策涉及多个层次，包括税收、支付、结算、物流、数据安全、个人隐私、监管方案、检验检疫、质量标准、服务标准都处于探索、总结的阶段，因此，各种政策都会依据情况变化做出调整。对于跨境电商经营者而言，规避风险，利用跨境电商的优惠政策可以事半功倍、提高效率、降低成本、少走弯路。

三、模拟与案例相结合

本门课程在讲授和学习过程中，一定要重视操作模拟与案例教学相结合。一方面，操作模拟是实务类课程学习的重要法宝之一。通过模拟、角色扮演，学生可以充分地了解跨境电商运营的各个环节，包括注册网店、网店设计、产品排列、产品定价、促销策略、人员安排、物流系统、支付方式、货款结算、售后服务、顾客维护等运营的流程与技巧，特别是通过实际注册网店，能够理解国际市场中的消费者心理、文化差异，应对国际商务谈判中的各类冲突与困境，通过实际的体验，掌握跨境电商运营的成功秘诀，通过可能面临的失败的压力、市场的风险、损失的发生，以切肤之痛去经营事业、运营店铺，只有这样，才能立足于真实的商业社会。

另一方面，本门课程也需要重视案例的学习，特别是对典型案例进行麻雀解剖式的学习，了解成功企业、优秀企业家是如何抓住市场机会，如何通过创新性的市场营销方式与商业模式击败竞争对手，赢得消费者的。有不少商业案例值得我们持续开发，长期观察，深入分析，这既可以让我们通过案例来学习成功的经验，也可以让我们避免走别人已经走过的弯路，吸取失败的教训。

作为一门实务类的课程，一手经验的积累与二手经验的总结都至关重要，因此，教师在讲授、学生在学习本门课程过程中，要充分重视操作模拟与案例研究。

四、语言与技能相结合

跨境电商，顾名思义是跨越国境或关境的电子商务，语言能力是面对国外客户所必须具备的基本技能。虽然并不是每一个进出口跨境电商企业都需要掌握多门语言，或者达到类似同声传译的水平，但具备基本的外语尤其是英语听、说、读、写能力仍然是不可或缺的，特别是用外语掌握企业信息、产品信息、性能、质量、合同基本条款、贸易术语、买卖双方的权利与义务，进行商务谈判与沟通，是跨境电商从业者需要具备的基本素质。

另外，跨境电商的运营者也要掌握其他综合技能，如市场营销、领导能力、团队合作、风险管理、财务管理，甚至对网站的设计与运营、基本的法律法规常识、公司金融等都要有基本的认知。

总的来说，跨境电商运营小则一个网店，大则一家公司，乃至跨国运营团队，涉及的产品种类丰富，需要处理的事务也非常多，需要和国外客户、终端消费者、投资人、员工团队、政府相关部门打交道，因此，除了具备基本的外语能力，更需要有综合的能力和相应的技能。在学习本门课程过程中，学生们一定要注重知识的积累与能力的培养。

本章小结

本章主要阐述了跨境电商的基本内涵和相关概念、跨境电商的发展历程和基本特征，并简要地介绍了中国跨境电商发展的现状与趋势。学习跨境电商实务课程，需要坚持理论与实践相结合、形势与政策相结合、模拟与案例相结合、语言与技能相结合的方法。

复习与思考

一、单选题

1. 下面不属于跨境电商与境内电商区别的是：（　　）。

A. 跨境电商与境内电商面临的风险不同

B. 跨境电商与境内电商的交易环节不同

C. 跨境电商与境内电商的服务标准不同

D. 跨境电商与境内电商的物流过程不同

2. 跨境电商无形性的特征指的是：（　　）。

A. 跨境电商的交易过程主要是在互联网上进行

B. 跨境电商监管是无形的

C. 跨境电商交易的都是无形产品

D. 跨境电商的买卖双方不见面

3. 首个中国跨境电商综合试验区位于：（　　）。

A. 上海　　B. 杭州　　C. 北京　　D. 深圳

二、简答题

1. 跨境电商与境内电商有哪些不同之处？
2. 跨境电商的特征有哪些？
3. 跨境电商与传统的国际贸易有哪些不同？

第2章 跨境电商惯例与规则

学习目标

- 掌握国际贸易术语的基本概念及作用；
- 掌握适用于各种运输方式的贸易术语；
- 掌握适用于水上运输的贸易术语；
- 掌握各种贸易术语中买卖双方责任、风险和费用的划分；
- 了解跨境电商发展过程中遇到的新问题；
- 掌握主要的全球数字贸易规则；
- 了解主要数字贸易规则的异同。

关键概念

贸易术语　跨境电商征税　跨境电商网络争议解决　DEPA　RCEP

案例导入

当前，跨境电商与数字贸易发展如火如荼，其规则制定成为国际社会关注的焦点。发达国家通过签订自贸协定和向WTO提案的方式，对外输出其跨境电商与数字贸易规则主张。在相关贸易规则尚处于探索起步阶段时，中国也在通过积极参与国际谈判，提出有利于自己的规则主张，摆脱发展中国家被规则支配的命运。

跨境电商的繁荣与数字贸易的涌现对全球贸易投资规则提出新的挑战，在双边和多边贸易中涉及的越来越多。在WTO的现行规定下，没有针对跨境电商与数字贸易出台专门的规则，相关的规则制定多集中于WTO框架下的协定文本及附件中，如《服务贸易总协定》(GATS)、《与贸易有关的知识产权协定》(TRIPS)、《信息技术协定》(ITA) 等。

2017年，WTO各成员共同发布《电子商务联合声明》，强调电子商务的重要性及其所涵盖的发展契机，同时确保数据一定程度的自由流动和禁止所有数据的本地化。但是目前对于电商传输关税、电子商务的定性和服务模式以及新型电子商务分类等问题尚未解决。

WTO的框架协议显然已无法满足全球数字贸易飞速发展带来的规则需求，全球主要经济体正通过区域贸易协定、WTO多边框架积极推动数字贸易规则新体系的制定和完善。而欧美等发达经济体，凭借自身在数字经济发展的领先优势，建立了具有全球约束力的规则体系，掌握着数字贸易规则的领导权和话语权。

当前，许多国家致力于数字经济尤其是数字贸易领域规则的谈判和构建，需要引起中国关注。同时，由于多边框架内的谈判尚处于初始阶段，政策诉求的差异和寻求规则制定主导权的愿望，加速了“联盟化”的趋势。

形势分析

中国正式申请加入DEPA，积极争取数字贸易治理话语权

2021年11月1日，中国向《数字经济伙伴关系协定》(Digital Economy Partnership Agreement，DEPA) 保存方新西兰正式提出申请加入DEPA。

商务部表示，申请加入DEPA，符合中国进一步深化国内改革和扩大高水平对外开放的方向，有助于中国在新发展格局下与各成员加强数字经济领域合作、促进创新和可持续发展。下一步，中方将按照DEPA有关程序，和各成员开展后续工作。

尽管DEPA在新加坡、新西兰和智利三个创始国中尚未全面生效，但已有多个国家陆续表示出加入的兴趣。中国选择在此时提出申请加入DEPA，一方面因为DEPA作为首个涵盖数字贸易问题的多边协定，内容设计更具有创新性与开放性，在很大程度上与中国的诉求相契合；另一方面，尽早加入DEPA有助于中国在推动数字贸易规则形成的过程中扩大自身话语权，夯实中国在亚太数字贸易治理领域中的影响力。

资料来源：缴翼飞．中国正式申请加入DEPA，积极争取数字贸易治理话语权．21世纪经济报道，2021-11-02.

2.1 跨境电商中的贸易术语

国际贸易是生产力发展的产物。随着国际进出口总额的上升，贸易形态也在不断变化，从最初的货物贸易到服务贸易再发展到如今以数字基础设施为支撑的跨境电商。

为适应贸易量的不断增长和贸易形式日趋复杂化的发展趋势，在国际贸易实践中逐渐形成许多习惯做法和规则，即国际贸易惯例和规则。本章主要介绍常见的跨境电商中的贸易术语，以及随着数字贸易所带来的跨境电商惯例的新发展。

一、贸易术语的含义及作用

贸易术语，又称贸易条件或价格术语，是指用一个简短的概念或者三个英文字母来说明国际货物买卖的交货条件、价格构成、买卖双方风险以及责任和费用归属的专门用语。虽然贸易术语在国际贸易中被广泛使用，但贸易术语并非法律，对经贸双方并不具有强制约束力，因此经贸双方可以在合同中做出与贸易术语不一致的约定。

贸易术语在国际贸易中的作用如下：（1）贸易术语在不同环境下有不同的含义，有些国际惯例规定也对贸易术语做了统一解释或规定并被广泛接受，因此买卖双方只要商定相关的贸易术语，即可确定彼此在货物交接方面的风险、责任和费用，从而有利于极大地简化交易手续，缩短洽商时间，节省成本和开支。（2）贸易术语可以表示商品价格的构成因素，其中也包括诸如运费和保险费等各项相关费用，这有利于交易双方进行比价和加强成本核算。（3）买卖双方在产生权利与义务争议而合同中又没有相关明确规定时，可援引有关贸易术语的一般解释来解决。

《国际贸易术语解释通则》（International Rules for the Interpretation of Trade Terms，INCOTERMS），是由国际商会制定的关于国际贸易的基础性国际通行规则。《国际贸易术语解释通则》每十年修订一次，国际商会在 2019 年 9 月宣布了 2020 年的规则更新。《国际贸易术语解释通则 2020》于 2020 年 1 月 1 日正式生效。根据运输方式的差异，可以将贸易术语划分为两类：适用于任何运输方式的贸易术语和适用于海上运输的贸易术语。其中，适合于任何运输方式的贸易术语包括 EXW、FCA、CPT、CIP、DAP、DPU 和 DDP；适用于海上运输的贸易术语包括 FAS、FOB、CFR 和 CIF。

二、适用于各种运输方式的贸易术语

（一）EXW 术语

全称为 Ex Works，即工厂交货。EXW 术语下，由卖方在其进行生产经营的工厂所在地或其他指定地点预先准备好货物并交付给买方，由买方承担货物交付后的所有费用和风险。EXW 术语的交货地点在卖方所在地的工厂、仓库或其附近的指定交货地点。按照 EXW 术语成交，买卖双方的相关交易费用和风险划分如下：

1. 卖方应承担的费用、风险及相关手续办理

费用方面，卖方要承担货物交给买方前的一切费用，如将货物装至买方指定运输车辆上的搬运和装卸费用。由于是在卖方工厂所在地或其指定地点交货，因此相较于其他贸易术语，EXW 术语在实际使用场合要求卖方承担的费用相对较少。

风险方面，卖方承担交货前的一切风险。与费用类似，EXW 术语中卖方承担的风险也相对较少。

文件手续方面，卖方要协助买方办理出口、进口过程中海关所需的一切文件，如出口许可证、商业发票、装箱单、原产地证明等。

2. 买方应承担的费用、风险及相关手续办理

费用方面，买方承担交货后的一切费用，如将货物从交货地点运至目的地的运输费、保险费和货物通关所需的关税等费用。由于 EXW 术语中卖方承担的费用相对较少，那么买方就要承担相对较多的费用。

风险方面，买方承担交货后的一切风险，如货物灭失被盗、限制产品出口或进口等。与费用类似，EXW 术语中买方承担的风险也相对较多。

文件手续方面，买方应办理出口、进口过程中海关所需的一切文件手续。

（二）FCA 术语

全称为 Free Carrier，即货交承运人。FCA 术语下，货物由卖方交付至买方指定承运人的仓库或其指定地点，买方承担货物交付后起至买方工厂所在地期间的所有费用和风险。FCA 术语的交货地点为卖方所在地指定承运人的仓库或其指定地点，承运人通常为第三方货运代理人。按照 FCA 术语成交，买卖双方的费用和风险划分如下：

1. 卖方应承担的费用、风险及相关手续办理

费用方面，卖方负责货交承运人前的一切费用，如将货物运至指定承运人的仓库或其指定地点期间的运输费、装卸费等。

风险方面，卖方负责货交承运人前的一切风险，如货物损坏、灭失的风险。

文件手续方面，卖方需要，准备出口所需的一切文件，如办理出口许可证和相关的海关手续。

2. 买方应承担的费用、风险及相关手续办理

费用方面，买方须负责货交承运人后的一切费用，如将货物运至指定承运人的仓库或其指定地点期间的运输费、装卸服务费等。

风险方面，买方负责货交承运人后的一切风险，如货物灭失被盗、限制进口等。

文件手续方面，买方需要自负风险和费用，获得进口所需的一切文件，如办理进口许可证和相关的海关手续。

（三）CPT 术语

全称为 Carriage Paid To，即运费付至。CPT 术语下，货物由卖方交付至卖方指定的承运人或第一承运人，即完成交货义务。CPT 术语的交货地点为买方所在目的地的卸货地点。

1. 卖方应承担的费用、风险及相关手续办理

费用方面，卖方承担货交承运人前的一切直接和间接费用，如从工厂仓库至买方所在目的地期间的运输费用及相关的保险费用。

风险方面，卖方承担货交承运人前的一切风险，即将货物从工厂仓库运至买方所在目的地期间的一切风险。

文件手续方面，卖方需准备出口所需的一切文件，如商业发票、装箱单、原产地证明、有害物质清单等。

2. 买方应承担的费用、风险及相关手续办理

费用方面，买方承担货物交付后的一切费用，如进口国的关税和其他费用。

风险方面，买方承担货物交付后的一切风险，如限制进口等。

文件手续方面，买方需要自负一切风险和费用，取得货物进口许可证等文件并办理相关的海关手续。

（四）CIP 术语

全称为 Carriage and Insurance Paid To，即运费和保险费付至。CIP 术语下，由卖方将货物交付至买方所在目的地，并支付工厂仓库至买方所在目的地的保险费和运输费用。买方承担货物交付后起至买方工厂所在地期间的费用和风险。CIP 术语中，货物的交付地点为买方所在目的地的卸货地点。

1. 卖方应承担的费用、风险及相关手续办理

费用方面，卖方承担货物交给承运人之前的一切费用，如将货物从工厂仓库运至买方所在目的地期间的保险费和运输费。

风险方面，卖方承担货物交给承运人之前的一切风险，如从工厂仓库至买方所在目的地期间的一切风险。

文件手续方面，卖方需准备出口所需的一切文件，如商业发票、装箱单、原产地证明、有害物质清单等。

2. 买方应承担的费用、风险及相关手续办理

费用方面，买方承担货物交付后的一切费用，如进口国的关税等。

风险方面，买方承担货物交付后的一切风险，如所在国政府限制进口的风险等。

文件手续方面，买方需准备进口所需的一切文件，如进口许可证，并办理通关手续。

3. 补充说明

CFR、CIF 与 CPT、CIP 之间的区别在于交货地点不同。CFR、CIF 的交货地点在卖方所在装运地，CPT、CIP 的交付地点在买方所在目的地。另外，CFR、CIF 的交付地点都和船有关，因此这两个贸易术语仅适用于水上运输方式，CPT、CIP 则适用于任何运输方式。

（五）DAP 术语

全称为 Delivered at Place，即目的地交货。DAP 术语下，由卖方负责将货物运至或交付至买方所在地。DAP 术语的交货地点通常为买方所在地。

1. 卖方应承担的费用、风险及相关手续办理

费用方面，卖方需承担交货前的一切费用，如将货物从工厂仓库运至买方所在地的运费和保险费。

风险方面，卖方需承担交货前的一切风险。

文件手续方面，卖方需准备出口所需的一切文件，如商业发票、装箱单、原产地证明、有害物质清单等。

2. 买方应承担的费用、风险及相关手续办理

费用方面，买方需承担交货后的一切费用，如进口国的关税、货物到达后的卸货费等。

风险方面，买方需承担交货后的一切风险。

文件手续方面，买方需准备进口所需的一切文件，如进口许可证和其他官方批件。

3. DAP 与 CIP 的区别

（1）交货地点和风险转移点不同。在 CIP 贸易术语中，卖方需将货物运至目的地的指定地点，这个地点可以是两国边境指定地点，也可以是目的港的船上或者是进口国内的某一地点，风险是在货物交给承运人时即自动转移给买方。而在 DAP 术语中，卖方的交货地点是在目的地的约定地点，卖方承担的风险也是在该地才转移给买方。因此，DAP 术语的风险转移时间要比 CIP 术语更晚。

（2）费用构成不同。在 CIP 术语中，卖方有义务按照合同约定自负风险和费用，办理货物运输保险，而买方不必承担办理保险的义务。在 DAP 术语中，卖方无办理保险的义务，卖方购买保险只是为了降低风险，保障自身利益；但是如果买方有办理保险的要求，并在买方承担风险和费用的条件下，卖方须向买方提供办理保险的相关信息。

（六）DPU 术语

全称为 Delivered at Place Unloaded，即目的地卸货后交货，是《国际贸易术语解释通则 2020》新增的贸易术语。DPU 术语下，由卖方将货物交付至买方所在地的卸货地点，并承担全部卸货费。DPU 术语的交货地点为买方所在地的卸货地点。

1. 卖方应承担的费用、风险及相关手续办理

费用方面，卖方负责交货前的一切费用，如将货物运至目的地的运费及卸货费。

风险方面，卖方负责交货前的一切风险。

文件手续方面，卖方需准备进出口所需的一切文件，如商业发票、装箱单、原产地证明、有害物质清单等。

2. 买方应承担的费用、风险及相关手续办理

费用方面，买方负责交货后的一切费用，如交纳进口关税。

风险方面，买方负责交货后的一切风险。

文件手续方面，买方需要自负风险和费用办理进口清关手续，交纳进口关税。

（七）DDP 术语

全称为 Delivered Duty Paid，即完税后交货。DPP 术语下，由卖方将货物交付至买方的工厂所在地，并支付进口国的关税。DDP 术语的交货地点为买方的工厂所在地。

1. 卖方应承担的费用、风险及相关手续办理

费用方面，卖方需要承担交货前的一切费用，如将货物从工厂仓库运至买方的工厂所在地期间的运费和货物在运输过程中的保险费。

风险方面，卖方需要承担交货前的一切风险。

文件手续方面，卖方需准备进出口所需的一切文件，如进出口许可证、商业发票、装箱单、原产地证明、有害物质清单等。

2. 买方应承担的费用、风险及相关手续办理

费用方面，买方需要承担交货后的一切费用。

风险方面，买方需要承担交货后的一切风险。

文件手续方面，由于 DDP 术语是在进口国的指定地点交货，因此办理进出口许可证等文件的责任主要由卖方承担。

3. CPT、CIP 与 DAP、DPU、DDP 之间的区别

CPT、CIP 与 DAP、DPU、DDP 之间的区别在于交货地点的差异。CPT、CIP 的交货地点仅限于买方所在地的港口，航空港或海运港口均可适用，而 DAP、DPU、DDP 的交货地点可以是买方所在地的港口，也可以是内陆城市。

三、适用于水上运输的贸易术语

(一) FAS 术语

全称为 Free Alongside Ship，即船边交货。FAS 术语下，由卖方将货物交付至买方指定的船边，买方承担货物交付后起至买方工厂所在地期间的所有费用和风险。FAS 术语的交货地点为卖方所在地装运港的船边装卸码头。

1. 卖方应承担的费用、风险及相关手续办理

费用方面，卖方承担交货前的一切费用，如将货物从工厂仓库运至装运港的船边装卸码头期间的运输费、装卸费。

风险方面，卖方承担交货前的一切风险。

文件手续方面，卖方需准备出口所需的一切文件，如商业发票、装箱单、原产地证明、有害物质清单等。

2. 买方应承担的费用、风险及相关手续办理

费用方面，买方需承担货物交付后的一切费用，如运输费、保险费、进口国的关税等。

风险方面，买方需承担货物交付后的一切风险，如货物灭失被盗、限制进口等。

文件手续方面，买方应该自负风险和费用，取得进口许可证和办理相关的海关手续。

(二) FOB 术语

全称为 Free On Board，即船上交货。FOB 术语下，由卖方将货物交付至买方指定的船上，买方承担货物交付后起至买方工厂所在地期间的所有费用和风险。FOB 术语的交货地点为卖方所在地装运港的船甲板上。

1. 卖方应承担的费用、风险及相关手续办理

费用方面，卖方需要承担交货前的一切费用，如将货物从工厂仓库运至装运港的船甲板上期间的运输费、装卸费。

风险方面，卖方需要承担交货前的一切风险。

文件手续方面，卖方需准备出口所需的一切文件，如商业发票、装箱单、原产地证明、有害物质清单等。

2. 买方应承担的费用、风险及相关手续办理

费用方面，买方要承担货物交付后的一切费用，如运输费、保险费、出口国和进口国的关税等。

风险方面，买方要承担货物交付后的一切风险，如货物灭失被盗、限制进口等。

文件手续方面，买方需准备进口所需的一切文件手续，如进口许可证以及与进口相关的海关手续。

（三）CFR 术语

全称为 Cost and Freight，即成本加运费。CFR 术语下，卖方将货物交付至买方指定的船上，并支付工厂仓库至买方目的港码头的运输费用，买方承担货物交付后起至买方工厂所在地期间的部分费用和风险。CFR 术语的交货地点为卖方所在地装运港的船甲板上。

1. 卖方应承担的费用、风险及相关手续办理

费用方面，卖方需承担交货前的一切费用，如将货物从工厂仓库运至买方目的港码头的运输费。

风险方面，卖方需承担交货前的一切风险。

文件手续方面，卖方需准备出口所需的一切文件，如商业发票、装箱单、原产地证明、有害物质清单等。

2. 买方应承担的费用、风险及相关手续办理

费用方面，买方需承担货物交付后的一切费用，如部分运输费、保险费、进口国的关税等，但不包含卖方已支付的运输费用。

风险方面，买方需承担货物交付后的一切风险，如货物灭失被盗、限制进口等。

文件手续方面，买方需要准备进口所需的一切文件手续，如进口许可证，并办理与进口相关的海关手续。

（四）CIF 术语

全称为 Cost Insurance and Freight，即成本、保险费加运费。CIF 术语下，由卖方将货物交付至买方指定的船上，并支付工厂仓库至买方目的港码头的保险费和运输费用，买方承担货物交付后起至买方工厂所在地期间的部分费用和风险。CIF 术语的交货地点为卖方所在地装运港的船甲板上。

1. 卖方应承担的费用、风险及相关手续办理

费用方面，卖方应承担交货前的一切费用，如将货物从工厂仓库运至买方目的港码头的运输费和保险费。在 CIF 术语中，虽然卖方支付了至目的港的运输费和保险费，但货物的实际交付地点并没有延长至买方所在地的目的港，买方需要承担交付后的一切风险和部分费用。

风险方面，卖方应承担交货前的一切风险。

文件手续方面，卖方需准备出口所需的一切文件，如出口许可证、商业发票、装箱单、原产地证明、有害物质清单等。

2. 买方应承担的费用、风险及相关手续办理

费用方面，买方需承担货物交付后的一切费用，但不包含卖方已支付的保险费和运输费，如部分运输费、部分保险费、进口国的关税等。

风险方面，买方需承担货物交付后的一切风险，如货物灭失被盗、限制进口等。

文件手续方面，买方需准备进口所需的一切文件手续，如进口许可证，并办理与进口相关的海关手续。

两类贸易术语的对比如表2-1所示。

表2-1 贸易术语对比

	贸易术语	交货地点	卖方承担的费用及风险			买方承担的费用及风险	
			费用	风险	文件手续	费用	风险
适用于各种运输方式	EXW	卖方所在地的工厂、仓库或其指定地点	货物交给买方前的一切费用，如将货物装至买方指定运输车辆上的搬卸费	交货前的一切风险	协助买方办理出口、进口过程中海关所需的一切文件	货物交付后的一切费用，如运输费等	货物交付后的一切风险，如货物灭失被盗等风险
适用于各种运输方式	FCA	卖方所在地指定承运人的仓库或其指定地点	货交承运人前的一切费用，如将货物运至指定承运人的仓库或其指定地点期间的运输费、装卸费	货交承运人前的一切风险	需准备出口所需的一切文件，如商业发票等	货物交付后的一切费用，如运输费等	货物交付后的一切风险，如货物灭失被盗等
适用于各种运输方式	CPT	买方所在目的地的卸货地点	货交承运人前的一切直接和间接费用	将货物从工厂仓库运至买方所在目的地期间的一切风险	需准备出口所需的一切文件，如商业发票等	货物交付后的一切费用，但不包含卖方已支付的费用	货物交付后的一切风险，如限制进口等
适用于各种运输方式	CIP	买方所在目的地的卸货地点	货物交给承运人之前的一切费用	货物交给承运人之前的一切风险	需准备出口所需的一切文件，如商业发票等	货物交付后的一切费用，如进口国的关税等	货物交付后的一切风险，如限制进口等
适用于各种运输方式	DAP	买方所在地	交货前的一切费用	交货前的一切风险	需准备出口所需的一切文件，如商业发票等	交货后的一切费用，如进口国的关税、货物到达后的卸货费等	交货后的一切风险

续表

	贸易术语	交货地点	卖方承担的费用及风险			买方承担的费用及风险	
			费用	风险	文件手续	费用	风险
适用于各种运输方式	DPU	买方所在地的卸货地点	交货前的一切费用	交货前的一切风险	需准备出口所需的一切文件，如商业发票等	交货后的一切费用，如进口国的关税	交货后的一切风险
	DDP	买方的工厂所在地	交货前的一切费用	交货前的一切风险	需准备出口所需的一切文件，如商业发票等	交货后的一切费用	交货后的一切风险
适用于水上运输方式	FAS	卖方所在地装运港船边的装卸码头	交货前的一切费用，如将货物从工厂仓库运至装运港的船边装卸码头期间的运输、装卸费	交货前的一切风险	需准备出口所需的一切文件，如商业发票等	货物交付后的一切费用，如运输费等	货物交付后的一切风险，如货物灭失被盗等
	FOB	卖方所在地装运港的船甲板上	交货前的一切费用，如将货物从工厂仓库运至装运港的船甲板上期间的运输费、装卸费	交货前的一切风险	需准备出口所需的一切文件，如商业发票等	货物交付后的一切费用，如运输费等	货物交付后的一切风险，如货物灭失被盗等
	CFR	卖方所在地装运港的船甲板上	交货前的一切费用，如将货物从工厂仓库运至买方目的港码头的运输费	交货前的一切风险	需准备出口所需的一切文件，如商业发票等	货物交付后的一切费用，如部分运输费等，但不包含卖方已支付的运输费用	货物交付后的一切风险，如货物灭失被盗、限制进口等
	CIF	卖方所在地装运港的船甲板上	交货前的一切费用，如将货物从工厂仓库运至买方目的港码头的运输费和保险费	交货前的一切风险	需准备出口所需的一切文件，如商业发票等	货物交付后的一切费用，但不包含卖方已支付的保险费和运输费	货物交付后的一切风险，如货物灭失被盗等

四、选择贸易术语时应考虑的因素

在国际贸易中，贸易术语是确定合同性质、决定交货条件的重要因素，选定适当的贸易术语对促进合同的订立和履行，提高企业的经济效益具有重要意义。作为交易当事人，在选择贸易术语时应考虑如下因素：

(一)运输方式

采用何种运输方式是选择贸易术语的前提条件。若自身有运输能力或者有能力安排运输工具，那么在谈判中可争取按由自身安排运输的条件成交（如按FOB或FAS进口，按CIF或CFR出口）；如果自身不具备运输能力，那么应该争取由对方安排运输条件（如按FOB或FAS出口，按CIF或CFR进口）。

(二)货物的性质和特点

国际贸易中货物的性质和特点各不相同，而货物的性质和特点又会影响到运输方式的选择。比如，如果货物的体积较小、数量较少，那么从经济层面考虑选择班轮运输就不太合算。

(三)运费因素

贸易术语涉及运输费用的划分问题，而运费和运价是不断波动的，因此在选择贸易术语时应考虑运费因素。如果预测到未来运费上涨，那么为了避免承担运价上涨风险，应在谈判中争取选择由对方安排运输的贸易术语，如按CIF、CFR或CIP等术语进口，按FOB或FAS等术语出口。如果因为某种原因不得不采用按由自身安排的运输的贸易术语成交时，在谈判时应将运价上涨的因素考虑进去。

(四)运输中的风险

国际贸易中，有些货物需要经过长途运输，货物在运输过程中可能会遭遇海啸等自然灾害以及战乱等意外事故的风险，由此可能需要购置相关保险。因此，缔约双方在谈判时应结合运输路线、运输时间和运输地点，选择不同的贸易术语。

(五)办理进出口货物的结关手续有无困难

由于有些国家规定进出口结关手续只能由所在国的当事人代为办理，因此在选择贸易术语时也应将缔约方所在国家的进出口货物结关手续考虑进去。例如，如果某出口国要求买方不能通过直接或间接的方式办理结关手续，那么就不应该采用EXW术语。

2.2　跨境电商贸易惯例的新发展

跨境电商作为一种新的贸易形式，在发展过程中出现了许多新的问题和挑战，如征税、交易争端等问题，因此需要跨境电商贸易惯例进一步发展来适应这些挑战。

一、跨境电商征税

传统国际贸易运输的物品往往是一些大件物品，易于监管和征税。而跨境电商以小包裹为主，不易于监管和征税。随着跨境电商的不断发展，国际小包裹的贸易量不断增加，跨境电商征税的难题也亟待解决。

(一)跨境电商征税的主要问题

跨境电商具有交易速度快、交易复杂程度高的特点，此外由于纳税人交易信息电子数据化，账簿和记账凭证是以网上数字信息形式存在的，这给征税带来困难，主要表现在：

（1）纳税主体难以确定。由于跨境电商不同于传统的国际贸易经营模式，没有常设机构或非独立代理人，而是通过在互联网服务器上维持一个相对固定的网址即可完成整个商业过程，因此很难确定纳税主体。

（2）纳税时间确定困难。现行税法对纳税期限的规定是按月、季、年纳税。而跨境电商完成的交易与传统的交易行为在交易方式上存在明显不同，是按现行税法规定来确定电子商务的纳税期限，还是按发生交易当时来确定纳税期限，税务机关无法界定。

（3）纳税环节难以判断。跨境电商的纳税环节多样化，交易双方可以通过网上订单、网上支付、网上发货的方式进行，瞬间即可完成交易过程，而且交易具有隐匿性，因而纳税环节难以判断。

（4）纳税地点难以确认。纳税涉及的买卖双方主体、网上银行、服务器、网络服务商等都可能处于不同的地方。因此，到底是以电子商务机构的所在地或是注册登记地为纳税义务发生地，还是以营业行为发生地为纳税义务发生地，或是以服务器所在地为纳税义务发生地，税务机关在实际工作中难以准确把握。

(二)跨境电商征税的其他问题

跨境电商征税面临的其他问题有：是否对跨境电商实施税收优惠、是否对跨境电商征收新税。有关跨境 C2C（Customer to Customer，即个人对个人）的国际税收已成为各国与地区潜在的税收来源。

跨境电商交易规模量大，进出口业务频繁，传统的税收政策不符合跨境电商的交易特点，很多国家相关部门制定措施给予税收优惠政策；但是为了与传统一般贸易利益保持平衡，长期高度倾斜的跨境保税政策需要调整。

为了平衡跨境电商交易和一般贸易，有些国家倡导对跨境电商征收增值税。我国对一般贸易征收进口关税、增值税、消费税等；对跨境电商征收行邮税，同时征收增值税，但税率远低于一般贸易的综合税率，依然体现出国家对跨境电商的政策扶持。

(三)跨境电商征税的相关法规

1. 国际通行法规

(1) 国际性组织。

一些国家或国际性组织(如经济合作与发展组织)已就电子商务税务政策形成了一些框架协议并逐步确立了相应的原则。1998 年 5 月,世界贸易组织在日内瓦召开了一个为期三天的互联网商务会议。经过激烈的协商,与会的各成员代表就互联网交易征税问题达成一致,即一年内暂时免征网上传输的商品关税,这被视为国际电子商务发展史上的里程碑。但是协议仅限于软件、有偿信息等无形的网上传输的商品,而不适用于采用互联网形式交易但是采用传统运输方式运输的有形商品。

(2) 美国。

免征税费为互联网的发展降低了成本,有效地促进了网络技术的创新和发展,可以进一步拓展跨境电商的发展空间。美国在跨境电商征税方面一直倡导免征关税。此外,美国还积极地与国际性组织合作,力求实现跨境电商税收规则的全球统一。

(3) 欧盟。

欧盟在税收方面提倡法律确定性、纳税中立性。1998 年,欧盟委员会确立了电子商务征收间接税的征收准则。2000 年 6 月,欧盟委员会提出了新的网上交易增值税议案,对欧盟境外的公司通过互联网向欧盟境内顾客销售货物或提供应税劳务,规定销售额在 10 万欧元以上的,应及时在欧盟国家进行增值税纳税登记,并按当地税率缴纳增值税。欧盟逐步建立起完善的电子商务税收管理体系,其征税规则被很多国家和地区采纳。

2. 我国的相关法规

(1) 进出口税收政策。

我国在跨境电商征税方面积极地实施适应电子商务出口的税收政策,主要解决电子商务出口企业无法办理出口退税的问题。2014 年,国家出台跨境电商零售进口政策,并进一步制定跨境电商零售进口税收政策。2015 年,国务院办公厅发布《关于促进跨境电子商务健康快速发展的指导意见》,指出将继续推进出口跨境电商增值税、消费税退税或免税政策。

(2) 征税体制。

我国借鉴国际上的征税体制,先在华北、华东、西南、华南等区域推行电子发票,再在全国范围内推广,并建立与电子工商登记配套的电子商务税收征管体系。未来的征税体系尚在探讨中。通过建立以网络交易平台为中心的控制"信息流"的税收征管模式和以银行与第三方支付平台为中心的控制"资金流"的税收征管模式成为趋势。

(3) 征税政策调整。

我国的税收政策必须从当下网络发票的全方位推行开始,坚持税收中性原则,采用个人所得税的征管方式,对跨境 C2C 的收入实行超额累进税率的形式,并结合网络数字化、高效化的特色，探索出针对跨境 C2C 业务的网络税收征管体系。现行的跨境关税政策，对小额的跨境电商实行免税的政策，极大地促进了跨境电商的发展，但是大额的跨境电商交易并没有与之相匹配的跨境关税。

目前多数跨境电商平台为了适应跨境电商快速发展的需求都是通过快递小包的形式，以 600 美元以下标准分散出境，没有正规的报关、报检等手续，出口企业只能取得快递公司的运输单，却无法提供海关出口报关单等合法凭证，因而很多出口商品都无法退税和进行电子商务跨境结汇。在当前国际贸易不景气的条件下，对跨境电商应该采取扶持策略，可缓征税，或是实行税收优惠政策或进行电子征税。

二、跨境电商网络争议及解决方法

(一)跨境电商网络争议概况

由于跨境电商环境下交易主体的特殊性和交易方式的灵活性，跨境电商争议与传统交易争议的解决方式有很大差别，特别是小额交易的争议问题难以用传统的争议解决方式解决，建立公平、合理、公正的跨境电商网络争议解决机制势在必行。跨境电商网络争议解决就是利用互联网手段采取在线和解和在线调解、在线仲裁的方式解决跨境电商过程中产生的纠纷的各种程序和方法的综合。跨境电商网络争议解决有两大模式：在线和解的计算机自动化处理模式和在线调解、在线仲裁的网络技术加中立的第三方模式。前一种模式是跨境电商销售网站一般都具备的计算机自动化处理方式，争议双方在不知晓对方报价的情况下各自报价，有利于大大缩短争议解决的时间和有效降低争议解决的成本和费用。后一种模式是利用现代先进的网络传输技术建立模拟的调解或仲裁场景，除了自动化的处理方式外，还需要中立第三方如调解员或仲裁员进行引导，以促成争议有效解决。

(二)联合国国际贸易法委员会网络争议解决机制

跨境电商的争议涉及国家之间的政策和法律的差异，导致跨境电商网络争议解决无法顺利进行。为了克服跨境电商网络争议解决的困难，国际性组织联合国国际贸易法委员会制定了相关的解决机制，即网上争议解决（Online Dispute Resolution，ODR）。ODR 涵盖所有网络上由非法庭但公正的第三方来解决企业与消费者间因电子商务契约所产生争执的解决方式，主要特征是程序的在线性、规则的灵活性、信息的机密性、协议的非强制性。同时，ODR 还具有不排除法院的实体审查、不排除当事人起诉的权利、传统仲裁裁决和法院判决优先的特征。ODR 可以用多种形式进行，主要包括在线谈判、在线调解、在线仲裁、在线消费者投诉处理和在线诉讼。

但它也存在很多局限：对于大多数不能自动裁决的争议，则需要考虑跨境电商的法律法规，而各国的网络争议解决的规定存在差异，这为网络争议解决带来困难。另外，对于网络争议的主体身份难以确定。《中华人民共和国涉外民事关系法律适用法》对确定民事主体资格认定为自然人适用经常居所地法律，法人则适用登记地法律；《中华人民共和国涉外民事关系法律适用法》第四十一条规定，“当事人可以协议选择合同适用的法律。当事人没有选择的，适用履行义务最能体现该合同特征的一方当事人经常居所地法律或者其他与该合同有最密切联系的法律。”由此可见，对于涉外电子合同的法律适用，在做出相关限制的同时，我国依然采取了合同自体法原则。ODR 网站取得案件管辖权的主要方式是协议管辖，但是 ODR 网站采取的商业化的运作模式难以保证对 ODR 的公正性。由于人们对于虚拟环境的不信任以及 ODR 程序的弹性等原因，在世界范围内仅仅有为数不多的 ODR 网站的裁决具有司法强制执行力，远远不能满足跨境电商发展的需求。

(三)跨境电商网络争议解决机制的最新进展

1.《纽约公约》

联合国国际贸易法委员会已于 2011 年明确提出要努力推动《承认及执行外国仲裁裁决公约》(简称《纽约公约》) 关于执行网络仲裁裁定的议定书的订立，希望促成《纽约公约》框架下对网络仲裁协议效力的认可，《纽约公约》也把书面形式作为承认和执行外国仲裁裁决的要件。

2.《跨境电商交易网上争议解决程序规则草案》

联合国国际贸易法委员会通过的《跨境电商交易网上争议解决程序规则草案》，目的在于建立快捷、简易和低费解决低价值跨境争议的渠道。美洲国家组织（OAS）自 2003 年以来已通过美洲国际私法专门会议审议该问题，希望建立一个美洲国家网上争议解决平台，能够统一解决美洲国家间货物和服务销售的电子商务合同争议，其工作也已进入实质性探讨阶段。

三、消费者权益保护的内容

跨境电商时代，在线交易的消费者权益保护主要涉及个人数据与隐私的保护、统一适用的退货换货制度、消费者支付款项的安全、消费者网络交易知情权、网上交易消费者权益保护的行政监管和司法诉讼机制。

(一)消费者权益保护的内容

1. 个人数据与隐私的保护

个人数据是指可识别的与特定主体相关的数据，保护个人数据和隐私是对消费者的基础保护。

2. 退换货权利

网络交易的特殊性使得消费者错误购买的概率增高，退换货的权利是消费者的权益之一。

3. 交易安全保护

消费者通过网上银行进行交易，存在系统被入侵的风险，如消费者账户被篡改、交易支付密码被盗、账户资金被非法划走或莫名丢失等，因此消费者的交易安全也应受到保护。

4. 知情权

知情权是指消费者拥有以下信息的知情权，包括商家的身份信息、登记名称、负责人姓名、主营网址、地理位置、联系方式以及商家的信用情况等。

(二)建立和完善消费者权益保护机制

针对以上提出的跨境电商消费者权益保护存在的问题，可以从以下几个方面有针对性地制定相应措施对网络跨境消费者的权益予以保护：一是注重保证个人交易数据和隐私安全。对于消费者个人的网上交易数据隐私保护，在现行的消费者权益保护法中还没有明确的规定。在跨境网络交易的有关立法中，应规定网络商家需承诺只在所申明的使用目的范围内及消费者本人同意的情形下使用消费者个人资料；未经消费者授权，不得将信息提供给第三人等。二是严格市场准入机制。应对从事网络经营的企业进行严格的市场准入限制，在立法上建立详尽的资格认证审核制度，可以通过设立专门的网站，主管网络商店设立的网上申请及登记、审查和核发网络商店的营业执照。三是依法维护网络消费者的知情权。应完善网络交易信息披露规则，应有法律条款规定跨境网络商家有提供产品信息和服务的义务以及应达到的要求，如商品介绍使用的语言最好使用目标消费者所在国家的主要语言。四是完善国内相关法规，促进国际法规的协调性。我国出台的很多规定绝大多数属于管理性的行政规章制度，很多规章制度不仅与法律相冲突，且与司法解释相互不协调，带来管理困难。跨境交易的各个国家在立法和政策上存在较大差异，即使有些国家有关于网络跨境消费者权益保护的法律法规，也存在很多问题，有待完善和优化。

四、跨境电商网络安全

(一)跨境电商网络安全的基本内容

跨境电商的网络安全问题是指在跨境电商环境下以互联网为载体的交易中的支付安全问题以及由互联网引起的个人数据和隐私受到侵犯等问题。跨境电商面临的网络安全威胁表现在多方面：在网络的传输过程中被截获、传输的文件被篡改、伪造电子邮件、假冒他人身份、不承认或抵赖已做过的交易等。保障跨境电商安全的基本原则是：授权合法性、不可抵赖性、保密性、身份的真实性、信息的完整性、存储信息的安全性。

(二)跨境电商网络安全的预防措施

要加强网络和信息核心技术关键基础设施及数据的安全可控，应在总体国家安全观的统领下做好网络安全工作，各国之间应做好协调工作，建立通行的国际互联网安全防范机制，确保跨境网络的安全。一是要签订安全电子交易协议；二是要加强对网络安全系统的建设和动态监管，增加防火墙、入侵检测系统、公钥基础设施建设，采用数字签名、身份认证、数字时间戳和数字证书等手段；三是要深入开展信息网络安全人员的培训工作，普及网络安全知识，提高网络用户的安全常识。

(三)跨境电商网络安全法律法规

1. 各国跨境数据流的管理和制约

大规模的政府数据、商业数据和个人数据通过云服务来存储和处理，随着跨境数据的流动越发频繁，各国开始重视跨境数据流动的管制并重点关注政府和公共部门数据的跨境管理。

澳大利亚在联邦个人隐私原则中对“数据的国际流动”进行了规定，要求机构向海外组织或信息主体以外的某人传送信息受到一定的制约，其在《政府信息外包、离岸存储和处理 ICT 安排政策与风险管理指南》中规定，为政府部门开发的云服务属于安全分类的数据，不能存储在任何离岸公共云数据库中，应存储在拥有较高级别安全协议的私有云或社区云的数据库中。美国要求国外网络运营商将通信基础设施设置在美国境内，将通信数据、交易数据、用户信息等仅存储在美国境内。意大利、匈牙利等国家规定禁止将政府数据存储于国外的服务器。印度尼西亚在立法中要求提供公共服务的电子系统运营商必须在印度尼西亚国内建立数据中心，交易数据必须存储在境内。韩国《信息通信网络的促进利用与信息保护法》中规定，政府可要求信息通信服务的提供商或用户采取必要手段防止任何有关工业、经济、科学、技术等重要信息通过信息通信网络向国外流动。印度的电信许可协议中要求各类电信企业（包括互联网服务提供商）不得将用户账户信息、用户个人信息（除了外国用户的漫游信息）转移至境外，否则可能面临吊销许可证的惩罚。

2. 网络空间安全法律法规

1992 年，《信息安全框架决议》掀开了欧盟信息安全立法新的一页，该决议的目标在于给一般用户、行政管理部门和工商业界存储电子信息提供有效、切实的安全保护，使之不危及公众的利益。1999 年 1 月 25 日，欧洲议会和欧盟理事会通过的《关于采取通过打击全球互联网上的非法和有害内容以促进更安全使用互联网的多年度共同体行动计划的第 276/1999/EC 号决定》强调必须安全使用网络，这为欧盟介入互联网管制、杜绝种族歧视、分裂主义等非法和有害信息提供了法律依据。自 2003 年欧盟理事会通过的《关于建立欧洲网络信息安全文化的决议》起，欧盟成员国已经不满足于仅仅通过技术手段来保障网络与信息安全，而是意识到要向所有利益相关者阐明网络信息安全的责任，通过合作与交流提高全社会的网络安全意识。2005 年，欧盟掀起了一个信息安全立法的高潮，通过了《打击信息系统犯罪的框架决议》，规定应受到惩罚的犯罪包括三类：非法接触信息系统、非法进行系统干扰和非法进行数据干扰。2007 年，欧盟通过了《关于建立欧洲信息安全社会战略的决议》，标志着欧盟已经将区域的信息安全提升到社会形态的高度，要求在全社会实现网络和信息系统的规制，以保障信息网络系统的安全。

五、跨境电商个人数据保护与隐私规则

(一)跨境电商个人数据保护与隐私规则的基本内容

传统的隐私权主要是指自然人（非法人）在以下三个方面享受被保护的权利，即个

人信息、个人行为自由和个人空间。随着计算机技术和互联网的广泛应用，个人隐私更多地表现为网络上的个人数据，数据隐私于是体现为三个新的方面，即个人数据、网络浏览踪迹、个人网络空间。电子商务需要收集、利用、加工、传输消费者的个人数据，在网页上抓取消费者的浏览踪迹，给消费者的电子邮箱发送广告邮件，因此会涉及数据隐私保护问题，具体分析如下：

1. 个人数据

消费者对于个人数据何时被收集、怎么收集、收集的内容拥有知情权，即电商应在网站显眼的位置公布其隐私政策，应写明关于个人数据利用、加工、传输的相关政策，不得未经数据主体同意即向第三方泄漏其个人数据。由于商业需求向第三方传输个人数据时，应采取合理的手段保证数据接收方给予数据主体相当的保护。

2. 网络浏览踪迹

利用一些软件，电商网站可以抓取到消费者的浏览路径，推测其购买喜好，实时地向其推销相关产品。有的消费者不喜欢自己的浏览路径被跟踪，拒绝软件对自己进行定位，电商企业应尊重消费者的隐私权利。

3. 个人网络空间

个人拥有网络空间不被打扰的权利。垃圾邮件充斥个人邮箱、广告信息侵扰个人网络空间就是侵犯个人隐私的行为，电商企业不应给消费者滥发广告邮件，并且应给予消费者选择退订广告邮件的权利。跨境电商的隐私保护在电子商务隐私保护基础上多了一些特殊性，即电商企业应该对国外消费者的个人数据进行保护，未经国外消费者允许不能随意抓取其浏览踪迹、不给国外消费者滥发广告邮件；向境外第三方传输个人数据时应保证数据接收方给予同等的保护。然而，跨境电商的隐私保护问题不仅涉及消费者的国籍变化，而且涉及不同国家的法律体系，因此需考虑法律管辖的问题，以及国际协调问题。另外，还有一些国际经济组织针对跨境电商隐私保护出台了指导文件，创建了隐私规则体系，跨境电商企业也需要了解。

（二）主要的跨境电商数据隐私保护模式

跨境电商数据隐私保护模式主要有两大类：以欧盟为代表的法律规制模式和以美国为代表的行业自律模式。

1. 法律规制模式

采取法律规制模式的国家主要通过颁布法律、严格执法程序来实现对数据隐私的保护。到目前为止，世界上已经有几十个国家颁布了数据隐私保护法律，比如欧盟的《数据保护指令》（95/46/EC）、日本的《个人信息保护法》（2003 年）、加拿大的《个人信息保护与电子文件法》（2000 年）等。采用法律规制模式的国家主要以法律监管措施来规范电商企业的隐私保护行为，通过罚款、强制执行等手段对电商企业产生震慑力。

2. 行业自律模式

采取行业自律模式的国家通常是市场经济发达的国家，重视市场调节手段，弱化政府干预。美国有很多不同类型的行业自律组织：倡议性隐私保护自律组织（如网络隐私联盟）、个人隐私保护认证组织（如 TRUSTe 和 BBBOnline）以及行业协会。在美国，行业自律组织主要通过对电商企业的隐私保护政策进行审核并在其网站张贴隐私保护信赖标章的形式，引导消费者的购物选择，以市场的力量促使电商企业提高隐私保护标准。

两种模式各有利弊，并且出现了融合的趋势。美国已经修订并颁布了十多部法律，欧盟也在采用约束性公司规则体系（BCR）的企业自愿认证方式。总体来说，采取行业自律模式的国家电子商务发展水平较高，而采取法律规制模式的国家对电商企业的束缚较多，略显活力不足。

（三）国际数据隐私保护规则体系

由于跨境电商个人数据保护涉及不同国家法律政策的协调问题，不是单个国家可以解决的，因此不少区域经济组织或国际经济组织纷纷出台了相关的指南和框架，以及构建了区域的跨境电商数据隐私保护规则体系。

国际经济组织颁布的相关文件包括：1980 年经济合作与发展组织提出的《关于隐私保护与个人数据跨境流动指南》，1981 年欧洲理事会提出的《个人数据自动处理中的个人保护公约》，1990 年联合国出台的《计算机处理的个人数据文档规范指南》，1995 年欧盟委员会发布的《数据保护指令》（95/46/EC），以及 2004 年亚太经合组织推出的《隐私框架》。在这些文件中，只有欧盟的《数据保护指令》具有法律效力，欧洲理事会的《个人数据自动处理中的个人保护公约》对签约国有效。

规则体系目前有两个，即欧盟的约束性公司规则体系（BCR）与亚太经合组织的跨境隐私保护规则体系（CBPR）。两个规则都以企业自愿申请为前提，对符合隐私保护标准的企业进行认证的规则体系结合了行业自律和法律监管的要素，获得认证的企业将继续受到它的监管，并能够在区域内获得较大的竞争优势。

（四）跨境个人数据保护与隐私规则的主要问题

跨境个人数据保护与隐私规则方面尚未解决的问题主要有：一是法律水平差别问题。虽然世界上已经有几十个国家（尤其是发达国家）颁布了自己的个人数据保护法律，但是仍然有不少国家在这方面基本空白。在已经对个人数据进行立法保护的国家中，保护程度和立法严格程度也存在很大差别，欧盟的数据保护法律最严格，而有些国家只有法律框架，缺乏执法力度。不同国家的数据保护水平给跨境电商的发展带了很多困难，因为保护水平高的国家会禁止将本国居民的个人信息输出到保护水平低的国家和地区，于是对跨境电商的发展制造了障碍。二是国际协调问题。由于各国隐私保护法律的范畴、标准、原则、执法有所区别，而且跨境隐私保护执法也需要各国政府部门的配合，因此需要建立国际协调机制。目前，鉴于各国分而治之，还没有完善的国际协调机制，一些区域经济组织建立的跨境隐私保护规则体系做了有益的尝试。比如亚太经合组织的跨境隐私保护

拓展阅读

海南省市场监督管理局关于印发《跨境电商常见经营行为合规指引》的通告

规则体系要求申请国必须至少有一个隐私保护当局加入“跨境执法安排”，在发生跨境隐私保护案件时与其他国家的隐私保护执法机构合作执法。

2.3 全球数字贸易主要规则

数字贸易作为数字经济里最活跃的部门之一，最早是以电子商务的形式出现在人们的视野中的。2013 年《美国与全球经济中的数字贸易Ⅰ》报告中正式提出了数字贸易的定义，即通过互联网传输产品和服务的国内商务和国际贸易活动，具体的交易标的为：音乐、游戏、视频、书籍等数字内容；社交媒体、用户评论网站等数字媒介；搜索引擎；其他产品和服务。[①] 随着信息技术和人工智能的快速发展，数字化已经逐渐成为全球经济发展的强大助力。但是由于国际上没有确切的有关数字贸易的规则和监管方案，数字经济的发展也面临了诸多的壁垒和挑战。目前，全球数字经济领域规则的制定主要以数字贸易为核心，并且呈现出了多元的发展趋势。首先，全球各国政府主要采用单边行动来制定数字经济相关规则，包括对数字服务征税、修改消费者隐私保护规则等。其次，WTO 中大部分成员也在努力制定有关数字贸易的规则，其中包括管理应对在线服务中的问题、确保网络空间以及电子商务货物交付的安全。WTO 原定在第十二届 WTO 部长级会议结束之后，至少为数字经济领域制定部分共同规则。但是自 2020 年以来，由于新冠肺炎疫情的影响，原定在哈萨克斯坦举行的 WTO 第十二届部长级会议没有如期举办，多边框架内的谈判受到阻碍，进程不容乐观。此外，许多 WTO 成员已经将数字贸易有关规则融入了更加广泛的自由贸易协定安排中。比如，《全面与进步跨太平洋伙伴关系协定》(CPTPP) 中制定了一个电子商务主题的章节，而后《美国-墨西哥-加拿大协定》(USMCA) 同样包含了有关数字贸易的规则。最后，部分国家政府已经开始为数字贸易专门创建规则。东盟在 2018 年 12 月签订了《东盟电子商务协定》，美国和日本于 2019 年 10 月签订了《美日数字贸易协定》(UJDTA)，2020 年 6 月新西兰、新加坡和智利签订了《数字经济伙伴关系协定》(DEPA)，2020 年 11 月 15 日东盟十国与中国、韩国、新西兰、日本、澳大利亚共同签订了《区域全面经济伙伴关系协定》(RCEP)，其中包含较高水平电信和电子商务章节。总之，目前许多国家都在积极谈判以及构建数字经济尤其是数字贸易领域规则。

一、CPTPP

CPTPP 全称为《全面与进步跨太平洋伙伴关系协定》，共由 11 个国家组建而成，前身是《跨太平洋伙伴关系协定》(TPP)。CPTPP 的第 14 章是电子商务和数字贸易相关规则，一共 18 个条款。CPTPP 的第 9 章（投资）、第 10 章（跨境服务贸易）和第 11 章（金融服务），尤其是 CPTPP 附件Ⅱ《投资和跨境服务不符措施清单》和附件Ⅲ《金融服

---

① Digital Trade in the U. S. and Global Economies, Part 1. United States International Trade Commission, 2013-07-07.

务不符措施清单》适用于第 14 章或其部分重要义务。CPTPP 电子商务章节里面重要条款如下：

1. 电子商务和数字贸易范围

CPTPP 中并没有明确界定“电子方式贸易”和“电子商务”。但是根据 CPTPP 第 14 章的内容来看，电子商务和数字贸易的范围不仅包括借助网络销售货物和通过电子方式交付或履约，还包括数字产品和服务贸易。

2. 海关关税

CPTPP 第 14.3 条中规定禁止对缔约方贸易之间的电子传输（包括电子传输内容）征收关税，允许以符合 CPTPP 协定的方式对其征收国内税费。

3. 数字产品和服务的非歧视待遇

CPTPP 第 14.4 条中规定要求一缔约方向其他缔约方的数字产品和服务提供非歧视待遇，但非歧视待遇不适用于政府所给予数字产品和服务的广播以及补贴。该条款要求缔约方提供给另一缔约方的数字产品和服务不应受到任何限制的国民待遇，这也就意味着一国如果决定向其他某个国家开放特定的数字产品和服务市场，就必须对国内和其他缔约国数字产品和服务提供同样程度开放的待遇。

4. 国内电子交易框架

CPTPP 第 14.5 条中要求缔约方创建符合 2005 年的《联合国关于在国际合同中使用电子通信的公约》或《1996 年电子商务示范法》原则的国内电子交易的框架。

5. 电子签名和电子认证

CPTPP 第 14.6 条第 1 款中要求缔约方必须承认电子签名所具有的法律效力，除非法律另有规定。第 14.6 条第 2 款中要求缔约方必须允许电子交易的当事人确定合适的认证方法。

6. 线上消费者保护、消费者个人信息保护、非应邀商业电子信息

CPTPP 第 14.7 条中的规定要求缔约方维持或采取消费者保护法，禁止对线上消费者造成具有潜在或实质损害的欺诈和诈骗。第 14.8 条中的规定要求缔约方必须维持或采取保护线上消费者个人信息的法律框架。第 14.14 条中规定不禁止非应邀商业电子信息，但缔约方应该采取或维持相应的措施；同时第 14.14 条中还规定对于没有遵守缔约方所规定的相关措施的非应邀商业电子信息提供人应负有法律责任。

7. 电子商务网络的接入和使用原则、无纸化贸易、互联互通费用分摊

这三个相关原则为“缔约方认识到”或“应当努力”的条款。

8. 通过电子方式进行跨境传输信息

CPTPP 第 14.11 条中的规定要求缔约方允许成员为了从事经营活动而借助电子方式进行跨境传输信息，其中包括个人信息。该条款实际上明确了跨境信息和数据自由流动的义务。第 14.11 条还承认了缔约方的监管权，允许其为了合法的公共政策目标而采取相对应的限制性措施。

9. 计算设施的位置

CPTPP 第 14.13 条中的规定禁止缔约方要求成员使用该缔约方领土上的计算设施或将其计算设施安置于该缔约方的领土之内，视作在该缔约方领土上从事经营活动的必要条件。

10. 源代码

CPTPP 第 14.17 条中的规定禁止缔约方将要求获得或转移另一缔约方所有的软件中的源代码作为在其领土上从事经营活动的必要条件，同时该条款还明确规定了申请或授予专利、依据国内法律法规的要求修改软件中的源代码以及商业谈判合同这三项除外。

二、USMCA

USMCA 全称为《美国-墨西哥-加拿大协定》，该协定在继承了以 TPP 为代表的数字贸易规则的基础上还进行了一系列规则的升级。USMCA 中诸多章节含有数字贸易规则内容，其中主要有第 19 章“数字贸易”、第 15 章“跨境服务”、第 14 章“投资”、第 20 章“知识产权”、第 18 章“电信”和第 12 章“部门附件”等。

其中第 19 章“数字贸易”所涵盖的数字贸易规则的内容和数量最多。该章主要内容包括：数字贸易有关术语的定义，如计算机设施、电子手段、交互式计算机服务、数字产品（第 19.1 条），该章节所涵盖范围和总则（第 19.2 条），对于数字传输的相关内容实施永久免关税规则（第 19.3 条），给予缔约国的数字产品非歧视待遇（第 19.4 条），承认了电子认证和电子签名的有效性（第 19.6 条），规定电子形式文件与纸质形式文件享有同等地位的有效性（第 19.9 条），允许跨境数据自由流动（第 19.11 条）和成员自主选择计算设施以及数据所存储的位置（第 19.12 条），要求缔约国不得强制要求成员公开源代码和算法（第 19.16 条），免除互联网服务提供者的第三方侵权责任（第 19.18 条）。

第 15 章“跨境服务”中肯定了传统的贸易规则对数字贸易具有适用性。第 14 章“投资”中规定了不得强制投资者采用或者购买特定技术，以及强制其进行技术转让。第 20 章“知识产权”中规定了可以免除网络服务提供者对平台上版权侵权行为所负有的责任。第 18 章“电信”中的规定要求公共电信服务提供者可以自由选择技术。第 12 章“部门附件”中规定不可以强制要求 ICT 产品提供者或制造者公开其产品中所包含的加密技术。

三、UJDTA

UJDTA 的全称为《美日数字贸易协定》，该协定是美国和日本针对数字贸易领域单独达成的协议，是基于 USMCA 中的“数字贸易”一章所达成的。

UJDTA 主要内容包括：（1）禁止对数字产品实施歧视性待遇、承认电子签名的使用、禁止对电子传输征收关税、保护个人信息和在线消费者；（2）禁止对借助电子方式进行传输的数字产品征收关税；（3）允许所有领域的跨境数据可以无障碍传输；（4）禁止强制要求数字贸易成员数据本地化，其中包括金融服务供应者；（5）禁止缔约国任意访问另一方缔约国的计算机算法以及源代码；（6）确保缔约国的成员在从事经营活动时在其产品中灵活地使用创新的加密技术。

相比于 USMCA，UJDTA 在其基础上完善了数字贸易的相关定义，增强了对知识产权的保护力度，还增加了诸多额外规定，如“使用密码技术的信息和通信技术产品”“对金融服务提供者的金融服务计算设施位置的特别规定”“数字贸易税收问题”等条款。总的来说，UJDTA 符合 USMCA 中数字贸易规则里面的一般标准，并在其基础上加大了美国在数字贸易领域的优势。

四、DEPA

DEPA 全称为《数字经济伙伴关系协定》，该协定的发起国是新西兰，该国与智利、新加坡在 2020 年 6 月 12 日于网络上共同签订，DEPA 是全球首个通过网络签署的国际条约。DEPA 相比于其他数字贸易规则来说，其最大优势在于规则的开放性，该协定是模块化的多边贸易协定，可以方便未来参与该协定的其他国家选择最适合其特定情况的协定条款，并且模板化协定也可以随着电子商务样式和贸易政策的发展而不断进行修改。协定一共由 16 个主题模块构建而成，其中有 10 个模块是实体性规则模块，一共包含 36 个条款；其余 6 个模板是程序性规则模块，一共包含 36 个条款。

该协定的核心条款如下：

1. 数字身份

DEPA 中明确承认了数字身份是数字经济领域中的重要组成部分，并要求各缔约方要促进公司和个人在数字身份方面进行合作，同时还需要确保合作主体的安全性。除此之外，DEPA 要求各缔约方未来要注重推进有关数字身份的法规和政策、安全标准和技术实施方面的合作，进而为在数字身份领域进行跨境合作提供坚实的基础。

2. 无纸化贸易

DEPA 通过要求交易主体提交电子形式的贸易管理文件进而促进无纸化贸易的发展，从而提高了贸易管理程序的有效性。

3. 电子发票

DEPA 通过要求交易主体在电子发票系统内进行合作进而促进跨境电商使用电子发票。同时，DEPA 鼓励各缔约方国内的电子发票系统采用国际标准形式。

4. 金融科技和电子支付

DEPA 要求各缔约方及时公布其最新发布的电子支付法规，从而促进形成公平竞争和透明的环境。DEPA 认同关于商业领域的金融科技有关解决方案的开发，支持金融科技领域内的公司之间进行合作，并且鼓励缔约方针对金融科技领域加强创业人才合作。同时，DEPA 允许缔约方在特殊情况下采用监管措施，从而可以应对国际收支危机。

5. 数字产品

DEPA 中的数字产品模块基本沿用了 CPTPP 中有关数字产品的所有内容，在此基础上进一步明确了 DEPA 缔约方在应对数字产品及其相关问题方面的承诺水平。同时，DEPA 承诺从事经营活动的企业不会面临有关数字产品方面的歧视问题，并会保障数字产品的最惠国待遇和国民待遇。

6. 个人信息保护

DEPA 强调了个人信息保护的重要性，并且制定了有关加强对个人信息保护的原则与框架。基于此，DEPA 要求缔约方针对这些原则在国内建立一个与之相匹配的框架。除此之外，DEPA 的缔约方在未来将建立相关机制，从而促进各国保护个人信息法律之间的互操作性和兼容性。

7. 跨境数据流动

DEPA 将允许各缔约方之间进行贸易的企业跨边界无缝地传输信息，并确保信息符合法律法规。同时，DEPA 缔约方坚持现有的 CPTPP 承诺，允许数据跨境自由流动。

8. 政府数据公开

DEPA 中规定缔约方可以扩大访问以及使用政府公开数据的方式，进而为企业开展贸易创造新的机会。DEPA 要求各缔约方努力实现公开政府数据，鼓励其基于开放的数据集开发新服务以及产品。除此之外，DEPA 还鼓励缔约方使用在线的标准化公共许可证形式开发开放性数据许可的模型，并且允许每一个人可以基于法律允许的目的进行自由访问、使用、修改和共享缔约方政府开放数据。

9. 数据创新和监管沙盒

DEPA 通过推动跨境数据驱动型创新来促进新服务和产品的开发。DEPA 缔约方将致力于在数据监管沙盒上进行合作，从而创建安全的数字贸易环境，企业可以在获得政府同意后进行创新。

10. 人工智能

DEPA 促进缔约方采用符合道德规范的 AI 治理框架，同时还将保障各缔约方的 AI 治理框架与国际上的框架保持一致，并促进各缔约方在其管辖区内合理使用 AI 技术。

11. 网络安全

DEPA 中涵盖一条与网络安全有关的条款，要求各缔约方促进安全可靠的数字贸易从而实现全球经济繁荣，并且提高计算机对危机事件的应对能力，尽可能地识别和减轻借助网络传播恶意代码或恶意入侵所带来的影响。

12. 数字包容性

DEPA 承认了包容性在数字经济中具有重要作用，希望各缔约方致力于确保每一个主体，包括原住民、残疾人、穷人以及妇女都可以参与数字经济活动并可以从中受益。同时，DEPA 希望通过共享最佳制定和实践进而促进参与数字经济的联合计划，消除和改善每个主体参与数字经济所面临的障碍。

13. 争端解决

DEPA 中还涵盖争端解决条款，其为解决各国政府间的争端提供了透明、公平和有效的程序，并且该协定将争端解决的程序细节加入缔约方正式签署的文本中。

五、RCEP

RCEP 全称为《区域全面经济伙伴关系协定》，该协定于 2020 年 11 月 15 日正式签署。RCEP 第十二章“电子商务”包含了诸多促进电子商务使用以及合作等的相关内容，其中主要包括推广电子签名和电子认证、促进无纸化贸易、加强对非应邀商业电子信息的监管工作、保护用户个人信息、保护在线消费者的权益等规则。此外，各缔约方还就跨境信息存储、传输等问题达成了共识。

RCEP 中数字贸易的主要内容如下：

1. 无纸化贸易

RCEP 中规定各缔约方应接受以电子方式所提交的贸易管理文件，应认同其与纸质形式的贸易管理文件有同等法律效力，并且各缔约方应当跨国进行合作，从而增强各交易主体对电子文件的接受度。

2. 电子认证

RCEP 提出各缔约方应当允许电子交易主体确定合适的电子实施模式和电子认证技术；不对电子实施模式和电子认证技术的认可进行一定的限制；给予电子交易主体机会来证明其进行的电子交易是符合相关法律法规的。除此之外，RCEP 中提到各缔约方应当鼓励交易主体在经营活动中使用可以进行交互操作的电子认证。

3. 电子签名

RCEP 中提出除非法律法规中另有规定，各缔约方不得否认电子签名的法律效力。

4. 线上消费者保护

RCEP 提出缔约方应承认采取和保持有效及透明的线上消费者保护措施以及其他有利于提高消费者信心的措施所带来的重要影响，并明确要求各缔约方采取或维持相关的法律法规，从而可以防止线上消费者遭受欺诈和误导，进而造成损害或潜在损害。同时，各缔约方应当发布其向消费者提供的消费者保护的相关信息，如消费者如何根据需求寻求救济以及企业如何遵守相关的法律要求。

5. 线上个人信息保护

RCEP 中提出了各缔约方应当采取或维持保护线上用户个人信息的法律框架。并且，缔约方在制定保护线上用户个人信息的法律框架时，需与相关国际机构或组织的国际原则、准则、指南和标准保持一致。

6. 非应邀商业电子信息

RCEP 要求各缔约方应当对非应邀商业电子信息采取相关措施，其中包括将非应邀商业电子信息降低到最低程度；根据法律法规规定，要求获得接收者对相关商业电子信息的接收同意；要求非应邀商业电子信息的提供者为信息接收者提升拒绝接收相关信息的能力提供支持。除此之外，RCEP 特别提出各缔约方应当对未遵守相关规定而实施措施的非应邀电子信息提供者，提供一定追索权。

7. 电子方式跨境传输信息

RCEP 中规定各缔约方应该认识到每一缔约方针对借助电子方式传输信息都建立了自己的监管制度。各缔约方不得禁止协定范围内的每个人为进行交易活动通过电子方式跨境传输所需要的信息。

8. 对电子传输不征收关税

RCEP 保留了对电子传输不征收关税的规定，以及不阻拦各缔约方根据 RCEP 征收相关的其他税费、费用或者其他有关支出。但每一缔约方可在电子商务工作计划框架下，根据世贸组织部长会议就电子传输关税做出的任何一步决定而调整相关做法。

9. 降低电商准入门槛

RCEP 第十二章“电子商务”第 10 条中规定各缔约方制定的国内法律框架必须要采用电子商务的示范法和国际公约的规定，并且应尽可能避免对交易进行任何不必要的监管。并且该协议就通过网络跨境传输信息、计算机设施位置进一步进行了规定，要求各缔约方认可其他缔约方在通过网络跨境传输信息、计算机设施位置有关方面各自的监管要求，禁止将在缔约方领土内设置计算机设施作为进行经营活动的必要条件，并且禁止缔约方阻止通过网络进行跨境传输信息的商业行为，特殊情形除外。

10. 争端解决

RCEP 建立了起诉方式解决争端的前置程序，RCEP 第十二章“电子商务”第 17 条规定若各缔约方就电子商务所产生的争端无法自行磋商解决，并且不可以通过诉讼解决，可将该争端提交至 RCEP 联合委员会。

目前全球各个数字贸易规则在大体上有诸多的共同之处，但是根据缔约方的不同以及签署时间的不同，各规则的具体细则存在不同。表 2－2 是 CPTPP、USMCA、UJDTA、DEPA、RCEP 中有关数字贸易规则的对比。

表 2－2 各数字贸易规则对比

	核心条款	USMCA	UJDTA	CPTPP	DEPA	RCEP
市场准入	关税	禁止缔约方对电子传输征收关税，但是允许其在国内征收合理税费				保留对电子传输不征收关税的规定，但每一缔约方可在电子商务工作计划框架下，根据世贸组织部长会议就电子传输关税做出的任何一步决定而调整前述做法

续表

<table>
<tr><th></th><th>核心条款</th><th>USMCA</th><th>UJDTA</th><th>CPTPP</th><th>DEPA</th><th>RCEP</th></tr>
<tr><td rowspan="2">市场准入</td><td rowspan="2">非歧视待遇</td><td colspan="4">要求缔约方对其他缔约方给予数字产品及服务非歧视待遇</td><td rowspan="2">无</td></tr>
<tr><td>不适用于补贴、知识产权或者赠款</td><td colspan="3">不适用于补贴、知识产权或者赠款、广播</td></tr>
<tr><td rowspan="4">数据跨境流动与存储</td><td rowspan="2">数据跨境流动</td><td colspan="5">允许数据跨境自由流动</td></tr>
<tr><td colspan="2">删除监管例外规定</td><td colspan="2">缔约方可以建立自己的监管要求</td><td>建立有关国家安全的规则</td></tr>
<tr><td rowspan="2">数据储存本地化</td><td colspan="5">禁止缔约方将数据存储本地化作为经营活动的必要条件</td></tr>
<tr><td colspan="2">删除监管例外规定</td><td colspan="2">缔约方可以建立自己的监管要求</td><td>建立有关国家安全的规则</td></tr>
<tr><td rowspan="7">数字贸易便利化条件</td><td>国内的电子交易框架</td><td colspan="5">要求缔约方建立符合 2005 年的《联合国关于在国际合同中使用电子通信的公约》或者《1996 年电子商务示范法》原则的国内电子交易法律框架</td></tr>
<tr><td>电子签名和认证</td><td>√</td><td>√</td><td>√</td><td>×</td><td>√</td></tr>
<tr><td>无纸化贸易</td><td>√</td><td rowspan="4">×</td><td>√</td><td>√</td><td>√</td></tr>
<tr><td>数字身份</td><td rowspan="3">×</td><td rowspan="3">×</td><td>√</td><td rowspan="3">×</td></tr>
<tr><td>电子支付</td><td>√</td></tr>
<tr><td>电子发票</td><td>√</td></tr>
<tr><td>个人信息保护</td><td colspan="5">要求缔约方采用或者维持保护线上用户个人信息的法律框架</td></tr>
<tr><td rowspan="2">数字知识产权</td><td rowspan="2">源代码</td><td colspan="2">禁止缔约方将开放源代码作为开展经营活动的必要条件</td><td rowspan="2">×</td><td rowspan="2">禁止缔约方将开放源代码作为开展经营活动的必要条件</td><td rowspan="2">×</td></tr>
<tr><td>适用于关键基础设施软件，同时引入了“密钥保护”条款</td><td>不适用于关键基础设施软件</td></tr>
<tr><td rowspan="2">行业监管</td><td>线上消费者保护</td><td colspan="5">应构建有关法律保护线上消费者的合法权益</td></tr>
<tr><td>非应邀商业电子信息</td><td colspan="5">应建立相关措施来避免消费者遭受非应邀商业电子信息的骚扰，或者尽可能地将该信息带来的损失降至最低</td></tr>
</table>

本章小结

本章阐述了跨境电商贸易术语的基本概念及作用，详细介绍了适用于各种运输方式的贸易术语以及适用于水上运输的贸易术语，并对各种贸易术语进行了对比。此外，本章介绍了跨境电商发展过程中遇到的新问题，梳理了全球数字贸易主要规则。

复习与思考

一、单选题

1. 以下选项中，哪个贸易术语是《国际贸易术语解释通则 2020》新增的？（　　）

A. DPU　　B. DAT

C. CIP　　D. CIF

2. 以下贸易术语中，哪组术语是适用于各种运输方式的贸易术语？（　　）

A. DPU、FOB　　B. CIP、CIF

C. EXW、CIF　　D. EXW、FCA

3. 在谈判中，若自身有运输能力或者有能力安排运输工具，那么在谈判中可争取按由自身安排运输的条件成交。如果一个买方有能力安排运输工具，那么选择下列哪个贸易术语对自身是有利的？（　　）

A. CIF　　B. CFR

C. DPU　　D. FOB

4. 2020 年 6 月，《数字经济伙伴关系协定》签署，初始签署国为哪几个国家？（　　）

A. 新西兰、法国、美国　　B. 新西兰、智利、新加坡

C. 意大利、美国、法国　　D. 美国、中国、新加坡

5. 跨境电商征税面临诸多难题。由于跨境电商不同于传统的国际贸易经营模式，没有常设机构或非独立代理人，而是通过在互联网服务器上维持一个相对固定的网址即可完成整个商业过程，这会对跨境电商征税带来一定困难。这段话主要讨论的是跨境电商征税面临的哪个难题？（　　）

A. 纳税主体难以确定　　B. 纳税地点难以确定

C. 纳税时间难以确定　　D. 纳税方式难以确定

6. 以下哪个数字贸易规则对电子发票和电子支付做出了规定？（　　）

A. DEPA　　B. CPTPP

C. USMCA　　D. RCEP

二、简答题

1. DPU 贸易术语的含义是什么？买卖双方各自的风险、费用划分是什么？

2. 选择贸易术语时应考虑哪些因素？

3. CFR、CIF 与 CPT、CIP 之间的区别是什么？

第3章
跨境电商主要模式与平台

学习目标

- 掌握不同分类下跨境电商的模式；
- 了解主要跨境电商平台的规则；
- 掌握主要跨境电商平台的特点。

关键概念

B2B　B2C　C2C

案例导入

安克创新从“借船出海”到“领航出海”

安克创新科技股份有限公司（以下简称安克创新）是消费电子“出海”巨头，在国内是营业收入最高的全球化消费电子品牌企业之一，于2020年在深圳科创板上市，最高市值突破了800亿元。安克创新是一家天生国际化的企业，成立之初就选择通过入驻亚马逊跨境电商平台销售产品，并将欧美市场作为主要市场。而后随着其不断发展，从将亚马逊作为唯一的销售渠道，发展为依靠多跨境电商平台销售自己品牌的产品，同时使得自己的品牌成功在国外市场崭露头角，在我国诸多消费电子“出海”品牌中脱颖而出。安克创新从最初借亚马逊的大平台“出海”，一步步发展到现在成功引领消费电子行业品牌“出海”。

借力而行——融入跨境电商平台

安克创新成功很大的一个原因就是借助了跨境电商的大平台并且很好地运用了这些跨境平台的优势。安克创新在成立之初就将眼光投向了亚马逊这一跨境电商大平台，把自己的产品引入亚马逊平台进行销售，借助跨境电商的优势成功打响自己的产品以及品牌。当时安克创新选择亚马逊只是抱着试一试的心态，试图给新品引流，安克创新自己都没有想到这一试给它带来了意想不到的数据暴增，成功发现了打开成功大门的钥匙。在亚马逊平台尝到了跨境电商的甜头并站稳脚跟后，安克创新立马将眼光发散到了其他跨境电商平台，入驻了 eBay、京东、天猫、乐天等国际知名跨境电商大平台，借助跨境电商的潮流以及优势，在多国建立了自己的销售渠道，成功在国际市场打响了自己的品牌。根据 2020 年安克创新的财报，其线上渠道的营收占总营收的 68.08%。

不落窠臼——坚持产品创新传播

安克创新深耕产品研发，建立全球品牌。安克创新 CEO 阳萌在采访中说："产品就相当于 0 前面的 1。没有 1，后面所有的 0 都没有意义。"安克创新将产品本身放在了首要位置，不断研发技术，提升产品的质量以及性能，并且安克创新非常注重产品创新以及更新，从刚开始的跟随市场设计产品，比如研发性价比更高的充电器，到现在主动挖取消费者需求，走在市场的前面。安克创新会根据当地消费者的习惯以及随着时间推移消费习惯的变化，不断研发出新的产品，比如安克创新发现欧美绝大多数家庭都养猫狗等宠物，于是针对此现象推出了宠物版扫地机器人，在原有基础上进行创新改良，增加强力清扫宠物毛发功能的同时，降低运作时的噪音以防机器声音吓到宠物。为了实时了解消费者的需求，安克创新还专门建立了 VOC 系统，通过大数据的方式收集汇总各大平台上消费者对消费电子产品的评论，不仅是对安克创新的评论还有对其竞争对手、同行的评论。

运筹帷幄——构建商业生态系统

安克创新作为全球消费电子行业内优质的品牌商，在自有品牌下，拥有充电类、无线音频类以及智能创新类三条产品主线。截至 2021 年末，安克创新推出的产品品类超过 1 000 种，不断充实自身的内容生态圈。安克创新在早期理性选择与亚马逊等优质的线上 B2C 平台合作，实现低成本的产品扩张，并打响品牌。同时积极发展线下渠道，借助沃尔玛等线下商铺进行销售，并且持续深耕研发创新，积累强大的产品以及品牌优势，搭建了产业生态圈。此外，最近几年，安克创新对外投资以及运作资本行为逐渐增多，逐渐迈出消费电子的行业限制，涉足跨境电商领域，展现出综合企业的优异能力，在已有的产业生态系统中，进一步整合资源，开发生态圈的价值创造潜力。

得天独厚——打造卓越管理团队

任何一个成功的天生国际化企业背后都是拥有国际背景的高级管理团队。安克创新的管理团队来源于谷歌，其创始人阳萌于 2006—2011 年作为高级软件工程师就职于谷歌。阳萌试图做智能手机配件以填补行业空白的想法引起了他在谷歌的其他三名同事的兴趣，他们在市场和销售方面的经验助力了安克创新的"出海"行为。除管理团队拥有国际化背景外，安克创新管理团队另一大特点是年轻化，80 后管理成员占其高管团队的绝大部分，新鲜血液的加入使得安克创新更能够完全顺应数字化企业的时代潮流。

形势分析

习近平总书记在2021年中国国际服务贸易交易会上发表视频致辞（节选）

我们将提高开放水平，在全国推进实施跨境服务贸易负面清单，探索建设国家服务贸易创新发展示范区；我们将扩大合作空间，加大对共建“一带一路”国家服务业发展的支持，同世界共享中国技术发展成果；我们将加强服务领域规则建设，支持北京等地开展国际高水平自由贸易协定规则对接先行先试，打造数字贸易示范区；我们将继续支持中小企业创新发展，深化新三板改革，设立北京证券交易所，打造服务创新型中小企业主阵地。

资料来源：习近平在2021年中国国际服务贸易交易会全球服务贸易峰会上的致辞（全文）．新华社，2021-09-02.

3.1　跨境电商主要模式

一、按交易主体属性分类

1. B2B模式

B2B，即Business-to-Business，是企业对企业的跨境电商模式。在整个跨境电商市场中，B2B模式一直处于主导地位，2020年B2B模式占中国跨境电商交易额的77.3%。代表企业有阿里巴巴国际站、敦煌网、环球资源等。

2. B2C模式

B2C，即Business-to-Customer，是企业对个人的跨境电商模式。B2C模式在跨境电商市场中虽然占比较低，但近几年，其市场份额在不断上升。根据阿里研究院发布的数据，2012年B2C模式的市场份额为5%，发展到2020年，其市场份额为22.7%。代表企业有亚马逊、全球速卖通、Wish、兰亭集势、米兰网等。

3. C2C模式

C2C，即Customer-to-Customer，是个人对个人的跨境电商模式。这种模式的跨境电商的供应商和最终客户都是个人。首先，个人供应商通过平台发布其销售的商品或服务的信息；其次，个人消费者通过平台信息挑选自己的意愿商品，在平台上下单并付款；再次，个人供应商将消费者选择的商品进行打包，并通过跨境物流将商品送达；最后，个人消费者收货，完成交易。代表企业有Wish、eBay等。

二、按商品流动方向分类

1. 跨境进口电商模式

跨境进口电商模式是指我国消费者在跨境进口电商平台购买海外商品，通过国际物流将购买的海外商品送达我国消费者手中的一种跨境电商模式。跨境进口电商最传统的模式是海淘，即我国消费者在国外的 B2C 平台上购买商品，而后商品通过直邮或者转运运送到我国，到达我国之后由第三方快递公司送达消费者的手中，最终消费者确认收货。

现在的跨境进口电商的主要模式是保税进口模式和直购进口模式。保税进口模式是指提前将大量海外商品运送至保税区，在消费者下单之后，通过快递直接将商品从保税区运送至消费者手中。直购进口模式是指消费者在跨境进口电商平台上选购商品，下单后平台将电子订单、支付凭证、电子运单等单据实时传输给海关，由海关检查收税后入境，而后运送至消费者手中。

跨境电商平台不断成熟以及消费升级，推动着我国跨境进口电商迅速发展。如图 3 - 1 所示，2015—2020 年我国货物进口总额整体呈上升趋势，2020 年达到 142 936 亿元。

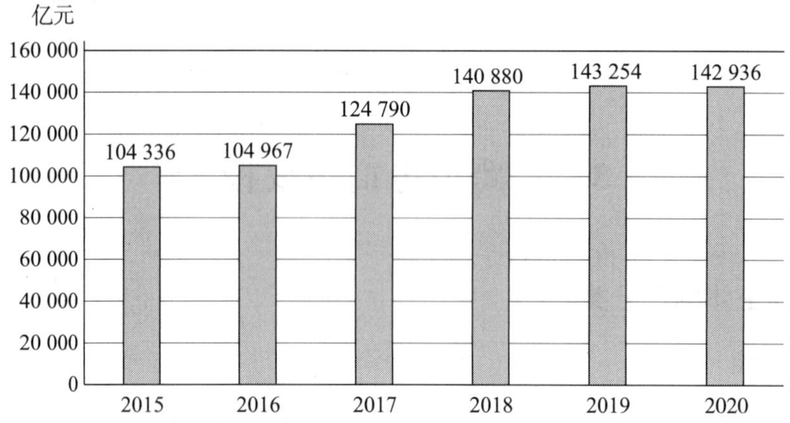

图 3 - 1　2015—2020 年中国货物进口总额

资料来源：中国国家统计局。

2. 跨境出口电商模式

跨境出口电商模式是指我国供应商将商品信息发布在跨境出口电商平台上供海外消费者挑选购买，海外消费者下单购买后，我国供应商就会打包商品，借助国际物流将其下单的商品配送至海外消费者手中的一种跨境电商模式。

由于市场环境改善、政府支持等因素，我国跨境出口电商不断发展。如图 3 - 2 所示，2015—2020 年我国货物出口总额整体呈上升趋势，2020 年达到 179 279 亿元。

目前，中国制造在发达国家以及一些新兴国家都很受青睐。同时，“一带一路”倡议的推进以及 RECP 的签署为中国商品的出口提供了更多的机会，因此，我国跨境出口电商还存在着巨大的发展空间。

三、按平台运营方分类

1. 第三方平台模式

第三方平台模式中，跨境电商平台自身不从事商品买卖活动，而是搭建一个平台，吸引零售商、经销商、制造商等入驻平台供应商品，再吸引消费者进入平台进行消费，完成交易。平台起到中间商的作用，通过向商家收取佣金以及其他增值服务费来获得收

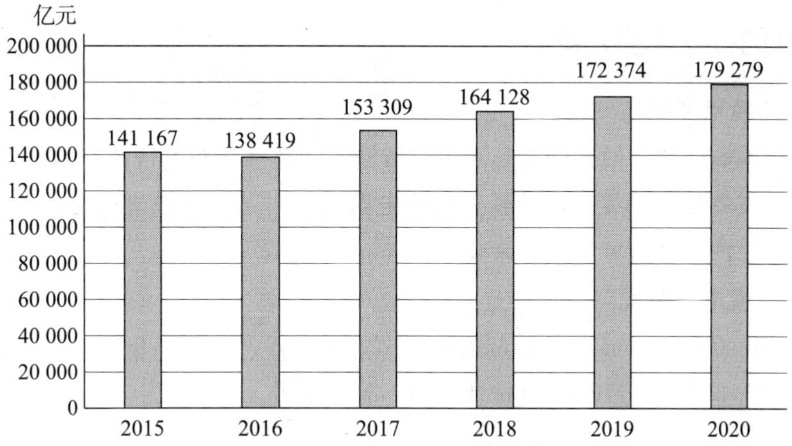

图 3－2　2015—2020 年中国货物出口总额

资料来源：中国国家统计局。

益。代表企业有敦煌网、全球速卖通、阿里巴巴国际站等。

第三方平台模式的主要优势在于商品种类繁多、货源广泛，平台规模较大，网站流量较大；主要劣势是商品质量无法保障，缺乏信任，供货渠道以及物流渠道稳定性不足。

2. 自营型平台模式

自营型平台模式中，平台首先作为消费者寻找供应商，以较低的价格采购商品进行备货；其次，平台作为供应商，以较高的价格出售产品，主要通过商品差价来获得收益。代表企业有兰亭集势、大龙网、米兰网等。

自营型平台模式的主要优势是可以确保商品质量，对平台的掌控力较强，可信度高，供货渠道以及物流渠道稳定；主要劣势是运营成本高、风险大，管理复杂，需要及时处理商品滞销、退换货等问题。

3. 跨境电商代运营服务商模式

跨境电商代运营服务商模式主要是指为那些想要进行跨境电商但是缺乏运营经验的中小型企业提供各种跨境电商服务，如市场调研、建立平台、制定海外营销方案等。跨境电商代运营服务商主要是通过向企业收取一定的服务费来获得收益。

四、按服务类型分类

1. 信息服务平台模式

信息服务平台模式主要是通过收集和提供供应商以及采购商的商品或服务信息，促成供应商和采购商之间的交易。代表企业有环球资源等。

2. 在线交易平台模式

在线交易平台模式相对于信息服务平台模式，其业务范围更加广泛，不仅可以提供商品或服务的各方面信息，还包含了整个交易过程，比如搜索、下单、物流、售后。代表企业有全球速卖通、敦煌网、阿里巴巴国际站、大龙网等。

五、按涉及的行业范围分类

1. 垂直跨境电商模式

垂直跨境电商模式一般是针对某一细分市场或者某一行业进行运营的跨境电商模式，可以按照地域或者品类归类。地域垂直跨境电商是针对某一地域进行运营；品类垂直电商是针对某一类商品进行运营，如美妆类商品。

2. 综合跨境电商模式

综合跨境电商模式不局限于某一细分市场或是行业，而是销售多种商品，更加多元化。代表企业有亚马逊、eBay、全球速卖通、敦煌网等。

3.2 主要跨境电商平台

一、全球速卖通

1. 平台介绍

全球速卖通（AliExpress）是阿里巴巴为了顺应电商全球化的趋势，在2010年成立的跨境电商平台，因其经营模式与我国的淘宝相似，因此也被大家叫作国际版淘宝。该平台让中小企业能够以小批量的方式快速且有保障地将跨境交易、跨境物流、跨境支付一体化。国内外的卖家和买家都是免费注册，该平台的主要盈利模式是根据最终的成交价格收取大约5%～8%的佣金费，不同类目所收取的佣金费不同。卖家和买家免费注册的这种模式可以降低卖方的交易成本，从而降低商品的价格，使得全球的消费者可以购买到物美价廉的中国产品，让中国产品更好地走出国门，走向全世界。

全球速卖通的业务可以分为B2B和B2C两类模式，但主要是B2C模式，主要面对的是国外中小买家。全球速卖通的业务中，65%订单的客户是个人，35%订单的客户是从事小额批发业务的企业。

全球速卖通与阿里巴巴国际站都是阿里巴巴旗下的跨境电商平台，但二者之间还是有区别的，主要区别为：第一，面对的用户不同。全球速卖通的供应商可以是个人也可以是企业，买家是最终的消费者或者小商贩；阿里巴巴国际站的供应商主要是主营外销的工厂或是对外经营的企业，买家主要是海外采购商。第二，平台模式不同。全球速卖通平台主要是B2C模式，即企业对个人，交易速度较快，规模较小；阿里巴巴国际站平台主要是B2B模式，即企业对企业，交易速度较慢，规模较大。第三，盈利模式不同。全球速卖通的盈利主要源于收取每笔订单的佣金费；阿里巴巴国际站的盈利主要源于向用户收取的会员费。第四，运输方式不同。全球速卖通上的交易规模较小，运输方式主要是国际快递以及空运；阿里巴巴国际站的交易规模较大，运输方式要经买卖双方共同商谈确定，主要是海运。第五，支付方式不同。全球速卖通的交易金额较小，通常使用Alipay进行线上交易；阿里巴巴国际站的交易数额较大，通常使用信用证或电汇方式进行线下交易。

目前，全球速卖通已经覆盖了全球220个国家以及地区，其中美国、西班牙、巴西、法国和俄罗斯为主要消费市场，海外成交的买家数量已经突破了1.5亿，是全球第三大英语在线购物平台。

2. 平台特点

（1）进入门槛低。

全球速卖通平台对卖家入驻设置的门槛比较低，没有企业规模、注册资金以及组织方式的限制。卖家在平台上注册创立了自己的店铺后，其店铺的产品就将面对全球200多个国家的买家用户，可以满足大部分小商家想要快速做出口业务的需求。因此有很多卖家入驻全球速卖通，平台上交易比较活跃。入驻的卖家多也就意味着竞争非常激烈。全球速卖通平台的进入门槛低，使得从事同类业务的卖家数量众多，价格竞争激烈，从而市场的价格空间被压低。

（2）容易操作，交易流程简便。

全球速卖通平台界面设置简单明了，无论是中文界面还是英文界面都比较清晰，对于初级卖家以及买家很友好。并且阿里巴巴对于全球速卖通新手卖家提供客户和社区培训体系，帮助初级卖家快速入门。此外，平台的下单操作和国内的淘宝一样，非常简便，易于上手。

（3）商品价格低，品种多。

全球速卖通平台上有大量卖家进行竞争，使得平台上商品种类繁多，并且价格较低。由于全球速卖通聚集着很多中国制造商，目前，中国是众多国家的货源地，国外消费者会越过自己国内的批发商和零售商，直接向中国的供应商提货，去掉了中间商的成本。

（4）聚焦新兴市场。

全球速卖通的主要市场是新兴市场，尤其是巴西以及俄罗斯。据统计，每月登录全球速卖通平台的俄罗斯人约有1 600万，并且呈递增的趋势。

（5）应用大数据。

全球速卖通平台使用来自物流企业、制造企业、商务营销企业、研究机构的流量数据、行为数据、买卖身份信息数据以及售后数据等建立了海外市场信息的大数据库，平台可以提供行业热度、数据库分析、买家询盘、关键词收集以及订单分类等，通过营销将工具推广给卖家，比如“数据纵横”等，使得卖家可以通过大数据精准了解并掌握买家的兴趣以及购买偏好所在，基于此调整店铺的营销计划，进而提升店铺的交易额。

（6）独特的金融支持。

全球速卖通平台针对目前中小企业贷款难以及贷款慢等问题提供了平台自己的解决方法。全球速卖通的卖家选择全球速卖通平台的贷款服务时，不需要进行任何的担保以及抵押，全球速卖通平台会有专人对店铺状况进行全方位评估，平台会根据评估的结果提供贷款额度，完全凭借卖家信用来获得贷款。整个贷款申请的过程全部在线操作，放贷的速度快，还款便捷，到期将通过卖家的国际支付宝账号进行自动还款。

（7）多元的支付方式。

全球速卖通在支付方式方面有着自己的特色和优势。通过与阿里巴巴旗下其他兄弟公司合作，全球速卖通的支付清算更加安全以及有效。平台不仅支持西联汇款、信用卡，还支持第三方支付平台——国际支付宝。除此之外，全球速卖通平台还引入了蚂蚁金服，卖家可以通过 PayPal 顺利将贷款取出，账号也不会被冻结或者销户。

（8）特色的物流方式。

全球速卖通平台有着特色的“无忧物流”。平台卖家大多使用的是菜鸟平台，店铺商品进入菜鸟合作仓库时，加入线上平台的同时线下实物开始检验，从而实现商品线上和线下双重管控。同时，全球速卖通开辟了更多的跨境物流合作渠道，菜鸟平台通过和中国邮政的战略合作进入万国邮政网络，大大提升了物流效率。

二、亚马逊

1. 平台介绍

亚马逊（Amazon）由杰夫·贝索斯在 1994 年成立，原名为 Cadabra，其总部位于美国西雅图，是最早开始做电子商务的企业之一，也是美国最大的电子商务企业之一。亚马逊在刚开始成立的时候单单销售书籍，1997 年亚马逊成为全球最大的“书店”。在 1997 年上市之后，亚马逊开始扩张商品品类，目前已经成为全球零售商品品类最多的网络零售商企业，并且是全球第二大的互联网企业。

亚马逊平台上的商品主要可以分为自营商品和第三方卖家商品。其中，第三方卖家商品可以分为由亚马逊物流配送和不由亚马逊配送两类。亚马逊物流配送是 FBA 仓储以及配送服务，物流时间较短，可以给买家带来更好的体验，给卖家带来更多的经验。而不由亚马逊配送的商品，则是由卖家确定物流公司进行配送，物流时间相对较长。亚马逊的 FBA 服务是其最大优势之一，下单后，货物最快可在隔天送达，最晚也是在 2～3 天送达消费者手中。

2004 年，亚马逊全资收购卓越网，将亚马逊网上零售专长与卓越网宝贵的中国市场经验结合了起来，开始涉足中国国内的市场，现在发展为亚马逊中国。亚马逊该举在扩张其经营的市场范围的同时，也促进了中国电子商务的发展。2012 年，亚马逊向中国卖家提供了“全球开店”项目，大量的中国卖家入驻亚马逊，向国外消费者销售中国的商品。之后，中国的商品在亚马逊的欧洲市场以及北美市场都占据了重要的份额。但是，在 2017 年，为了调整第三方业务，亚马逊中国停止为第三方卖家提供卖家服务。

2. 平台特点

亚马逊相对于其他跨境电商平台主要有以下几个特点：

（1）重视商品，弱化店铺。

亚马逊平台的主要运营目标是引入第三方卖家的商品，使得商品品类更丰富，同时确保平台统一的品牌形象。因此，亚马逊平台并没有给卖家店铺提供较多自定义的选项，卖家对于店铺的发挥空间较小，同时卖家上传的商品必须符合亚马逊统一的品牌形象要求。

（2）进入门槛高，要求高。

亚马逊平台会严格审查申请入驻卖家企业的资质，只有通过平台层层审核以及筛选通过的卖家才可以正式入驻亚马逊。除此之外，亚马逊对卖家销售过程以及运营过程也有着严格的规则要求，每一个卖家一定要遵守亚马逊平台设立的对于向买家提供服务的承诺，必须严格遵守平台对于卖家的严格规定，只要卖家没有达到平台对于其的严格要求就会受到一定的处罚，严重违背者会被永远封号。

（3）去个性化，注重商品价格、物流和售后服务。

亚马逊平台不希望卖家太个性化，希望卖家上传的商品比较普通，没有太过鲜明的特点，更倾向于平台统一形象，因此，亚马逊平台会引导卖家将注意力放在商品本身上，提高商品的竞争力，加强售后服务能力。

（4）独具优势的全球物流服务。

为了给消费者提供良好的物流体验，亚马逊平台建立了自己的物流体系——FBA。平台建议大部分在亚马逊从事经营活动的卖家选择亚马逊平台的FBA服务，尤其建议欧洲市场的卖家选择其物流，因为欧洲自身的物流体系发展缓慢，运送商品时间长并且费用昂贵，严重影响到了卖家的购物体验，所以选择FBA服务配送商品是必然选择。

（5）强大的数据统计能力。

亚马逊平台具有强大的数据统计能力，不仅利用大数据能力进行营销，而且帮助卖家对经营数据进行统计。卖家可以根据平台统计的数据及时了解到消费者的需求以及需求变动，从而调整自己店铺的产品，对店铺进行优化升级，更有针对性地为消费者提供产品。

（6）重推荐，轻广告。

亚马逊平台页面上的广告较少，更多的是根据平台数据所形成的排行推荐以及关联推荐，这些数据都是来自消费者平时的购买记录、浏览记录以及各买家给予的推荐度以及好评度。

三、敦煌网

1. 平台介绍

敦煌网成立于2004年，是全球领先的针对中小零售商的在线跨境交易平台，是美国市场上最大的B2B跨境电商平台。与我国其他跨境电商平台相比，敦煌网是第一个针对中小企业提供B2B跨境电商的平台，努力为我国中小企业借助跨境电商平台的方式进入全球市场提供帮助，为企业提供了一条跨国交易的新渠道，使得跨境电商更加安全、简单、高效。

敦煌网的盈利模式采用的是佣金制，免注册，打破了以往的跨境电商经典盈利模式——会员收费制，即降低了卖家入驻的成本，降低了企业风险，又避开了与其他B2B跨境电商平台的竞争，如环球资源、中国制造网、阿里巴巴国际站。

敦煌网作为中小零售商B2B跨境电商的创新者，其选择的营销模式是电子邮件营销，通过这种模式可以高效率、低成本地开拓国际市场。其创建的DHgate平台可以为该平台全球的消费者提供优质且高质量的商品详细信息，同时消费者可以根据自己的需求订阅电子邮件商业信息，从而可以第一时间知道敦煌网上最新的供应情况变化。敦煌网在 2013 年面向外贸推出了外贸开放平台，该平台实际上主要是一个针对外贸的服务开放平台。敦煌网推出该平台主要是在试探国际贸易 B2B 市场中中大额的交易，通过平台将中大型的制造企业引入其中，最终使其在平台上进行交易。

2020 年，敦煌网的注册供应商累计达到 230 万以上，注册的消费者累计超过 3 640 万人，市场覆盖 223 个国家以及地区，拥有超过 100 条物流线路和超过 10 个海外仓库。

2. 平台特点

（1）优质的在线交易环境以及独立的供应链服务。

敦煌网平台包含了跨境电商涉及的全部环节，并把每个环节都纳入了自己的服务体系中。这种专业分工式的整合，将买卖双方从烦琐的交易中释放出来，使得交易流程由复杂变得简单化。更重要的是，敦煌网提供的各种服务，基于集合效应使得买卖双方的交易成本大大降低。

（2）提供拼单砍价服务。

买家购买时需要承担一定数额的物流费用，这会提高买家的交易成本，变相提高了商品的价格，降低了商品的竞争力。为了降低订单的物流费用，敦煌网推出了拼单砍价服务。如果同时间有许多商品需要发往同一个地方，敦煌网就会将相关的订单信息聚集起来，将这些商品打包后一起发送，从而帮助互相不认识的买家将商品拼到同一个集装箱中一起运输从而降低物流成本。

（3）靠强大的数据能力来保障业务的发展。

随着大数据技术的不断发展，大数据给互联网企业带来的帮助是有目共睹的。敦煌网采用强大的数据能力作为支撑，使得自身可以更加了解客户的需求，实时观测到市场行情的变化以及自身业务的发展情况，从而可以更好地判断市场走势并及时调整改进自身的业务。

（4）“为成功付费”。

卖家在平台上注册、开店铺、发布产品以及与买家进行交易都不需要支付费用，只有在交易成功后，卖家才需要向平台支付一定的佣金，交易的数额越大，佣金的比例越低。

（5）专注于 B2B 跨境电商经营。

敦煌网平台致力于做 B2B 跨境电商，主要客户是国内中小型供应商以及国外中小型采购商，其面向的买家和卖家都是中小型企业。

（6）丰富的盈利模式。

敦煌网的主要盈利模式有两种，一是服务费收入，平台会根据买卖双方选择的物流服务、金融服务等相关服务收取相对应的费用；二是佣金收入，在交易达成后，平台会根据达成的交易金额提取一定的比例作为佣金。

四、Wish

1. 平台介绍

Wish 是 2011 年在美国成立的全球移动跨境 B2C 购物平台，其绝大多数的交易是在移动端进行的。Wish 平台 90%的卖家是中国供应商，平台的消费者超过 3 亿，其中 85%的消费者来自欧美地区，Wish 也是欧洲地区和北美地区最大的移动跨境电商平台。Wish 弱化了搜索的功能，主要采用的是推送机制。该平台使用了一种算法，可以大规模地获取数据，并且快速地了解到为每一位消费者推送与他们最相关的商品的办法。平台会根据用户的浏览记录来分析每一位用户的购买偏好，而后推送给用户与之相匹配的商品。因此，Wish 平台的每一个用户所看到的平台首页的商品都是不一样的，这就是所谓的“千人千面”。这样既可以让消费者的购买更加便捷，也可以提高消费者的购物乐趣，Wish 被评为硅谷最佳创新购物平台和欧美最受欢迎的购物 App。

Wish 在 2013 年成功转型为跨境电商，该企业旗下有 6 个垂直的 App：Wish，是最核心的 App，作为综合型电商平台，为消费者提供多样的产品类别；Mama，主要经营婴幼儿以及妈妈用品；Home，主要经营各种家居用品；Cute，主要经营化妆品、美容产品、衣服和配饰；Geek，主要经营高科技设备；Wish for Merchants，是针对卖方设计的移动 App。

Wish 平台会努力给每个商品公平且匹配的流量导入，坚持“机会面前，物物平等”，这个原则在很大程度上促进了中小型卖家的发展。Wish 平台上的卖家可以免费发布产品，只有在交易成功完成后才需要向平台支付一定的佣金，整个交易过程非常简单并且没有隐藏的费用。Wish 平台没有其他平台的比价功能，在该平台价格是不敏感的，后期商品的流量靠的是客服的服务质量以及产品的优化。

2. 平台特点

（1）专注于移动端购物。

众所周知，消费者购物在逐渐从 PC 端转移到移动端。但是，实际上真正摆脱了传统的网络思维，从 PC 端转移到移动端发展的互联网平台却没有多少。尽管亚马逊、全球速卖通以及 eBay 等跨境电商平台都在大力推广移动端 App，但是这些移动端 App 继承了 PC 端平台的运营思路，只是在 PC 端的基础上针对移动端屏幕对交互设计进行了适当调整。而 Wish 平台专注于移动端购物，移动端的购物方式使得消费者可以利用其碎片化时间随时随地来浏览商品进行购物，购买时决策的过程相对较短。

（2）独特的商品推送原理。

Wish 平台不重视店铺，更加重视高质量的用户体验以及产品本身的区别。如果两家店铺的产品同质，平台会优先推送经营过程中服务记录更好的店铺。Wish 平台推送依据中占比最大的是标签。平台会根据买家的基本信息，买家的浏览、购买行为，自动为消费者打上标签，并且会根据消费者行为的变化实时更新调整，根据算法推算其购买偏好，进行有针对性的推送。

（3）平台的流量特点。

Wish 平台大部分的用户都来自移动端，买家主要来自欧美地区。平台较大比例的流量都是借助 Facebook 等网站获取的，因此买家的互动性较高，以兴趣为导向浏览平台。

（4）个性化定制。

用户可以在 Wish 平台的买家客户端首页设置自己的购物偏好，平台会根据买家设置的偏好为其提供个性化平台页面，使其更加符合消费者的偏好，为消费者提供更好的服务体验。

（5）用户标签化。

Wish 平台为了更好地了解消费者的需求创造出一套自己独特的算法，即对消费者的基本信息、购买记录以及浏览记录进行计算，而后根据计算结果给消费者标注上标签，同时根据计算结果不断更新平台对消费者提供的推荐，从而提高推荐的准确性。

（6）前期降低卖家准入门槛，后期淘汰不合格卖家。

随着跨境电商的快速发展，各国对跨境电商平台的管制更加严格，诸多平台都在提高卖家的准入门槛。对于刚入驻平台的卖家，Wish 平台提供同等权重的推荐。在经过一段时间的经营后，不同卖家的产品购买量以及浏览量都会有所差别，平台会根据算法计算出的不同结果，改变产品的推荐权重，即平台会更多地推荐高质量的产品，而更少地推荐低质量的产品，从而不断淘汰掉末尾的卖家。

五、eBay 平台

1. 平台介绍

eBay 于 1995 年 9 月在美国加利福尼亚州圣荷西创立，其经营模式是跨境 C2C 模式，是一个可以让全球买家在线买卖商品的线上购物以及拍卖的平台，是全球最大的跨境电商平台之一。eBay 是基于网络而形成的社区，其推翻了传统的那种规模比较小的跳蚤市场的模式，将买家和卖家紧密地联系在一起，卖家和买家可以一同浏览、交易产品。在 eBay 平台，交易方式主要有两种：一种是拍卖，另一种是一口价。eBay 平台的交易过程是完全自动化的，平台按照商品类别以及卖家需求提供拍卖服务，卖家上架自己想要出售的东西进行拍卖，买家可以对想要购买的东西出价。

eBay 中拍卖服务的主要盈利模式是向每笔拍卖收取一定的服务费，并且在拍卖成交后根据拍卖成交的金额收取一定比例的中介费。除此之外，eBay 还通过其自由的支付系统 PayPal 获得收益。

eBay 的国际影响力是其经营优势之一，其经营范围覆盖了全球市场，并且其拥有 PayPal，业务覆盖广泛。在物流方面，eBay 与中国邮政进行合作，使得中国供应商在进行跨境电商运营时更加快速、便捷。

2. 平台特点

（1）独特的销售方式。

eBay 最初成立时是一个拍卖网站，如今 eBay 依旧沿用了拍卖的模式作为主要的销售模式，这是 eBay 平台区别于其他跨境电商平台的最大特点。在拍卖模式中，卖家需要设定好产品的起拍价、拍卖的时间以及在线时长，买家可以对上线的拍卖商品进行出价，出价最高的用户即为中标者，支付后便可获得该商品。eBay 平台是以低价起拍的方式拍卖商品，可以调动买家的积极性，踊跃参与拍卖。同时，即将结束拍卖的商品会在“即将结束”的排序结果中获得较前的排名，从而获得更多平台给予的曝光机会。

除此之外，平台还可以结合拍卖以及一口价两种方式去销售产品，还可以选择定价出口、无底价竞拍等方式销售产品，销售模式的选择较多，比较灵活。

（2）对卖家要求严格。

eBay 平台对卖家经营的要求非常严格，既要求卖家保证产品的质量，又要求产品价格具有优势。除此之外，eBay 平台对卖家违规行为制定了严厉的处罚。相比于其他平台，eBay 平台的卖家在经营时需更加小心。

（3）专业客户服务。

eBay 平台会为买家提供专业的客户服务，用户可以通过平台在线沟通或电话沟通的方式与客服沟通。

（4）收款方式单一。

由于 eBay 拥有 PayPal 支付系统，因此 eBay 平台只支持 PayPal 这一种支付方式，收款方式较为单一，给消费者购物带来了不便。

（5）支持二手交易。

eBay 平台不仅有卖家直接销售其生产的产品，还提供了二手交易服务，这是其相对于其他平台来说的最大特色之一，并且二手交易达成的金额占总金额的比例较高，在国际上也具有一定知名度。

（6）较低的卖家入驻门槛。

eBay 平台相比于其他跨境电商平台来说，其对卖家入驻的门槛设置较低，对于卖家注册提交的信息审核也比较宽松，并且企业和个人均可入驻该平台。

3.3 其他跨境电商平台

一、Lazada

Lazada（来赞达）成立于 2012 年，总部设在新加坡，投入市场运营以来的发展速度令人惊叹，短短四年间就凭借其优质可靠的服务快速打开了东南亚的电子商务市场，吸引了 5.6 亿东南亚的线上用户流量，业务范围覆盖了马来西亚、越南等多个东南亚国家，市场份额较大，为当地超过 3 000 个品牌和 13 万以上卖家提供了客户群体，成为东南亚地区的电商龙头，有东南亚版亚马逊的美称。由于东南亚网络及移动通信等基础设施的建设正处于高速发展之中，所以其电商市场具有极大的发展前景，Lazada 正式上线之后，公司始终保持着高速发展的态势，业务领域不断扩充。Lazada 在最初发展时即模仿亚马逊的经营管理模式，建设了一整套的仓储中心和物流网络系统，具有强大的物流运输能力，同时也缓解了东南亚部分地区因基础设施建设落后而导致的高昂运费问题。Lazada 以 B2C 模式为核心，并发展了 C2C 模式，收获了大量的东南亚消费者。消费者可以在平台上选择所需产品，包括食品美妆、服饰鞋类、数码电子等。平台可以满足消费者的多种选择，并提供充足的商品量。

Lazada 主要经营业务包括以下五个方面：（1）自营商城。自营商城是以 Lazada 自身信用为基础，通过和品牌商家进行合作向消费者提供正品，有效降低了平台假货泛滥的风险，对商品质量和交易进行管控，从而给消费者提供保障。（2）B2C 业务。B2C 业务是以亚马逊经营模式为基础，吸引商家入驻平台，既满足了商家扩展产品市场和品牌宣传的需求，也缩减了交易的多余步骤，简便了交易流程。（3）C2C 业务。公司成立了 Lamido by Lazada 为消费者交易提供平台，实现 C2C 业务，促进交易的开展和进行。（4）物流网络系统。公司成立了 Lazada Express 物流系统和自建物流方式 Lazada 全球运（LGS），在业务涉及范围的东南亚六国建立物流中心和中转站，将物流业务发展到业务所涉及范围的各个国家，不仅形成了发达的物流链条，而且为商品的运输提供了安全保障，加快了运输效率，畅通了物流链条。（5）第三方支付。公司创立了第三方在线支付工具 Hello Pay 并针对东南亚地区的消费支付习惯创立 COD（Cash on Delivery）付款方式，支持多种付款方式，不仅使消费者支付更加方便，同时保证支付环境更加安全，还降低了资金交易的成本和风险，改变了传统的支付方式，为用户提供保障并提高了消费者对平台各类应用和业务的黏合度。

2016 年 4 月，阿里巴巴斥 10 亿美元巨资用于认购新股和收购特定股东股权，以实现对 Lazada 的控股。这对于当时国内企业的海外并购活动来说是最大的一笔投资，吸引了中国、东南亚乃至全世界的关注。同时，Lazada 也获得了阿里巴巴高质量的技术和人才以及管理方式的支持，以阿里巴巴的大数据平台为基础发展电子商务。此后阿里巴巴又分别追加投资 10 亿美元和 20 亿美元，使整体投入资金达到 40 亿美元。国外媒体认为阿里巴巴向东南亚投入巨额资金，不仅是看好东南亚这片地区的发展前景，更是对“一带一路”倡议的热烈反响，从而拓展“一带一路”跨境电商市场。

纵观 Lazada 的成长历程和发展模式，Lazada 正在努力扩展业务范围，以形成覆盖东南亚地区的商业版图，并打造一个电子商务生态产业链；通过全方位的服务吸引并连接大量的用户群体，使消费者可以在 Lazada 购买所需要的全部商品，满足用户一站式购物需求。

二、Shopee

Shopee（虾皮）是东南亚及中国台湾地区的电商平台。自 2015 年在新加坡成立以来，Shopee 业务范围辐射新加坡、马来西亚、菲律宾、泰国、越南、巴西等 10 余个市场。Shopee 拥有 700 万活跃卖家，员工超 8 000 人，遍布东南亚及中国，是东南亚发展最快的电商平台，是国货“出海”东南亚首选平台。

Shopee 自成立起，一直保持增长。2021 年，总订单数为 61 亿单，同比增长 116.5%；商品交易总额为 625 亿美元，同比增长 76.8%。Shopee 为 2021 年全球下载量最高的购物应用，下载量达到 2.03 亿次，在购物类应用中排名第一。Shopee 于 2016 年在深圳和香港设立办公室，开展跨境业务，为中国跨境卖家打造一站式跨境解决方案，提供流量、物流、孵化、语言、支付和 ERP 支持。

Shopee 母公司 Sea 是首间于纽交所上市的东南亚互联网企业，腾讯为 Shopee 母公司 Sea 的最大股东。

2019 年，Shopee 拓展业务版图，进军拉美市场，并从巴西起步。目前，Shopee 在拉丁美洲的巴西、阿根廷、哥伦比亚、智利以及墨西哥 5 个市场开展业务。在拉美市场，

Shopee的成长十分迅速。根据移动数据平台 Apptopia的统计，Shopee在推出不到3年时间内已发展成为拉美地区每月活跃用户数量排名第一的购物应用，基于月活跃用户数计算，2021年，Shopee在拉美的市场份额超过30%。

其中，巴西作为Shopee在拉美市场体量最大的一个站点，截至2022年4月，Shopee巴西站点大约拥有200万本地卖家。而截至2021年10月，Shopee在巴西拥有本地卖家的数量大约为100万。短短几个月的时间，Shopee本地卖家的数量就翻了一倍。

2022年第一季度，Shopee的商品交易总额环比下降4.44%。这是自2020年第三季度以来，Shopee的商品交易总额首次出现下滑的情况。

自2020年第三季度以来，Shopee平均客单价整体是呈现下滑趋势的，这是因为Shopee进入拉美开拓新市场，沿用在东南亚主打的低价路线，而对于低价路线，平台需要付出的是多方面的高额补贴。

2021年下半年，Shopee开通了印度站点，以及欧洲的三个站点（波兰、西班牙、法国），而在2022年上半年，Shopee先后宣布关闭法国、印度以及西班牙站点。如今除了中国台湾、东南亚以及拉美市场，Shopee在全球其他地区，仅仅剩下了波兰这一个站点。

另外，在2022年6月，Shopee还宣布将对公司团队进行优化（裁员）。无论是关闭站点，还是对公司团队进行优化，这一系列操作反映出Shopee一定程度上在降低公司的资金成本，削减运营开支。

降本提效，不再盲目地进行市场扩张，更具目的性地进行战略规划部署，很明显，在野蛮生长过后，Shopee开始降速求稳。而在未来，“尽快实现盈利”便是Shopee重要的战略目标之一。

三、世界电子贸易平台

1. 世界电子贸易平台的提出与发展

2008年全球金融危机以来，全球贸易发展进入低迷期，多边贸易体制也陷入困境，世界贸易组织多哈回合谈判步履维艰。传统贸易陷入低潮的同时，跨境电子商务却在迅猛发展。不可否认，当前国际贸易主体、生产贸易方式、商业模式、组织形态正发生历史性变革，这对全球经贸规则提出了全新要求。

2016年3月，阿里巴巴集团在博鳌亚洲论坛提出世界电子贸易平台（Electronic World Trade Platform，简称eWTP），呼吁在当前数字经济时代背景下，帮助中小微企业发展，促进全球普惠贸易发展和数字经济增长，创新数字时代的全球贸易新规则。eWTP的倡议得到了国际社会包括联合国机构在内的国际组织、政府机构、工商界以及研究学者的积极回应和高度认同。

2016年9月，eWTP被写入二十国集团领导人杭州峰会公报。具体措施包括孵化跨境电子商务规则，为跨境电子商务发展创造更有效、更高效的政策和商业环境；通过完善基础设施、推广最佳实践（如跨境电商试验区）等方式，促进跨境电商和数字经济的发展，解决中小企业尤其是发展中国家中小企业所面临的问题，帮助中小企业乃至个人利用互联网参与全球经济。主要发起方阿里巴巴集团宣称：eWTP 秉持自由、开放、透明、共享理念，有四项主要支柱，即促进小企业发展、促进年轻人发展、促进消费全球化、促进普惠贸易。

同时，全球建立 eWTP 试验区的工作也在加速推进。2017 年 3 月，马来西亚设立首个 eWTP 试验区，建设物流、支付、通关、数据一体化的数字自由贸易区（eHUB）。

2017 年 10 月 26 日，在潮起钱塘·第二届全球跨境电商峰会上，杭州市委和阿里巴巴集团共同宣布建设 eWTP 杭州试验区。该试验区由杭州跨境电商综合试验区联合阿里巴巴集团打造。作为全国首个 eWTP 试验区，杭州跨境电商综合试验区与阿里巴巴集团携手推进贸易基础设施和政策方面的数字创新，助力中小企业货通全球。

2017 年 12 月，eWTP、WTO 与世界经济论坛共同宣布，要赋能电子商务，整合来自政府、企业和其他各方的意见，为全球数字贸易提供连接实践和政策的桥梁。

2018 年 10 月 31 日，卢旺达政府在首都基加利宣布与阿里巴巴集团共建 eWTP，这是 eWTP 首次在非洲国家落地。

2018 年 12 月 5 日，比利时政府与阿里巴巴集团在列日签署战略协议，eWTP 正式进入欧洲。这意味着亚洲、非洲、欧洲三大洲集体拥抱 eWTP，共同驶入赋能中小企业和年轻人共享普惠式全球化的新赛道。

2019 年 6 月 19 日，义乌市政府与阿里巴巴集团签署 eWTP 战略合作协议，全球最大线下市场与最大线上市场携手，共同探索服务全球中小企业的贸易新规则新模式。在国际贸易上双方各具优势，此次水到渠成的合作，意味着作为世界“小商品之都”的义乌迎来创新国际贸易业态的新动能，而 eWTP 在浙江的实践也升级为省一级。

2019 年 11 月 25 日，亚的斯亚贝巴、埃塞俄比亚政府与阿里巴巴集团签约共建 eWTP，这标志着埃塞俄比亚成为继马来西亚、杭州、卢旺达、比利时、义乌之后，eWTP 落户的第六站，也是 eWTP 在非洲的第二个落脚点。

2. 平台介绍

eWTP 是由非政府部门发起、各利益攸关方共同参与的开放、透明的世界电子贸易平台，旨在促进公私对话，探讨全球数字贸易和电子商务的发展趋势、面临问题和政策建议，建立贸易相关新规则，为跨境电商的全球化发展营造切实有效的标准规则和商业环境，共同促进全球经济社会普惠和可持续发展。

就定位而言，eWTP 是基于互联网技术的新型国际合作平台，是市场驱动、多方参与的公私合作平台，各利益攸关方通过该平台进行公私对话与机制性合作。全球贸易不再是大公司一枝独秀，更多发展中经济体、中小企业和年轻人可以通过 eWTP 这个公平、开放、自由的平台参与到数据时代的经济贸易中，让商业作为原始驱动力，各利益攸关方在平台上讨论和研究数据时代经济发展和跨境电商的发展趋势、面临问题、商业实践、最佳范例、规则标准建议，形成一个不断发展的网络自贸区或网络经济共同体。

就目标而言，eWTP 作为一个基于跨境电商的平台，根本目标是通过推动公私对话，孵化和创新数字时代的新型贸易规则，改善跨境电商基础设施，并进行务实合作，以快速商业实践来推动改革创新，营造有利于跨境电商和数字经济发展的政策和商业环境，切实解决当前贸易环境中企业交易、通关、物流、金融、贸易成本等实际问题，便利国际贸易，发展普惠贸易，实现全球数字经济、电子商务和普惠贸易的快速迭代发展。

就效果而言，eWTP首先降低了贸易门槛，大大改善了发展中经济体、中小企业和年轻人的贸易环境，帮助国际贸易新兴力量更方便地进入全球市场，参与全球经济。其次，eWTP推动相关规则的建立，为跨境电商的发展营造了较好的商业氛围，帮助全球发展中国家和最不发达国家、中小企业、年轻人在国际市场中稳定发展。再次，eWTP让贸易更加普惠，基于实务操作，eWTP可以制定出更加有利于买卖双方的交易制度，例如低于一定的销售额进行免税。最后，eWTP能够促进消费的全球化，更加便捷的贸易使得消费者进行更多消费，享受更多贸易便利。

3. 平台的特征

eWTP作为世界性的贸易平台，首先需要遵守普惠贸易的规则，让全球发展中经济体、不发达国家、中小微企业、消费者，以及极度落后的地区都能从国际贸易中获得利益。其次，eWTP基于互联网技术，也需要遵守数字时代开放、透明、公平公正、非歧视的原则，应坚持平台开放、规则透明、各参与者公平、贸易公正，努力建设全球网络经济贸易和消费的共同体。最后，eWTP要秉持持续创新和可持续发展的原则，互联网经济本身处于不断迭代更新中，因此eWTP要适应经济社会的快速发展，不断创新规则制度，实现平台与电子商务相互匹配、互相促进的发展态势。

因此，eWTP有以下几方面特点：

（1）eWTP由市场驱动、非政府部门发起并不断完善。

（2）各利益攸关方平等参与，公平对话，其中各利益方具体包括各国、地区政府机构、国际组织、企业、智库、专家学者、社会学者等。

（3）eWTP是开放、透明的，各利益攸关方均可了解、参与，每个企业家和个人均有自由贸易的权利。

（4）eWTP由非政府部门引领的特点决定了其推出的各项决定、政策建议不具有强制执行的效力，需要社会各界通过广泛传播、积极倡导以及具体商业实践的形式去实现。eWTP通过“需求—商业—规则”的模式，用“市场驱动，先行先试”的方法，促进电子商务服务和监管新规则、新模式和新标准的孵化、传播和发展。

四、中国对外开放展会平台

作为中国对外开放四大展会平台，广交会、进博会、服贸会和消博会见证着中国的对外开放，见证着中国一步步成为世界工厂、全球市场，也见证着中国的大国担当。

1. 广交会

中国进出口商品交易会（China Import and Export Fair），创办于1957年4月25日，由周恩来总理提议将其简称为广交会，当时是中国冲破西方经济封锁与政治孤立、打开世界之门、与其他国家保持平等互利、贸易交流的重要窗口。现在，广交会每年春秋两季在广州举办，由商务部和广东省人民政府联合主办，中国对外贸易中心承办。广交会是中国历史最长、层次最高、规模最大、商品种类最全、到会采购商最多且分布国别地区最广、成交效果最好的综合性国际贸易盛会，被誉为“中国第一展”。广交会贸易方式灵活多样，除传统的看样成交外，还举办网上交易会。广交会以出口贸易为主，也做进口贸易，还可以开展多种形式的经济技术合作与交流，以及商检、保险、运输、广告、咨询等业务活动。

广交会一直被誉为中国外贸的晴雨表和风向标，是中国对外开放的窗口和象征。目前，广交会展览面积达 118.5 万平方米，参展企业（境内外）约有 2.5 万家，有 210 多个国家和地区共约 20 万名境外采购商与会。截至第 126 届广交会，累计出口成交额约 1.41 万亿美元，累计境外采购商约 899 万人。

多年来，广交会以新发展理念为指导思想，致力于创新体制机制和商务模式，不断提高专业化、市场化、信息化、国际化水平。推进广交会各项功能，包括出口贸易、展示洽谈、信息发布、产品推介、行业交流等方面，积极发挥全方位外贸平台作用，使广交会成为新时代国际化的“卖全球，买全球”的全方位对外开放平台，为推动建设经贸强国和发展开放型经济做出新的贡献。广交会作为大型和典型的经贸类展会，充分体现了展览的经济功能和社会功能。在改革开放前，广交会的现场成交额长期占中国一般贸易出口额的五分之二左右，最高时超过一半。改革开放后，外贸政策的放开与展览业的多元化改变了广交会一枝独秀的局面，但目前每届广交会的成交额仍高达数百亿美元，对数以万计出口企业接受订单安排生产继续发挥着巨大的经济促进作用。

2. 进博会

中国国际进口博览会（China International Import Expo），简称 CIIE 或进博会，由中华人民共和国商务部主办，上海市人民政府协办，是世界范围内第一个把进口作为展会主题的国家级会展。

举办中国国际进口博览会由习近平主席亲自谋划、亲自提出、亲自部署、亲自推动，是我国着眼推进新一轮高水平对外开放做出的一项重大决策，是我国主动向世界开放市场的重大举措。作为世界上第一个以进口为主题的国家级展会，中国国际进口博览会由商务部和上海市人民政府主办，中国国际进口博览局、国家会展中心（上海）承办，已连续四届成功举办。国家主席习近平连续四年在中国国际进口博览会开幕式发表主旨演讲，表示经过几年发展，进博会让展品变商品、让展商变投资商，交流创意和理念，联通中国和世界，成为国际采购、投资促进、人文交流、开放合作的四大平台，成为全球共享的国际公共产品。

首届进博会邀请到了超过 120 个国家和地区的 1 800 余家企业，会展面积超过 21 万平方米，共设有“6＋1”展区，分别为：智能及高端装备展区——覆盖工业自动化和机器人、材料加工、工业测量等领域大多数一线品牌；消费电子及家电展区——涵盖家用电器、数码配件等各类电子产品及解决方案；汽车展区——涵盖了全球汽车行业最知名的一线汽车品牌和零部件品牌，呈现全球汽车领域最为先进的产品和尖端技术；服装衣饰及日常生活用品展区——涵盖了家具家居、餐厨礼品、珠宝首饰等，全方位展示和居民生活息息相关的优质进口新品；食品及农产品展区——涵盖乳制品、肉制品、酒类、饮料、蔬果、咖啡、休闲食品、保健品等多样化的食品品类；医疗器械及医药保健展区——涵盖医疗器械、医学影像产品、化学原料和化学制品、护理机器人、滋补品等；服务贸易展区——提供进口贸易一站式服务解决方案，涵盖新兴技术、服务外包、创意设计、文化教育、旅游服务、物流服务、综合服务等多个板块。

3. 服贸会

为增强我国服务业和服务贸易国际竞争力，充分发挥服务业和服务贸易在加快转变经济发展方式中的作用，2012年党中央、国务院批准由商务部、北京市人民政府共同主办中国（北京）国际服务贸易交易会（简称京交会）。2019年更名为中国国际服务贸易交易会（China International Fair for Trade in Services），2020年，中国国际服务贸易交易会的简称由京交会更名为服贸会。

服贸会（包括原京交会）已成功举办八届，成为全球服务贸易领域规模最大的综合型展会和中国服务贸易领域的龙头展会，也是中国对外开放的重大展会平台，为国际服务贸易领域传播理念、衔接供需、共享商机、共促发展发挥了积极作用。

服贸会是全球首个服务贸易领域综合型展会，也是目前规模最大的服务贸易领域综合型展会。涵盖运输，旅行，建筑，保险服务，金融服务，电信、计算机和信息服务，知识产权使用费，个人、文化和娱乐服务，维护和维修服务，其他商业服务，加工服务，政府服务等12大服务贸易领域，世界贸易组织、联合国贸易和发展会议、经济合作与发展组织是支持单位，世界知识产权组织、国际贸易中心、世界贸易网点联盟、世界贸易中心协会等是国际合作机构。自举办以来，服贸会累计吸引195个国家和地区、495个境外机构和商协会、170万余人次参展参会、洽商合作。

中国政府高度重视服贸会，每届均有中国国家领导人出席，国家主席习近平连续两年在全球服务贸易峰会上发表重要致辞，2021年宣布提高开放水平、扩大合作空间、加强服务领域规则建设、设立北京证券交易所等四方面开放政策，显示了中国坚持和平、发展、合作、共赢的主张和坚定不移扩大开放的决心。

服贸会共享发展机遇，共促世界经济增长。服贸会瞄准全球最具影响力的服务贸易一流展会目标，搭建国家对外开放的重要展会平台、全球新技术新成果的重要展示平台、各国企业机构洽商交易的重要合作平台以及全球服务贸易热点问题及公共治理的重要交流平台。中国政府将与世界各国、国际组织和机构一道，努力将服贸会打造成为全球服务贸易发展的风向标和晴雨表，促进国际贸易发展和世界经济增长的新载体，为促进全球服务贸易繁荣发展发挥积极作用。

4. 消博会

中国国际消费品博览会（China International Consumer Products Expo），简称消博会，是在海南自贸港建设总体方案中提出的，是全国首个以消费精品为主题的国家级展会。

2021年5月6日晚，第一届中国国际消费品博览会开幕，国家主席习近平向首届中国国际消费品博览会致贺信。2022年6月15日，第二届中国国际消费品博览会全球战略合作伙伴签约仪式在海口举行。2022年7月26—30日举办的第二届中国国际消费品博览会吸引了来自61个国家和地区逾1 100家国际企业和全国31个省份的企业参展，国际参展品牌超过1 600个。

消博会是海南自由贸易港建设的重要成果，作为迄今中国唯一的自由贸易港，海南的发展每时每刻都在引起全世界的关注，消博会与广交会、进博会和服贸会共同构成“四轮驱动”式的国家级商务会展体系。海南自贸港的战略定位之一就是要建立国际旅游消费中心，而这种“旅游＋消费”复合型中心定位的出发点就是要促进旅游与购物的良性互动。由于离岛免税政策的调整，2020 年离岛免税购物金额达到 275 亿元。国内、国外购买力在海南自贸港叠加在一起，相互借力，必然激发起海南的消费需求。

举办消博会是顺应了高水平对外开放的天时，选在海南举办消博会可以充分借助海南自贸港建设带来的地利，特别是在贸易便利化方面展示出的更多红利也要在消博会上变为现实。目前，中国（除香港、澳门、台湾外）仅有海南岛被授权开展离岛免税业务，这也正是在海南举办消博会的地利所在。

首届消博会展览面积共 8 万平方米，其中国际展区面积为 6 万平方米，分设时尚生活、珠宝钻石、高端食品保健品、旅居生活和综合服务五大专业展区，参展企业达 648 家，参展品牌有 1 319 个，来自 69 个国家和地区。从展会定位来看，消博会在出口、进口、内销三大贸易流上并没有刻意加以区分。在围绕着国内外消费品“赶集”过程中，只要是消费品，在消博会上谁都可以买，谁都可以卖。对于消博会上出售的部分进口产品，消费者也可以免关税购买。而对岛外游客最有吸引力的一点是，不占用每年 10 万元的免税额度。消博会的参展企业许多都是“高大上”的国际企业，包括法国路易威登集团、开云集团、欧莱雅集团，英国博柏利、捷豹路虎，日本资生堂、欧姆龙，美国强生、戴尔等。另外，有上百款新品在消博会上首发首秀。由于有了海南自贸港建设带来的适宜条件，有了中国从贸易大国走向贸易强国的愿景，再加上消费升级带来的发展机遇，相信消博会的影响力将越来越大。

本章小结

本章首先根据不同的分类标准介绍了目前跨境电商的主要模式；其次分别对全球速卖通、亚马逊、敦煌网、Wish、eBay 这五大跨境电商平台展开介绍，并且详细说明了各大平台的特点；最后本章简单地介绍了 Lazada、Shopee、eWTP，以及广交会、进博会、服贸会和消博会的基本情况。

复习与思考

一、单选题

1. 跨境电商模式按照交易主体属性分类，可以分为（　　）。

   A. 第三方平台模式、自营型平台模式、跨境电商代运营服务商模式

   B. 信息服务平台模式、在线交易平台模式

   C. B2B 模式、B2C 模式、C2C 模式

   D. 垂直跨境电商模式、综合跨境电商模式

2. 以下哪个选项不是全球速卖通平台的特点？（　　）

   A. 商品价格低，品种多　　B. 容易操作，交易流程简便

   C. 聚焦新兴市场　　D. 独特的销售方式

3. 全球速卖通又被称为（　　）。

A. 国际版抖音　　B. 国际版微信

C. 国际版淘宝　　D. 国际版优酷

4. 亚马逊的总部在（　　）。

A. 日本　　B. 加拿大　　C. 英国　　D. 美国

5. Wish 平台的特点之一是（　　）。

A. 专注于移动端购物　　B. 专注于欧洲市场

C. 专注于服装服饰　　D. 专注于女性消费者

6. Lazada 和 Shopee 的共同特点是（　　）。

A. 专注于移动端购物　　B. 主要面向东南亚地区

C. 专注于服装服饰　　D. 专注于女性消费者

7. eWTP 是由（　　）提出的。

A. 腾讯　　B. 亚马逊　　C. 京东　　D. 阿里巴巴

8. 服贸会的前身是（　　）。

A. 沪交会　　B. 京交会　　C. 深交会　　D. 津交会

9. 广交会的全称是（　　）。

A. 中国进出口商品交易会　　B. 中国出口商品交易会

C. 中国进口商品交易会　　D. 中国商品交易博览会

10. 进博会的举办地是（　　）。

A. 北京　　B. 广州　　C. 海南　　D. 上海

11. 消博会的举办地是（　　）。

A. 北京　　B. 广州　　C. 海南　　D. 上海

二、简答题

1. 请简述 eBay 平台的特点。
2. 请分析全球速卖通平台与阿里巴巴国际站的异同。

第4章
跨境电商店铺注册

学习目标

- 掌握在主要跨境电商平台注册店铺的流程；
- 了解各主要跨境电商平台注册店铺所需注意的事项；
- 区分在不同跨境电商平台注册店铺流程的特点。

关键概念

店铺注册　账号注册　身份认证　经营品类

案例导入

百事泰，于2007年在深圳成立，是汽车电子、电源及数码周边配件领域小有名气的制造品牌，并已经具有出口业务。受此前全球经济低迷的影响，百事泰急切希望缩短出口的供应链，重振业绩。亚马逊全球开店为百事泰提供了解决方案，从2012年起，百事泰相继在亚马逊英国、德国、法国、意大利、西班牙、日本站点上线，业务遍及北美洲、欧洲与亚洲，成为业界知名的国际电子商务连锁企业。与此同时，百事泰的“BESTEK”品牌也在世界上多个国家成功注册为商标，众多产品在亚马逊美国、德国及英国站点位列品类第一，成为各国消费者选购汽车电子、电源等产品的优选品牌。

4.1　全球速卖通平台

一、店铺注册前的准备

（1）了解平台可以销售的商品品类，全球速卖通平台提供了丰富的可销售的经营品类，注册者可根据预计销售的商品以及保证金选择适合自己的经营品类。

（2）为了避免在经营过程中违反平台的规定，受到平台的处罚，注册者需提前了解平台的规则和知识产权销售规则。

（3）费用：卖家加盟全球速卖通平台不需要支付费用，不过需冻结保证金约1～5万元人民币，同时在成交时平台也会收取每笔买卖成交额的5%～8%作为佣金。

（4）所需资料：一个国际通用电子邮箱、一个国际通行手机号、一个企业支付宝账号，以及企业营业执照复印件等。如果申请者要求增加品牌，还必须提供商标注册证明和商标批准书。

边看边练（视频）

如何注册全球速卖通店铺?

二、注册流程

1. 开始注册

注册者登录全球速卖通的卖家首页（https：//sell. aliexpress. com/），点击“注册”，进入卖家注册页面，如图4-1所示。

图4-1　全球速卖通首页

2. 选择公司注册地所在国家

注册账号页面显示“选择公司注册地所在国家（中国商家选择中国）”，点击“中国”，如图4-2所示。

3. 填写注册信息并验证

点击“中国”后，根据页面提示填写注册信息，如图 4－3 所示。填写完成后勾选“您申请入驻即表明同意平台《免费会员协议》、《交易服务协议》、《中国卖家隐私政策》和支付宝为您核查开户及提供交易服务所涉及的相关授权和协议”，而后点击“下一步”，验证手机号以及邮箱地址，如图 4－4 和图 4－5 所示。

注意：如果邮件收件箱中未收到检测码邮件，请检查垃圾邮箱，检测码邮件可能在垃圾邮箱中。

图 4－2　选择公司注册地所在国家

图 4－3　注册信息填写

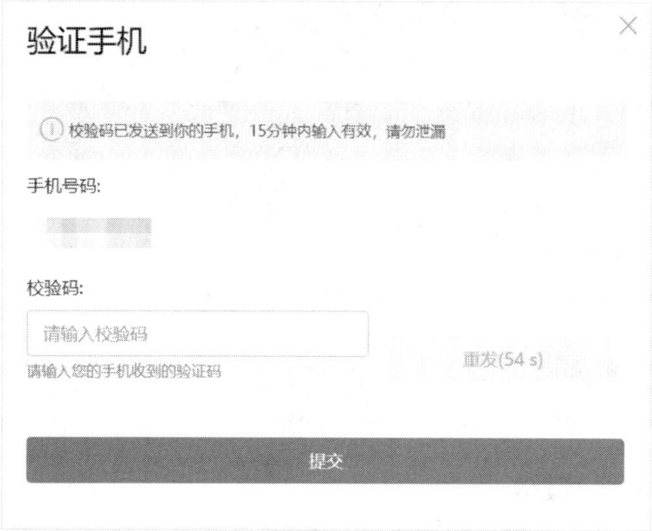

图 4－4　手机验证

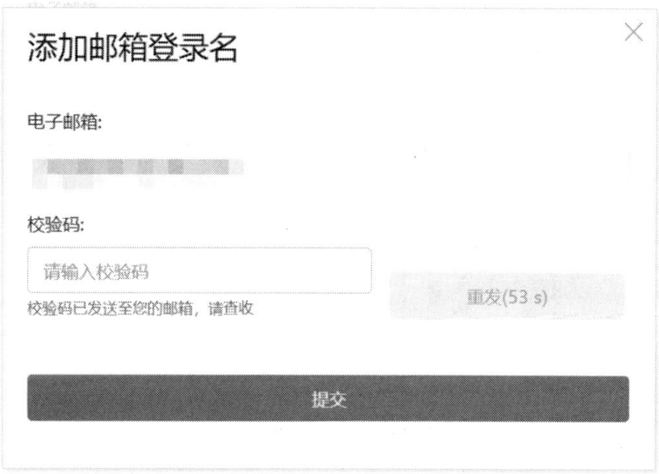

图 4－5　邮箱验证

4. 进入企业认证

如图 4－6 所示，首先，注册者需选择币种，有“美元”和“人民币”两种选择。其次，进行企业验证，全球速卖通平台提供了两个企业验证方法：通过企业的支付宝权限验证；自行填写入驻信息，并通过公司法人权限验证。

选择“自行填报入驻信息并通过企业法人授权认证”，注册者需根据页面提示填写企业信息，如图 4－7 所示。

图 4-6　企业认证

图 4-7　企业信息填写

5. 登录法人实名支付宝账号

注册者在填写了企业信息后还需要登录法人实名的支付宝账号，如图 4-8 所示。

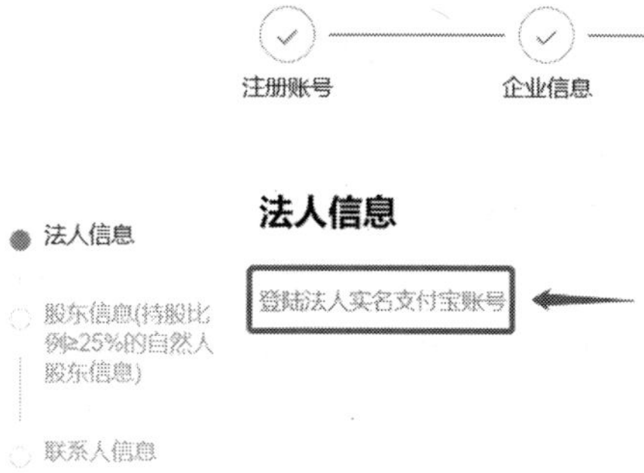

图 4-8　法人实名支付宝账号登录

6. 法人信息填写

如图 4-9 所示，注册者需根据平台提示如实填写法人信息以及联系人信息，填写完成后点击“下一步”。

图 4-9　法人信息填写

7. 信息审核

平台对提交的信息进行审核，审核通过后，注册者可点击“进入开店”（见图 4-10），而后选择进入下一个步骤“开通经营大类 & 缴纳保证金”（见图 4-11）。

8. 签署服务协议

如图 4-12 所示，注册者需认真阅读并同意《速卖通商户服务协议》以及《阿里巴巴企业诚信体系服务协议》。

图 4-10　信息审核

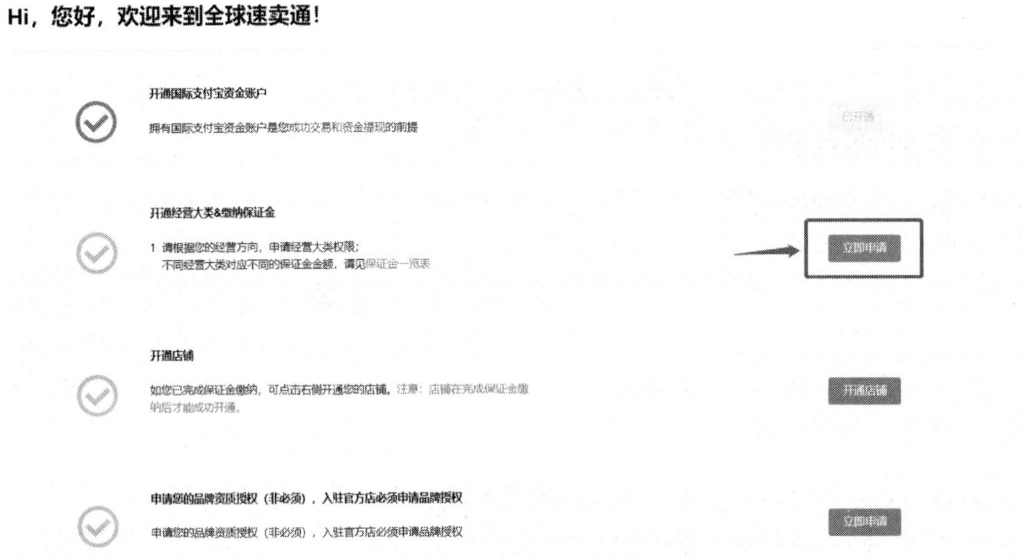

图 4-11　开通经营大类 & 缴纳保证金

图 4-12　服务协议

9. 确定经营大类

如图 4 - 13 所示，注册者可根据销售的商品品类选择店铺的经营大类，申请经营大类时需缴纳该类目所对应的保证金。

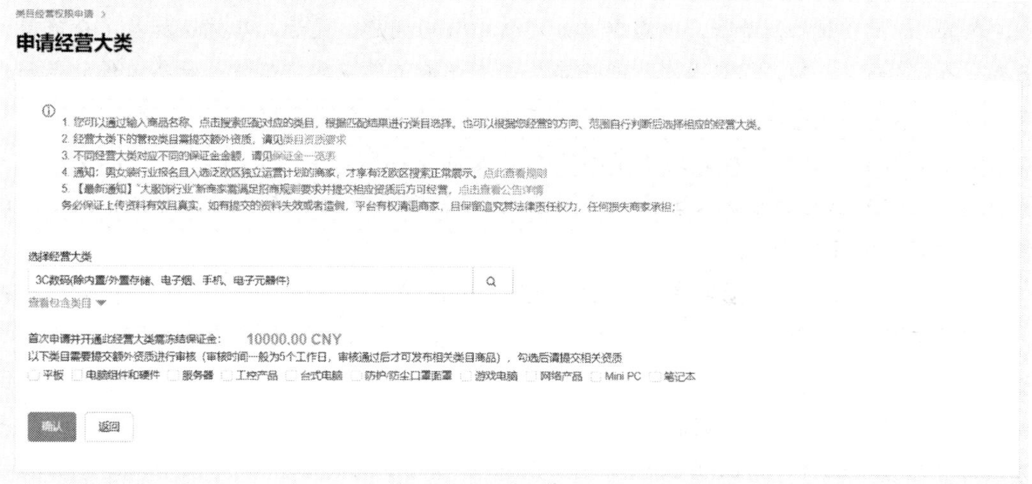

图 4 - 13 选择经营大类

10. 开通账号

缴纳保证金后，经过全球速卖通审核，注册者将开通全球速卖通平台的运营账号，正式开始赚钱之旅。

拓展案例

做好了精细化运营，冷门类目也会有春天

客户参与定制，全天候服务，换来 60%复购率

Fairyland 原本从事的是国内批发零售，但由于海外用户的青睐，品牌开始转入全球速卖通市场，并建立了外销品牌 Oueneifs。通过对全球速卖通市场长达六年的精细化经营，目前 Oueneifs 已经累积了超过二十五万粉丝，并逐渐获得了大量来自中国、西班牙、巴西等全球各地的客户，逐渐成为全球速卖通市场中该产品海外核心用户的首要选择。

形状复杂多样、形象逼真的球形关节人偶是玩具产业的一个重要细分市场，为和其他同行区分开来进行差异化竞争，Oueneifs 给出了"全手工定制"的市场定位。据了解，目前店铺定制涉及的参数涵盖了皮肤、发色、胸型、手型等，客户可定制的模块多达几十个，而各种模块中可定制的选型也有多个选项。

在 Oueneifs 的服务总监欧阳清看来，这些年来，门店与用户之间始终在共同发展。由于定制属性，顾客的参与度相当高，于是店铺就开始关注用户评论，并定期搜集意见建议，反应到最前端产品定制研发等环节。例如之前玩偶的手型并不多样，在购买者的宝贵意见下，逐步扩大到了九套手型供选择。

欧阳清也明白，维系一位老顾客的花费大大小于获得一位新顾客的花费。为此，商

家在日常运营中会使用VK等社会化平台宣传商品，与粉丝互动，赠送给商家实惠券等，也与网红达人配合，直接触达潜在用户。而营销团队还会利用全球速卖通平台上大量的推广工具，包括feed、优惠工具等，配合使用，宣传商品，从而拉近与粉丝之间的距离。

为更加体贴地服务于老客户，Oueneifs还打造了7×24小时的客户服务，客服人员轮流值班，在第一时间反馈给消费者，并帮助其处理售中售后问题。最近，店铺还加入了全球速卖通平台的无忧服务计划，消费者在订购产品后十五天内不满意即可退货。对高单价的定制化商品而言，这一招也是有风险的，“为了超出客户的期待，我们需要承担这个风险”。

Oueneifs独特的定制模式给予了顾客更多元的选择权，尽管现在这个产品市场越来越小众化，但其商品的平均客单价仍达到80～90美元。通过持续的精细化经营，目前该店铺粉丝复购率高达60%。

借力老粉丝定爆品，吸收差评反哺供应链

因为在2013年偶然加入全球速卖通，深圳一家公司从一个中国传统OEM企业成功转变为一个跨境电商企业，并慢慢打响了其自身的新牌子VNOX，目前累计海外粉丝已接近四十万。企业刚开始的时候主要是做手表表链产品，但目前主营手环、戒指以及不锈钢材质的男士配饰，商品属性也确定了产品市场的小众特征。用总监Jason自己的话来讲，“因为整个产品市场极小，所以我们的品牌定位是小而美”。

Jason认为，在2016年以前，在全球速卖通开店很容易，做好上新发货后，就可以持续发展了，但随着近几年行业竞争对手的日益加剧，“懒人模型”没有用了，企业逐步走上了细致化经营的发展路线。

借助全球速卖通平台的大数据分析技术，VNOX可以清晰掌握自己客户的实际属地情况。“中国是VNOX最主要的客源国，比例大约在40%左右，此外还有俄罗斯、法国、巴西等国，我们的目标用户主要聚集于17～25岁这一年龄。”因此，VNOX结合几大客源国的街头文化，也积淀出了针对各个不同用户群体的产品设计风格。

每个月VNOX店铺都会推出二三十款商品，对确定谁是爆品也有方法，“我们的方法是让粉丝告诉我们结果”。在新产品上架后，运营方会同时在粉丝营销中，推出粉丝专享折扣，并通过老客户的反应得到新产品营销的最终筛选结果，然后再通过联盟活动来扩大目标群体。在5～7天内，新产品的宣传效果就拉近了距离，成绩良好的新单品也将被选中并进行直通车营销。

通过全球速卖通平台的顾客点评，商家就能够获取到最直观的商品反馈，每个月都会对差评做出统计分析。不少时候，商品的设计工艺瑕疵都是在后期评价中被发现的，例如一些商品上的石头装饰经过海运后很容易剥落，在接到很多顾客的反馈后，商家很快就下架了该批商品，把加工工序从用胶水粘贴改为机械镶嵌，生产成本虽然有所提高，但也提高了产品质量。

“我们偶然加入全球速卖通，现在早已离不开全球速卖通。”加盟全球速卖通“中国好卖家”后不足一年，VNOX的月均商品交易总额就超过了十万元，粉丝复购率近60%。

精细化后再细分，小众商品的决胜之道

作为中国第一批进入全球速卖通的企业之一，近年来KERUI把自己开发设计制造的防盗报警装置，持续地销往了俄罗斯、美国、法国、西班牙、乌克兰等海外用户手里。

2018年，KERUI全球速卖通的官方门店销量比上年翻了数倍，并稳居中国防盗报警产品类的首位。

作为经营小众商品的卖家，KERUI的全球速卖通官方店铺粉丝数量早已突破了三十万，而其高速成长，离不开公司对用户的细致管理，通过高性价比的商品与精细化的服务去满足用户需求。

报警器产品需要针对在海外的用户家庭状况、互联网环境，以及应用习惯，做出精准定制。KERUI所做到的，就是竭尽所能了解顾客的需要以及所在地的环境特点，并改进产品。

4.2 亚马逊平台

2021年7月之前在亚马逊平台注册，需要选择注册站点，不同的站点可销售商品的品类、所需支付的月租金以及注册流程均有所不同，并且站点之间互不相通，卖家在北美站注册店铺后，想要开通欧洲站，需要重新上传资料注册店铺。但是在2021年7月之后，亚马逊将卖家入驻方式改为“一键开通全球13个站点”，卖家只需要注册一次就可以在13个站点同时销售商品。我们以亚马逊北美站点店铺注册为例。

一、店铺注册前的准备

1. 了解亚马逊平台的卖家行为准则

亚马逊规定卖家在平台运营必须遵循公正、诚信的准则，以保证买家安全购物以及良好体验。所有的卖家必须遵循如下准则：

（1）卖家必须始终向平台的购买者提供正确的资讯；

（2）卖家必须公正行事，但不能滥用平台的技术及能力；

（3）卖家不可以企图影响其他卖家的产品/服务评分；

（4）卖家不可以试图影响买家的评论、反馈以及评分；

（5）卖家不能够发布未经请求或者是不正确的沟通消息；

（6）卖家只可以通过平台的消息服务联系买家；

（7）卖家不可以绕开平台的销售渠道；

（8）在没有合理服务要求的情形下，卖家将不能够同时在亚马逊平台上经营多个卖家账户。

一旦触犯了亚马逊平台的卖家行为准则或是平台任何其他规定，亚马逊公司会对卖家的账户采取相应的惩罚措施，包括中止或没收支付、取消商品售卖权利，或者删除产品。

2. 了解亚马逊平台的可售卖品类

亚马逊对卖家开放的经营品类超过二十种，上述品类的销售无须取得亚马逊平台的批准。而其余一些特殊品类的售卖需要取得亚马逊平台的批准。

3. 费用

卖家想要在亚马逊平台开店，开店成本主要有以下几方面：

（1）月服务费。卖家每月需要交一定数额的月租费。

（2）商品的销售佣金。卖家每完成一次商品交易，平台就会收取相应的商品销售佣金。亚马逊平台针对各个商品种类，征收不同比率的佣金。

（3）物流费用。如果卖家选择使用亚马逊物流（FBA），将会产生一定的物流费用。

（4）其他成本。在亚马逊平台销售商品还会产生一些额外费用，比如推广费用、退款手续费、大量清单费等。

4. 注册资料准备

注册者在注册亚马逊卖家账户时需准备好以下资料：

（1）公司营业执照彩色复印件。

（2）企业法定代表人身份证的彩色扫描文件。

（3）付款信用卡。

（4）联系方式，包括联系人的电子邮箱地址、电话号码，以及公司地址、联系电话。

（5）银行账户，即用于接收支付款项的银行账户。拥有北美站点账户的卖家可以使用国内银行账户、美国/香港地区的银行账户或第三方存款账户。

5. 注意事项

（1）提前准备好以上注册资料，否则注册环节会中断。

（2）注册环节是不可逆的，一旦填写完成进入下一步，就将无法返回至上一步进行修改，需确定填写无误后再点击进入下一步。

（3）除特殊要求之外，注册者填报所有个人信息时应采用英文和汉语拼音填报。

（4）注册者需确保填写和提交的资料真实有效，并且与提交的文件中信息一致。

（5）注册者需确保填写的联系信息是最新的信息（电话号码以及电子邮箱地址），以便亚马逊平台在必要时进行联系。

（6）注册者所提供的可以用来付款或者结算的银行卡最好使用法人信用卡，而且银行账户信息也必须真实有效。

（7）其他注意事项：

① 建议注册者使用稳定的专用的网络环境。

② 建议卖家在平常运营时保存好商家的供货收据，如果遇到审核的类目要求，平台需要卖家提交相应的供货收据。

③ 卖家运营必须合规，严格按照亚马逊平台规定的规则进行。

④ 注册期间有任何疑问，注册者可点击页面中的“获取支持”按钮。

（8）在注册过程中，请勿点击“取消注册”按钮，点击后注册过程将无法继续。

二、注册流程

边看边练（视频）

如何注册亚马逊店铺?

1. 开始注册

注册者需进入亚马逊全球开店首页（见图 4－14），点击右上方的“前往站点注册”，选择“北美注册”，然后进入账户登录页面，点击下方的“创建您的 Amazon 账户”（见图 4－15）。

图 4－14　亚马逊全球开店首页

图 4－15　创建亚马逊账户

2. 填写姓名以及邮箱地址

如图 4-16 所示，注册者需要先按照网页所示详细填写姓字的汉语拼音（平台建议填写法人的姓名拼音）、最新的邮箱地址，以及注册密码，之后再单击“下一步”按钮。

图 4-16　账户信息填写

3. 邮箱验证

注册者将会在所填写的邮箱地址中获得一个来自亚马逊的邮件，其中包括六位的验证码，在图 4-17 所示界面输入验证码后，单击“验证”按钮。若注册后没有收到来自亚马逊的验证邮件，可去垃圾邮件查看其是否被自动归入垃圾邮件。若仍未收到验证邮件，则可以稍等片刻后单击网页上的“重新发送验证码”按钮。

图 4-17　邮箱验证

4. 添加手机号码

如图 4－18 所示，注册者先选择手机号码所属地域，中国注册者选择“中国＋86”，然后填写自己最新的手机号码。

图 4－18　添加手机号码

5. 验证手机号

注册者填写的手机号将会收到亚马逊发来的验证短信，其中包含 6 位数字验证码，注册者需将验证码输入如图 4－19 所示的页面中。

图 4－19　手机验证

6. 开始验证身份信息

注册者将进入个人信息以及公司信息的验证环节，点击如图 4 - 20 所示页面下方的“开始”按钮。

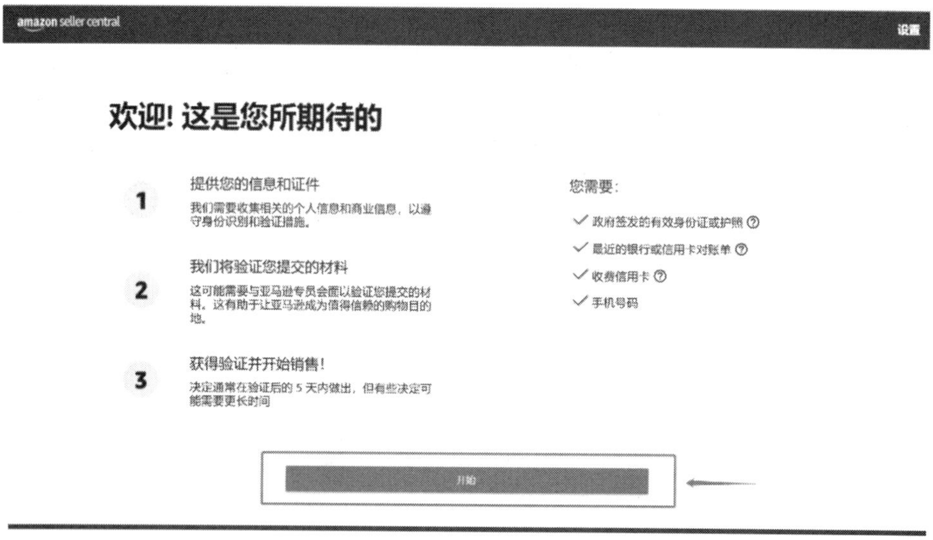

图 4 - 20　开始验证身份信息

7. 填写商业信息

如图 4 - 21 所示，根据页面的指示，选择公司所在的国家/地区，如未开办公司，注册者可选择自己所在的国家/地区。然后页面会出现“业务类型”的选项，注册者需根据公司类型进行选择。之后，页面中会出现“用于向州或联邦政府登记的企业名称”，注册者需填写商业登记文档上显示的企业名称（英文名称）。同时注册者需勾选下方的“我确认我的营业地点和类型正确无误，同时我也了解此信息以后无法更改”。最后点击最下方的“同意并继续”按钮，进入下一步。

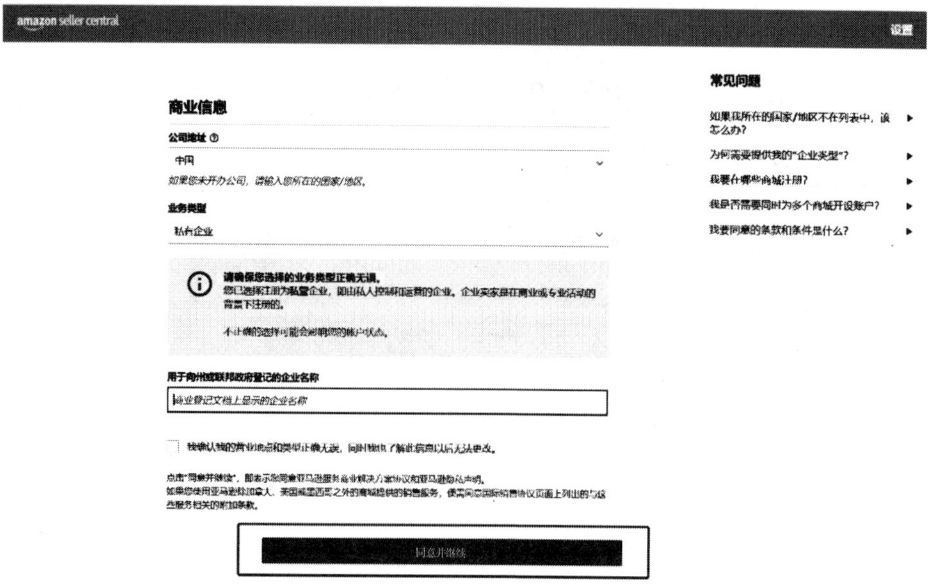

图 4 - 21　填写商业信息

8. 填写企业信息

如图4-22所示，注册者需根据页面提示如实填写正确的“公司名称（中文）”“公司注册号码”“公司营业执照注册地址或实际经营地址”，然后点击最下方“下一步”按钮。

图4-22 填写企业信息

9. 填写卖家信息

如图4-23所示，注册者需根据页面指示填写主要联系人信息以及居住地地址，并勾选“确认是否为主要联系人”以及“我已添加该公司的全部受益所有人”，最后点击页面最下方“下一步”按钮。

10. 输入银行存款账户信息和付款的信用卡信息

如图4-24所示，注册者需要根据页面提示先点击页面下方的“继续”，而后进入添加银行账户的页面。

图 4-23　填写卖家信息

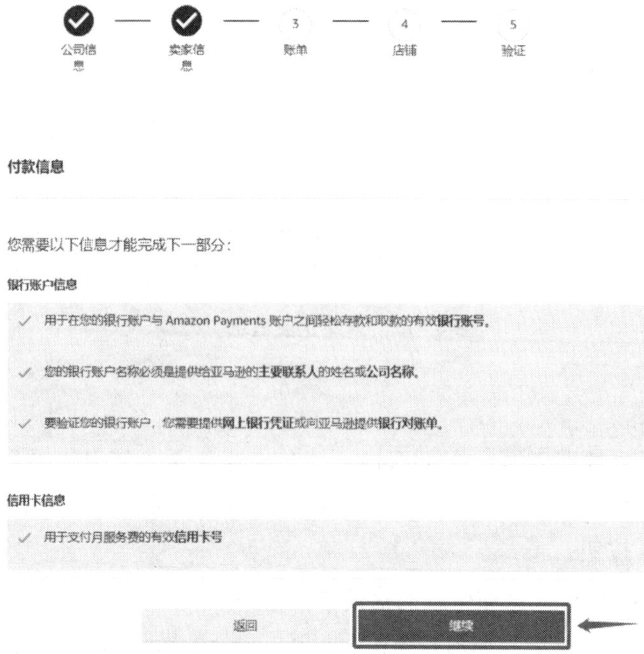

图 4-24　填写付款信息

接下来，如图 4－25 所示，注册者需填写银行存款账户信息，然后点击页面下方的“验证银行账户”按钮。

图 4－25　添加银行账户

如图 4－26 所示，之后注册者需要填写信用卡信息（请填写可以国际付款的信用卡，Visa 卡、万事达卡均可，亚马逊平台推荐使用 Visa 卡），方便之后每月扣除订阅费。在前六个月，卖家每月需要支付 39.99 美元的专业销售订阅费，从第七个月开始，无论卖家在何处销售，需要支付总计将不超过 39.99 美元（或等值货币）的针对所有商城的专业销售全球订阅费。

图 4－26　填写信用卡信息

11. 填写店铺信息

如图 4－27 所示，注册者必须按照网页说明填报店铺信息，内容包含店铺名称以及关于商品编码和品牌的一些信息，店铺名称尽量采用英文撰写。

图 4－27　填写店铺信息

12. 提交身份验证

注册者在这一步中一定要上传企业法定代表人身份证的正反面和企业经营证照的图像，在上传完毕后单击页面下方的“提交”按钮，如图 4－28 所示。

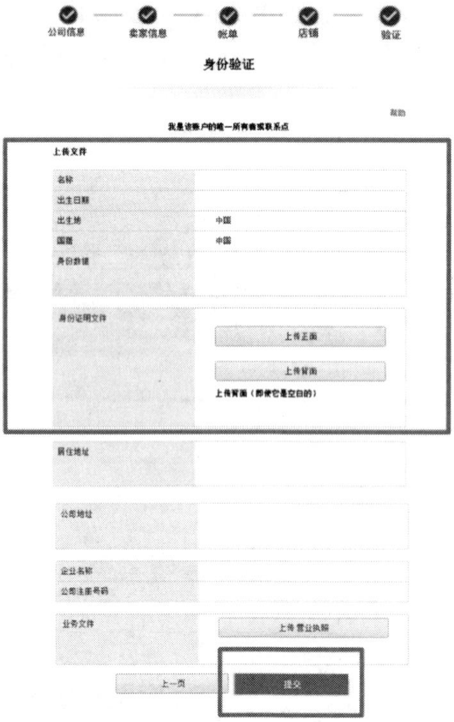

图 4－28　上传身份证明文件

13. 身份验证与地址验证

注册者请选择“实时视频通话”，点击下方“下一步”按钮，如图 4－29 所示。

图 4－29　选择验证方式

注册者必须选定一个正确的日期和时间，单击“下一步”按键确认视频通话验证预约，如图 4－30 所示。

图 4－30　选择视频验证时间

完成预约后，注册者将在 24 小时内收到一封亚马逊平台发送的包含更多详情的电子邮件。如果注册者日程发生变化，注册者可以取消或者更改预约。同时亚马逊平台需要企业的法定代表人参加会议，若注册者并非法定代表人，一定要得到企业的许可方可代法定代表人行事，并且需要带下列文书的原件进行视频会见：

（1）公司法定代表人的有效身份证件；

（2）注册者自己的有效身份证件；

（3）配备有 Alipay 应用的智能手机或平板。

进行了视频通话验证的预约活动后，请准时出席。接下来，亚马逊平台将邮寄一份含有网址认证号码的明信片至报名者所选择的位置，需要注册者录入网址认证号码，然后点击“提交”，如图 4－31 所示。

图 4－31　地址验证

如图 4－32 所示，通过地址验证后，注册者将进入身份验证，验证完成后亚马逊将通过电子邮件告知注册者进展。

当注册者在“开始销售”界面看到如图 4－33 所示页面的状态时，意味着注册者的身份验证已通过且同时开通了北美站、欧洲站、日本站和澳大利亚站的卖家账户。

图 4-32　身份验证

图 4-33　注册成功

拓展案例

沈学栋：从“零”做起的电商创业人

坐落在中国浙江兰溪市邽山街道工人路二十六号的“兰溪小城故事”电子商务综合工业园，是着力建设以O2O电商模式为核心内容的综合电子商务服务平台。沈学栋先生作为该电商园的主要创新领导者，成立了兰溪市科薇电商公司，以运营线上女装市场为主。因此，他形成了以人为本、工贸合一、稳中求进的创新理念和经营之道，并传承了下来。

“零起步”的大学创业

大学时期，沈学栋与其校友成立创业团体。“麻雀虽小，但五脏俱全，刚开始的学员队伍虽然规模不大，但初具雏形，在基础知识和基本技术能力的训练上，发挥了优势”，沈学栋这样说道。为了掌握系统的创业基础知识，并深入了解电商前景，他报名加入了创业兴趣班，并学会了“零起步”创业的基本技能与本领。

“我记得当时大学的环境很艰难，只提供了一间没有中央空调的小寝室当作创新实验点，但幸运的是，大学创造了很多机遇，所以我下决心试一试。”忆起创新之初，沈学栋感慨万千。他抓住了电子商务业务容易启动、投资门槛低、平台广泛的特性，踏上了创新之路。

经过两年的时间，他的队伍已经从小规模的学生队伍逐渐发展成为正规化的创业队伍，他自己甚至还在“创青春”——兰溪市“合作银行杯”全国青少年互联网创业设计比赛中获得了二等奖。回首创业经验，他曾如此描述：“磕磕绊绊走过的那两年看似做了很多无用功，但‘无用之用，方为大用’，这些‘无用功’给我在创新思维、管理企业方面带来经验，让我在探索、试错、学习中不断地前进。”

“吃亏是福”的创业之本

成立电子商务公司之后，沈学栋又在电商园组建了线上业务经营部门，他以经验丰富、在学生时期组建的营销队伍为基础，利用亚马逊、eBay、Wish等互联网电子商务平台，推广个人品牌。其间，他看到了欧美等先进国家缺少劳动力，并以此为商业契机，转型做跨境电子商务。

在企业转型过程中，沈学栋时时注意日趋严格的平台优惠政策和市场动态，他曾说：“企业开始走了很多弯路，但我坚信吃亏是福，从经过的‘弯路’中学会总结经验，才能少走弯路。”同时，他们也和部分国际同行企业展开了经贸谈判，交流分享企业运营理念和可借鉴成功的经历，并由此掌握了更多出口资讯和营销渠道。

目前，中国海外电子商贸正从黄金时期进入竞争加剧的瓶颈时期，身为中国电子商务公司的“掌舵人”，沈学栋以“工贸合一”为根本实践策略。为了提高供货效率、增加产量，他成立了跨境电商公司，主要是制造在海外出售的服装产品，而他的跨境电商公司也于2017年被授予了“2016年度金华市信息经济十大跨境电商企业”。

“稳中求进”的经营之道

自主创新的试错，对企业管理的持续创新，使其在竞争惨烈的跨境电子商务领域崭露头角。现阶段，为了拓展企业规模、增加企业利润，他已在各地建立多个分支机构，这已成为公司发展的重要战略之一。

有效的公司管理离不开正确的经营策略。沈学栋介绍称，成员们认识到企业每周定期召开例会，在总结近期工作进展的同时，还能及时改变经营策略。因此，公司的服装设计人员将紧随时装趋势，并在服装设计中加入自身的产品优势。

近年来，沈学栋把眼光重新投入跨行业投资领域，在稳中求进的过程中，积极追求社会资本的自由流动。在交谈中，沈学栋分享了自己的经营之道："企业的未来发展要有长远的规划，'稳定'始终比'成熟'更关键，也因而要有走马拉松的耐心，按部就班始终比抢短线的投机行为更有效。"

由于在大学校园期间的创新初体验，沈学栋与其创新队伍在摸爬滚打中，终于完成了创新梦想。

4.3　敦煌网平台

边看边练（视频）

如何注册敦煌网店铺?

一、账号注册

1. 注册入口

注册者需要先登录敦煌网的卖家首页（https：//seller. dhgate. com/），然后单击"轻松注册"，进入注册界面，如图 4－34 所示。

图 4－34　敦煌网卖家首页页面

2. 填写商家信息

如图 4－35 所示，根据页面提示，如实填写注册信息。

图 4-35　填写注册信息

3. 验证手机以及邮箱账号

在提交完注册信息后，将进入下一个步骤“激活账号”，注册者需要根据页面的提示，对手机以及邮箱进行验证，如图 4-36 所示。

图 4-36　手机、邮箱验证

4. 缴纳平台使用费

注册者在进行了手机和邮箱验证之后，页面上将会显示支付平台使用费。注册者必须按照平台显示，单击“立即缴纳”完成缴费，如图 4 - 37 所示。缴费类型主要包括“半年有效”和“一年有效”两类，注册者可按照自身的实际需要挑选最符合自身的缴费类型。缴费完成后，注册者将进入“账号认证”环节。

图 4 - 37　缴纳平台使用费

5. 注意事项

注册者在注册敦煌网卖家账号时需注意以下几点：

（1）商户信息的表单中带有“＊”号的内容为必填项，注册者需如实进行填写，不可跳过。

（2）敦煌网登录名中，不能含有触犯法律、损害他人权益或者扰乱敦煌网服务秩序等有关内容；禁止含有敦煌网的官方称谓、名人姓氏、联系方式、不礼貌词语和违反敦煌网有关条款的词汇。敦煌网将对用户的账号实施巡查，如果出现违法情况，可以取消违规账号的权利。

（3）卖家的账号一旦登录，将无法更改，注册者需谨慎填写。敦煌网会随时对注册邮箱进行认证，因此注册者在登录敦煌网卖家账号时需要使用自己的电子邮箱。

（4）注册者需要详细填写各种报名信息，有助于成功通过账号验证。为保障平台的交易安全性，注册者所填写的姓名将默认是交易银行账户的开户人姓名，需确保注册者的实际姓名和身份证上的姓名保持一致。

（5）对不经过身份验证以及超过一年未登录系统的账号，敦煌网可以暂停、收回该账号。

（6）注册者如果超过 120 天未能进行手机和邮箱验证，系统会自动视作放弃登录，不得开启。

（7）平台针对所有个人卖家和企业卖家都可以申请的账号数量均设置了上限，个人卖家最多可以注册一个账号，而企业卖家最多可以注册十个账号。如果账号因为严重的违规行为而被关停，则用户将不能再注册新账号，一旦严重违规，平台有权关停用户的相关账号。

二、账号认证

1. 身份认证

卖家根据注册的用户名以及密码登录敦煌网平台，进入“我的 DHgate”后，平台会提示卖家进行身份认证，如图 4－38 所示。

图 4－38　我的 DHgate

卖家可点击“身份认证”进行认证，如图 4－39 所示。

图 4－39　身份认证

卖家选择身份类型后，点击“开始认证”，上传身份认证所需资料，如图 4－40 所示。

图 4－40　提交身份认证材料

2. 身份认证需要提交的资料以及要求

（1）身份认证需要提交的资料。

卖家在进行身份认证时需要提交的资料如表 4－1 所示。

表 4－1　卖家进行身份认证需提交的资料

身份认证类型	提交资料类型	需要提交的资料
个人卖家	图片	联系人手持身份证正面照
		联系人手持身份证背面照
内地企业	信息填写	联系人姓名
		联系人身份证号码
		统一社会信用代码
		公司注册资本
		公司名称
		企业法人
		公司地址
	图片	营业执照照片
		企业法人身份证正面照
		企业法人身份证背面照
		联系人手持身份证正面照
		联系人手持身份证背面照
		企业法人授权书

续表

身份认证类型	提交资料类型	需要提交的资料
香港企业	信息填写	联系人姓名
		联系人身份证号码
		公司名称
		董事姓名
		公司编号
		公司注册资本
		公司证明书
	图片	带有董事名称的香港公司注册处法团成立表页
		董事身份证正面照
		董事身份证背面照
		联系人手持身份证正面照
		联系人手持身份证背面照
		董事授权书

（2）身份认证资料要求。

①统一社会信用代码：需与营业执照中的统一社会信用代码（共 18 位）保持一致。其中包含字母的部分，需区别字母的大小写。

②营业执照图片：卖家必须上传清晰、可辨认的营业执照图片，但营业执照的类别不能为个体工商户。上传的营业执照图片须在有效期内，同时上面的所有个人信息也须清晰有效，且严禁遮盖（包括但不限于公司红章、二维码）、涂鸦和更改，且图片的尺寸及格式须达到平台的规定标准。

③董事授权书：董事授权书须企业合法代表本人签名并加盖公章，公章的内容须清晰可辨认，同时盖章的企业红章须与营业执照中的企业名称一致。

④公司编号：卖家所填写的公司编号，应与在公司证明书上的公司编号（共 7 位数字）一致。

⑤公司证明书：卖家须提交在有效期内、存续状态良好且附有公司编号的公司注册证明文件，须保持公司证明文件上的全部信息均清晰有效，且不可遮挡、修改或者涂抹。

⑥带有股东姓名的香港公司注册处法团成立表：卖家需提供能清晰辨别董事名称的香港公司注册处法团成立表页，且其中的信息须与股东姓名一致。

三、经营品类

1. 经营品类绑定

如图 4－41 和图 4－42 所示，卖家登录敦煌网平台，点击“产品”模块下的“经营品类管理”，自行选择经营品类进行绑定。卖家需先进行经营品类的选择，再进行经营品类的绑定。

注意：经营品类一经绑定将无法更改，请谨慎进行选择。

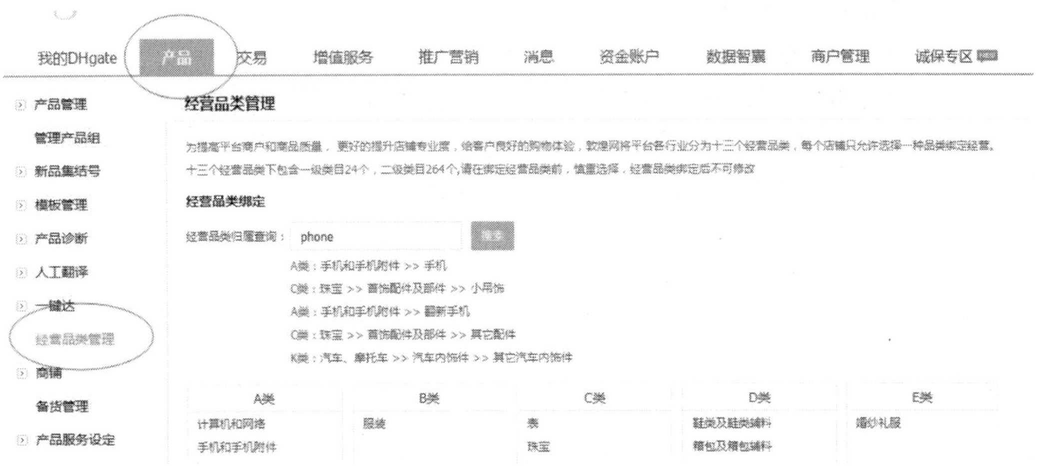

图 4－41　查询经营品类

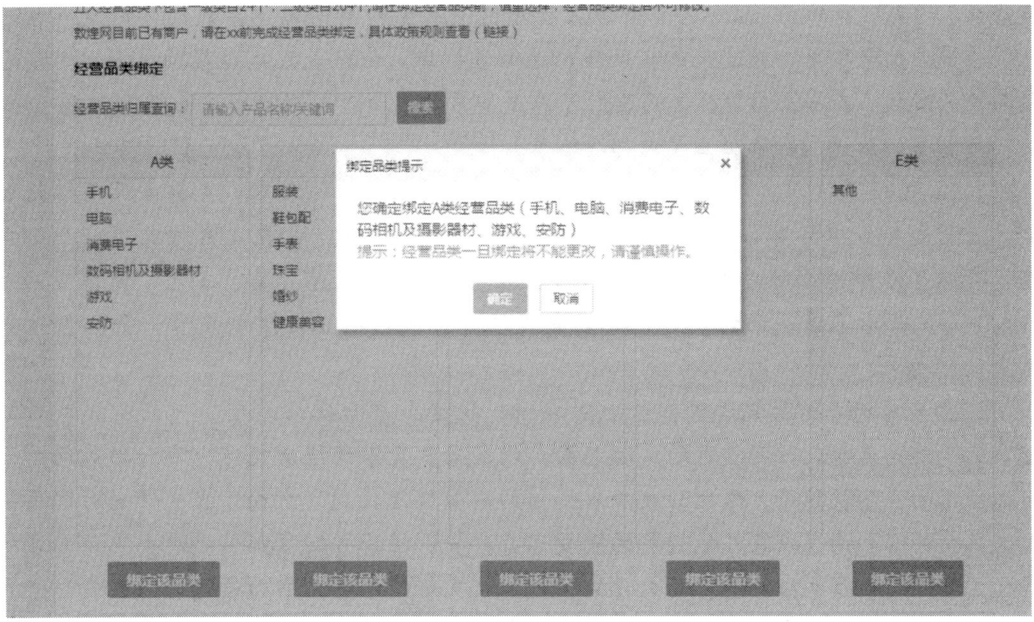

图 4－42　绑定经营品类

2. 经营品类划分

为支持平台更好地管理，提高平台商家和产品的服务质量，增强商家运营的专业程度，敦煌网将平台售卖的产品分成十四个主营品类，每位普通商家可以自由选择一种主营品类，同时主营品类一旦绑定则无法更改。

3. 跨品类经营申请

敦煌网对于申请跨品类经营的商户具有一定的资质要求，具体要求如下：

（1）企业商户；

（2）注册资金需在 50 万元人民币以上；

（3）商户需有税务登记证；

（4）连续三个月在商户评级中被评为优秀商户或者登记商户；

（5）已取得相关国家一级品牌的自有或注册产品的品牌授权管理许可证。

如商家已满足以上所有资质，即可直接把相关的运营资格证明发送到 shouquan@dhgate. com，平台审查合格后才能运营相关等级类目商品。

注意：跨类产品经营的，权限开通的商品为其获得许可的同一级类目商品。比如，若商家所绑定的经营品类为 B 品类，就需要先具备 C 品类珠宝类目的相应资格后，才能在系统中申请开设珠宝类目的商品经营权限。

拓展案例

一个外贸新人的自述

算一下，做外贸已经将近三年的时间了，在这三年里，身为一个菜鸟，敦煌网助力我成长、飞跃，使我在 B2B 这个平台上，开创了人生崭新的篇章。我大学时是英语专业，在过去的数年里，做过采购、助理，也做过翻译，但就是没搞过国际贸易，只有在刚毕业的时候，在一个出口代工厂里打了三个多月的酱油。我的国际贸易经历少得可怜，对国际贸易的认识也在毕业五年内都还给了老师。

2013 年 11 月 1 日，这是我真正进入国际贸易行业工作的日期，直到今天还记忆犹新。上司是刚做国际贸易不久的资深手机设计技术工程师。他在 4 月收购了一个小厂房，开启了艰难的倒时差生涯。5 月入驻敦煌网后，主攻 SMT 贴片工艺，因敦煌网无人打理，8 月出了第一个订单，但此后都是隔三岔五，有了订单就发货，并未倾注特别大的精力。

11 月入职时，老总就语重心长地对我讲，把这个平台交给我了。开始时我非常茫然，天天就是看看敦煌网首页的成功经验，以及老鸟卖家的经历交流分享和教煌网平台可以使用的一些教程等。这也让我原本茫然的内心慢慢找到了方向，我也开始对过去一些被忽视的客户询盘以及可能错失的重要客户，一一报价并回复邮件。过去五年多在外企的工作经历让我也很熟悉中西文化的区别，而良好的中英文书面表达能力让我与老外的交流也没有了隔阂。11 月中旬，一位美工加入了我们的团队，对以前的商品图片做了个大换血，整个网站顿时显得更高级了，而我则每日将商品库里的最新商品照片展示出去。在我们坚持了半个多月以后，竟然有了一个大客户，在第一个月就有了一万美元的销量，在第二个月他就下了二万多美元的单子，在第三季度的时候，我们竟然有了十万多美元的单子，而老总也在那一年给了我一部 iPhone。

从此以后，我们的主打产品蝉联行业三甲，总销量一路攀升。作为店小二的我，特别有成就感。

老板也是一个非常有远见的人，他除了收款以外，其他问题都是当我询问他的时候，他才出手。他说，这个商店就当你自己的工厂经营就好了。他还经常告诫人们，经营一个商店就跟一个工程一样，首先你要成为设计者，要有图纸和计划，其次就要成为施工队，熟悉整个环境，以及你队伍的强项和弱项，最后就是成为项目经理和审计员，及时发现不足并提供完善意见。

通过每周例会和每月例会，我们可以进行归纳总结，并将经验提供给各个外贸从业者学习和参考：

（1）了解整个手机内配市场，分析主要的大卖家。

在开始上传商品的时候，我们首先要寻找平台的前五名卖家，并研究他们的主打产品、特点，看他们在商品发布、营销过程中做得较好的部分，如在产品介绍和图片呈现中的亮点，进而学会总结，并融入自身的特点，例如在自己的产品图片上盖上品牌的LOGO。

（2）做出自己的特色，设置畅销单品，冲好评。

我们店铺的最大优势就是品牌小而精，只做好自己的优势类目——手机屏幕，这样才够专业，并通过推出爆款提升网站浏览量与好评数。另外，新商品的上架也必须非常迅速，这样才可以不断推广下去。研究敦煌网后台、进行新网站的橱窗设计等，这些都是绝对不可偷懒的，新网页展示必须要给顾客眼前一亮的好印象。

（3）锁定对手，及时研究市场并调整价格。

大客户的反应，其实就是市场价值变动的指示剂。一旦我们的价格超过市场售价，我们必须适时下调价格，增强产品竞争力。一旦我们的价格有竞争力，我们就能够从顾客的反应中得知，从而稍微抬高售价。

（4）借用其他老鸟的经验。

要及时回应询盘上的留言，第一时间解决所有投诉与差评问题。我常常在零点午夜一觉醒来时，看到Skype、WhatsApp有留言，并立即回应。许多老外都很吃惊，说我很敬业。我永远坚信一分耕耘、一分收获，所以我们在春天播种，在秋天也一定会有好收成的。而本着诚信为本的经营理念，我们也总是在第一时间解决顾客纠纷与申诉，而针对一些存在产品质量问题的商品，我们也会在第一时间召回，向顾客提出退货退款或退换货。

身为一个菜鸟，敦煌网帮助我成长，使我现在可以游刃有余地管理各种订单，熟悉各种顾客需求，发现自己的目标顾客，成为企业的销售冠军。

资料来源：一个菜鸟创业者吐血总结的跨境电商经验. 个人图书馆，2014-12-01.

4.4　Wish平台

一、注意事项

1. 上传信息注意事项

（1）必须确保所上传的照片均是原件。Wish后台上传的所有照片都必须是原图，大小一般是限制在2MB之内，而且其中不可以有任何修改，也不能是扫描文件，只能是以照片的形式上传。

（2）在拍摄企业法人手持身份证这样的个人资料照片时，一定要以办公现场为背景，而且照片的重点一定要针对身份证，以便在照片中有人的情况下仍然能看清楚身份证。此外，一定要拍摄全脸，而不能只拍摄身体一部分，等等。

（3）在上传营业执照等信息的时候，必须要拍全，并且在边上有一点留白，因为这样的照片有利于 Wish 更好地进行信息利用。

2. 店铺注册注意事项

在店铺注册过程中，必须注意以下事项：

（1）禁止重复注册。Wish 平台上一家实体只可以开一家店铺，个人和公司属于一家实体。一家实体开了一家店铺以后就不能再开另外的店铺，多开的店铺也会自动关闭。

（2）上传真实有效的个人信息。例如，Wish 平台要求公司填写的公司网址要准确，若公司不能填报准确的信息资料，那么 Wish 后台系统核实时就会让商家更改，从而防止公司上传这种模糊、无用的个人信息。

（3）注册信息完善后，才可以开店。注册者申请时，填写一些个人信息之后，会进入邮箱认证、手机号码认证等环节。只要在申请过程中有任何一个工序没有完成，那便是注册未完成。因为注册未完成的店铺永远没有办法到达 Wish 的申请团队，所以在申请 Wish 店铺的时候，必须要将全部个人信息填写完成，最后一个步骤就是“点击此处开启您的店铺”，没有点击的商户，也是申请未完成。

二、资料准备

Wish 审核方式是“系统＋人工”审核，而且把申请用户分为两种：企业和个人。据不完全统计，企业卖家申请的审核时限约为 3 个工作日，而个人卖家则为 7～15 个工作日，前提条件是个人资料提交齐全且真实。企业卖家和个人卖家入驻前必须准备好如下材料：

1. 企业入驻

企业卖家入驻 Wish 平台，需提供企业的经营执照和企业法人的身份证号码等相关信息，且必须与原件一致。如果是香港企业入驻 Wish 平台，那么除了企业营业执照之外，还需要提供股本和创始人页、税务登记证等材料。

2. 个人入驻

如果是以个人卖家名义入驻的，只需提供身份证信息即可。

三、店铺注册流程

边看边练（视频）

如何注册Wish店铺?

1. 开始注册

登录 china-merchant. wish. com 并选择“免费使用”。

2. 设置用户名

如图 4－43 所示，进入“开始创建您的 Wish 店铺”页面。

（1）报名者可以自由选择习惯用的语种，英文或中文。选择按钮在界面的右上方。

（2）新登录者需要先输入常用的邮箱进行注册，该邮箱也将作为注册者未来登录账户的用户名。但如果注册者已经拥有 Wish 卖家账号，请单击“登录”。

（3）设置登录账号密码。为了保证账号安全性，密码应该不少于八个字符，其中包括字母、数字等基本符号，比如：password100@store。

（4）填写手机号码和右侧提示的图像验证码。

（5）输入手机短信验证码。

（6）完成以上所有步骤之后，请点击“创建店铺”。

图 4－43　设置用户名

3. 进入“Wish 与商户协议”页面

注册者需仔细阅读所有 Wish 与商户协议，在所有阅读完成后勾选“我已阅读并理解以上所有条款”，并单击最下面的选择框“同意已选条款”，如图 4－44 所示。

4. 邮箱验证

Wish 将验证邮件发送至注册者登录所用的电子邮箱，注册者应选择“立即查收邮件”，如图 4－45 所示。

图 4-44　Wish 与商户协议

图 4-45　邮箱验证

如图 4-46 所示，单击“确认邮箱”中的 URL 后会径直跳转至登录者的商户网站后台。

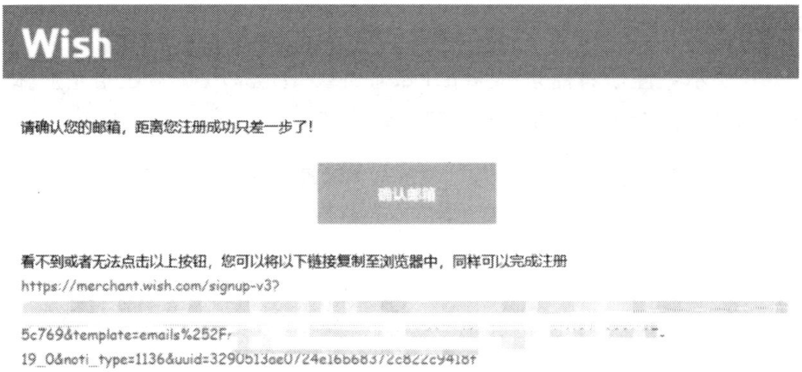

图 4-46　查看验证邮件

5. 填写账号信息

如图 4-47 所示，注册者需根据页面提示如实填写信息。首先，输入店铺名称，但输入的店铺名称中不能包含“Wish”字样。店铺名称一经确认，将永远无法修改。其次，输入姓氏和名字。再次，输入登录者所在地的国家、省份、市镇、街道地址以及邮编。最后，单击“下一页”继续注册过程。

图 4-47　填写账号信息

6. 进入实名认证

如图 4－48 所示，注册者需选择 Wish 账号的类型是个人账号还是企业账号，可通过“个人账号和企业账号有什么区别”来了解更多信息。

图 4－48　进入实名认证

（1）个人账号实名认证。

①输入注册者个人的身份证号，点击“开始认证”，如图 4－49 所示。

图 4－49　身份证信息认证

②准备好照相工具、本人身份证、黑色签字笔或其他深色签字笔及一张 A4 白纸。

③如图 4－50 所示，上传验证照片，点击“下一页”进入支付信息页面。

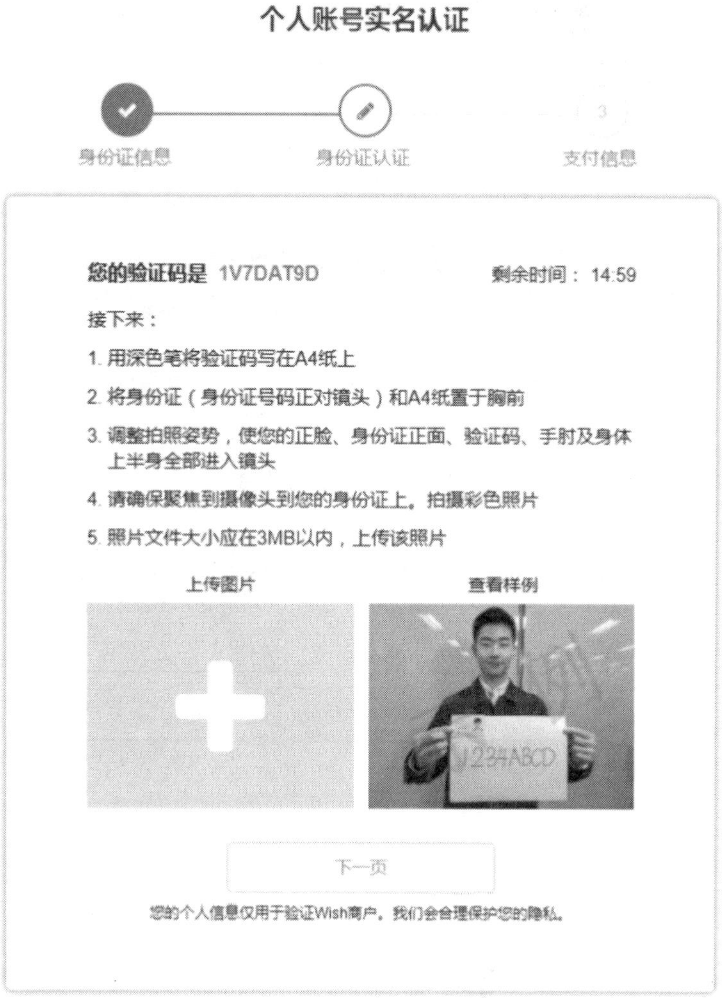

图 4－50　上传验证照片

④添加收款信息，以便申请者的 Wish 服务开通后能够顺利获得款项。申请者可以选择各种收款方式，如 Alipay、易联支付、派安盈等，如图 4－51 所示。使用易联支付方式的支付信息填写示例如图 4－52 所示。

（2）企业账号实名认证。

需要提前准备好公司营业执照，以及法人代表身份证资料。

①填写公司信息。注册者需按照如图 4－53 所示页面填写公司名称（备注：个体工商户不包括在内）、统一社会信用代码，并上传清晰的营业执照彩色照片。

图 4-51　选择支付平台

图 4-52　填写支付信息

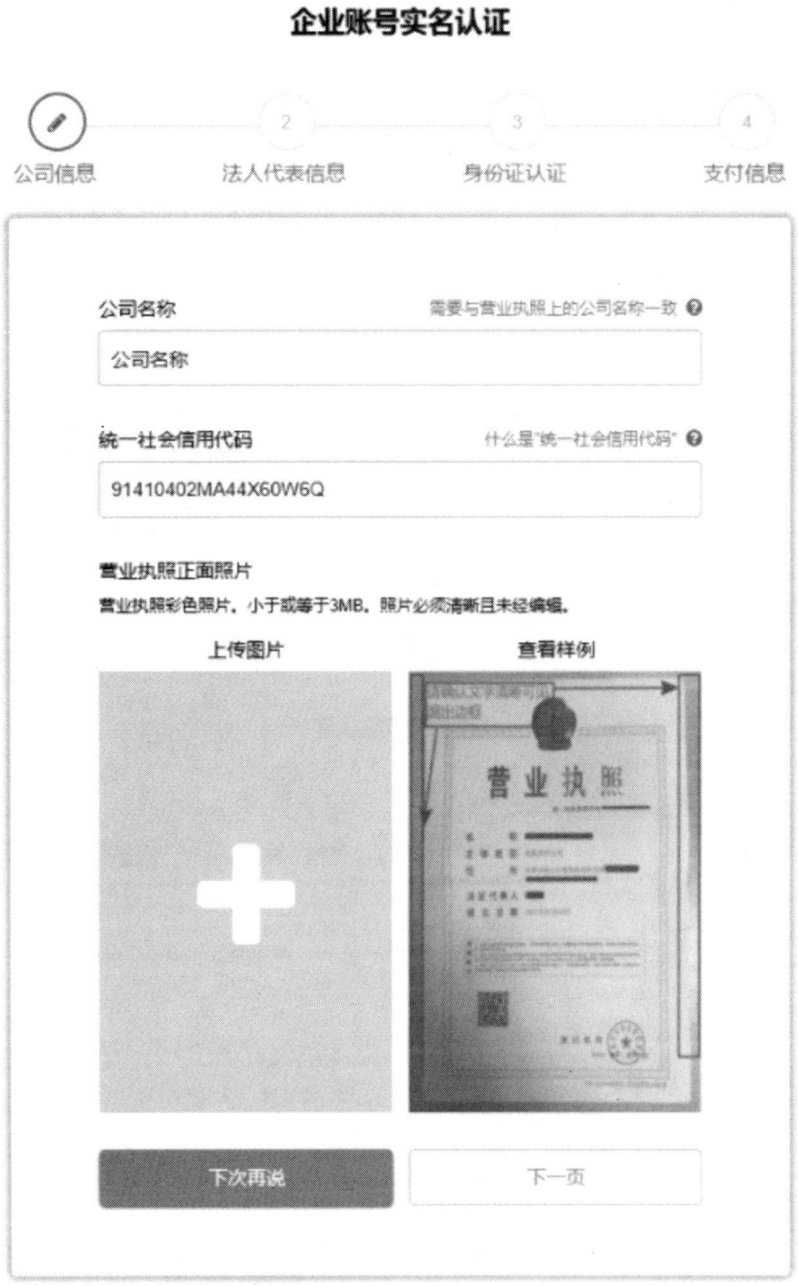

图 4 - 53　公司信息填写

②填写法人代表信息。注册者需输入法人代表姓名和法人代表身份证号，如图 4 - 54 所示。

③注册者需准备好拍照工具、法人代表本人身份证、深色笔及一张 A4 白纸。

如图 4 - 55 所示，上传验证照片后，点击“下一页”进入支付信息页面。

图 4-54　填写法人代表信息

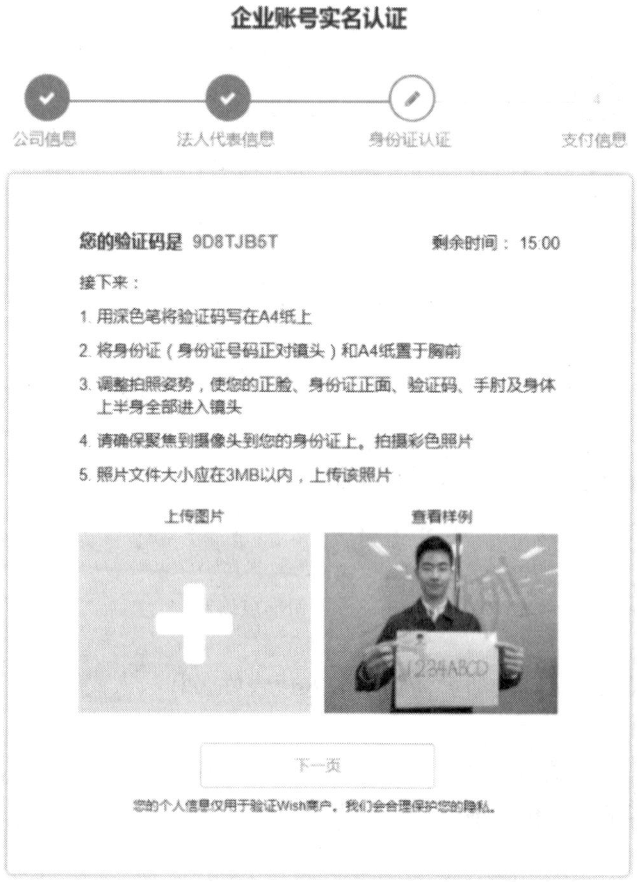

图 4-55　上传法人信息资料

④填写收款信息，以便申请者的 Wish 服务开通后能够顺利获得款项。注册用户可使用各种收款方式，如 Alipay、派安盈、易联支付等，如图 4-56 所示。

图 4-56　选择支付平台

使用易联支付方式的支付信息填写示例如图 4-57 所示。

图 4-57　填写支付信息

确认无误后，点击“下一页”按钮提交信息。

7. 缴纳店铺预缴注册费

从2018年10月1日开始，所有新登记的商家均需支付最高2 000美元的店铺预缴注册费（见图4-58），此项新规定意在保证新登记商家能够给用户带来最优秀的商品和服务。

图4-58　店铺预缴注册费

（1）单击“下一页”进入“确认支付提供商”页面。目前有三种支付提供商可供申请者选择：派安盈、联动支付、PayPal。在选定一种支付提供商后（以联动支付为例），可以单击“继续”，如图4-59所示。

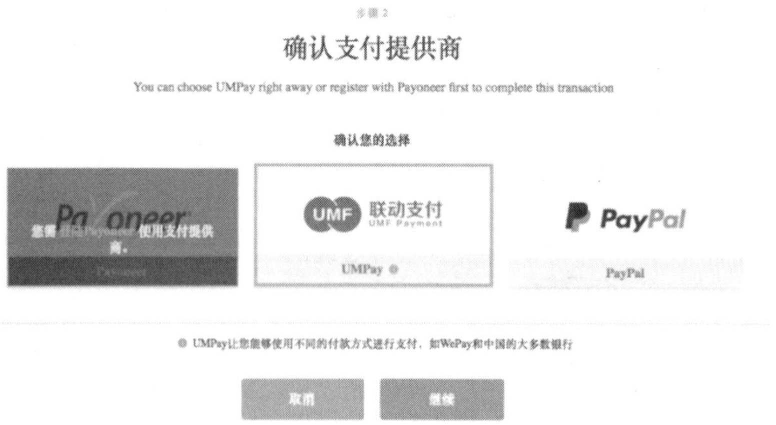

图4-59　选择支付方式

（2）确认账单详情为2 000美元无误后，点击“确认”，如图4-60所示。页面将跳转至第三方支付页面，注册者需在线完成支付。此支付动作需在30分钟之内完成，否则可能会导致支付不成功。

图 4 - 60　确认付款信息

（3）完成支付后，页面会显示“交易成功”，如图 4 - 61 所示，说明卖家已成功缴纳店铺预缴注册费，店铺注册成功。

图 4 - 61　支付成功

四、Wish 店铺注册调整为“邀请制”

从 2022 年 2 月 2 日起，想要在 Wish 上销售的新商家将需要参与“多步骤资格认证流程”。Wish 表示，此举是通过优先考虑提供优质服务的商家来提高用户信任度。仅限邀请的计划取代了 Wish 之前的开放注册流程，但不会影响已经使用该平台的商家。

尽管由开放注册改为了邀请注册，但商家入驻 Wish 平台仍然需要注册和材料审核，这一点与之前的注册流程并无本质区别。

拓展案例

深圳猛狼科技有限公司的成长——日销售量增长 10 倍

从宿舍到办公室，从 3 个人到几十人的专业团队，深圳猛狼科技有限公司（以下简称猛狼公司）用了 2 年多的时间取得了令人羡慕的成功：从最初的 2 000 元人民币到今天的近 100 万美元月销售额，从最开始的宿舍当货仓到现在超过 2 000 平方米的大仓库。作为一家专攻 Wish 平台的公司，猛狼公司的成功有其独特性，但又有极大的借鉴价值。

早起的鸟儿有虫吃

和很多成功的卖家一样，猛狼公司抓住了跨境电商平台提供的机会，很早就加入了 Wish 平台，是最早一批尝试 Wish Express 海外仓运营，也是最早一批尝试 Wish Express 独立库存工具的公司。

拧成一股绳

Wish 平台是一个非常简单的平台，卖家基本能够做到从零基础迅速上手，这在初期就给猛狼公司快速培训人员带来了很大的帮助。但容易上手并不意味容易获得成功，猛狼公司的成功在于营造强有力的队伍凝聚力，调动员工同事的创新激情，把整个企业都拧成了一股绳，劲儿往一处使！

工欲善其事，必先利其器

猛狼公司是专注于 Wish 平台的商户，Wish Express 海外仓贡献了很大一部分收入，物流快、服务好。猛狼公司将本地直发的爆款做成 Wish Express 产品，同时尽可能地缩小海外仓运费与直发运费的差距，越来越多的消费者愿意选择带有 Wish Express 服务的产品。

猛狼公司在年初推广了一款电子产品，日最大销量只有十几单，始终无法达到预期的效果。经过大数据分析和预测，并充分考虑到商品的定价、物流配送等原因，猛狼公司选择了将该商品投入 Wish Express 海外仓，这样不但提供了更加快捷的物流配送，以及 Wish Express 海外仓项目在 Wish 客户端上的五个用户流量支持政策（前端独立商品标记页、同类商品优先排序、独立搜索商品标记页显示、商品购买页选择、Inferred Mapping 更多用户流量导入等）所提供的更多用户流量，而且由于对本土仓产品价格和海外仓产品价格的限制，产品在当月即上涨到每日 80 单左右，峰值更是达到了 161 单，增加了 10 倍有余！

从大量铺货，向精细化运营、精品打造的转型

和过去许多卖家相比，在经营规模扩大到了一定程度以后，原有的大量铺货的经营模式变得不再符合市场发展的要求，而精品运营模式也变成了共同的选择。怎样顺利地实现这种变化？猛狼公司总结了许多有益的经验。

（1）选品，有依据的尝试。

选品是从整个行业的维度出发，行业内的产品有好有差，要对大量的产品进行测试，寻求精品的方向。为提升选品的成功率，猛狼公司特地聘请了两位具有丰富选品经验的人才，开展选品工作，充分利用 Wish 后台、海鹰数据、易选品等平台的数据，支撑选品工作的开展。

（2）发现优势，扩大优势。

打造精品，不是随机选择一款产品进行打造。猛狼公司选择的精品大多是公司在该产品的渠道、供应链环节上有自己优势的产品，再组建由专业采购人员与销售人员共同组成的销售小组，垂直沟通，共同摸索。

（3）循序渐进，稳扎稳打。

由大规模铺货模式向精品制造方式的过渡，不能急于求成，而应该在保持稳定的出口量的基础上慢慢控制产品的数量，等取得实效后再逐渐改变。欲速则不达，过分急躁的决策将严重影响企业的快速成长。

（4）海外仓工具的深度使用。

Wish Express 工具对于利润、销售、采购都有直接的帮助。如，物流整体体验好；资金周转速度比传统直发快得多，确认妥投即可进行结算；海外仓产品多是经过筛选的精品，爆发快，拿货方式更为供应商所青睐，产品价格自然更好沟通。

转变运作的模式，调整经营的类目，紧跟平台的新政，猛狼公司的转型还在继续，而沉淀下来的转型经验将继续支撑公司的深度转变。

4.5　eBay 平台

边看边练（视频）

如何注册eBay店铺?

一、店铺注册操作

个人卖家只需要登录和认证一个 eBay 账户，就可以开始全球营销之旅。

公司卖家登录 eBay 时须符合下列条件：（1）须是法定登记注册的公司，而且能提交 eBay 需要的任何相应资料；（2）须提供登记注册的工商账号；（3）每一位卖家可以获得一家公司入驻通道账户；（4）申报账户需经过 eBay 卖家账户验证且联结到已确认的 PayPal 账户；（5）有 eBay 客户经理的卖家须通过客户经理申报。

1. 注册 eBay 交易账户

（1）打开 www.eBay.com.hk 或者 www.eBay.cn，单击左上方“注册”按钮，如图 4-62 所示。[①]

---

① 卖家需前往 eBay 中国香港站点注册账户，注册语言为繁体中文。

图 4－62　eBay 首页

（2）在进入 eBay 的注册界面后，注册者可选择申请个人账户或者企业账户，本书以申请企业账户为例，如图 4－63 所示。当设定用户名和密码以后，申请者的电子邮箱会接收到 eBay 发出的一封电子邮件。在网站输入邮件中的验证码后可以进行认证，自动登录账户，如图 4－64 所示。

图 4－63　填写账户信息

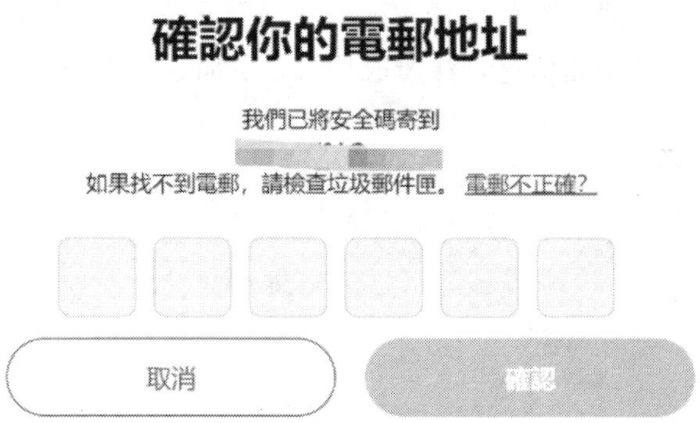

图 4－64　验证电子邮箱

2. 设定收款账户

(1) 联结派安盈账户。在这一步，注册者首先需要绑定自己的手机号码并进行验证，如图 4－65 所示。其次需要联结派安盈账户，如果申请者有派安盈账户，则直接登录即可；如果申请者没有注册过派安盈账户，则需要根据页面提示进行注册（见图 4－66）。

图 4－65　确认手机号码

图 4－66　登录或新建派安盈账户

注册派安盈账户，注册者需根据如图 4－67 所示页面提示如实填写所有信息，其中包括注册者个人信息以及企业信息，注册成功后，页面会跳转回 eBay 平台。

图 4－67　填写企业信息

（2）进行 eBay 和派安盈个人档案同步。注册者确认信息无误后，可点击“继续”按钮进入下一个步骤，如图 4－68 所示。

图 4－68　确认信息

（3）绑定信用卡。在这一步，注册者需要如实输入信用卡信息，与自己的信用卡绑定，如图 4-69 所示。

图 4-69　绑定银行卡

（4）提交注册资料。注册者需根据页面提示上传所需要的注册资料，包括个人以及企业的相关资料。申请者需提前准备好所有资料，以便快速通过审核。

平台审核通过后，申请者即成功注册 eBay 账户。

二、店铺注册注意事项

在 eBay 平台注册店铺需注意以下事项：

（1）登录账户后，需如实填报用户信息。

（2）需采用 Hotmail、Gmail、163 等全球通用的电子邮箱为目标用户邮箱，以保证能够成功收到大量来自 eBay 或国外用户的电子邮件。

（3）需提供一种双币信用卡（Visa 卡、万事达卡），信用卡开设网上银行功能以便利日后使用。

（4）最好在跨境验证以后再进行销售。跨境验证必须提供的基本资料包括姓名材料、私人近照、住址验证材料（住址验证材料要和登记住址完全一致）。

三、申请店铺的具体操作

卖家在开设 eBay 店铺之前，须证明已符合要求：（1）有 eBay 的卖家账户，且已登记信用卡资料；（2）个人信用评分须为五分及以上。

如已符合上述要求，便可立即开设 eBay 店铺。接下来就要确定店铺名称、选择店铺基本外观等。

1. 登记使用 eBay 店铺

eBay 网站的设计意在帮助专业卖家在 eBay 及网络中创造卓越绩效。只要按时支付月费，卖家就可以存取 eBay 店铺工具，并通过这种方法来创建、经营、推广和追踪客户。

卖家通常需要选择一个使用等级，这将决定长期需求和短期目标。另外，还需要选定店铺名称，它也会决定店铺网址。

2. 设定并设计 eBay 店铺

下一个任务是重新设计和自定义店铺，并同时创建店铺品牌。店铺更漂亮、有特色，购买者更容易看到和购买。

（1）当进入店铺选项的界面时，一旦网页呈现为灰色，我们就必须对支付账户做一些调整，如图 4－70 所示。①

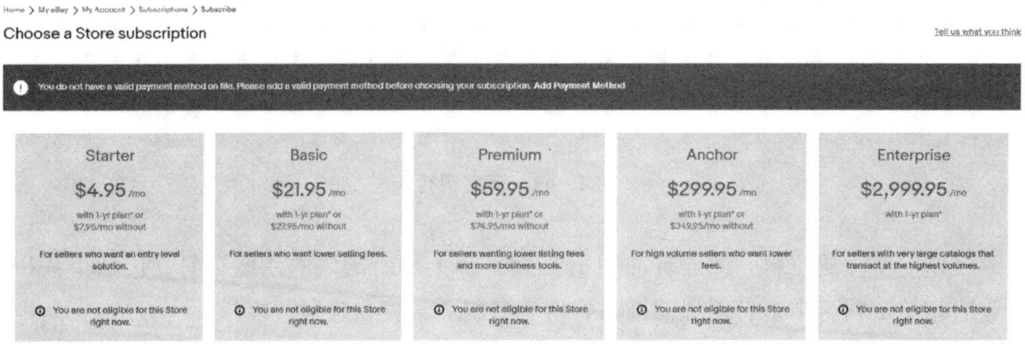

图 4－70　账户注册失败页面

这时需要点击“Add Payment Method”，进入账户信息页面，如图 4－71 所示。

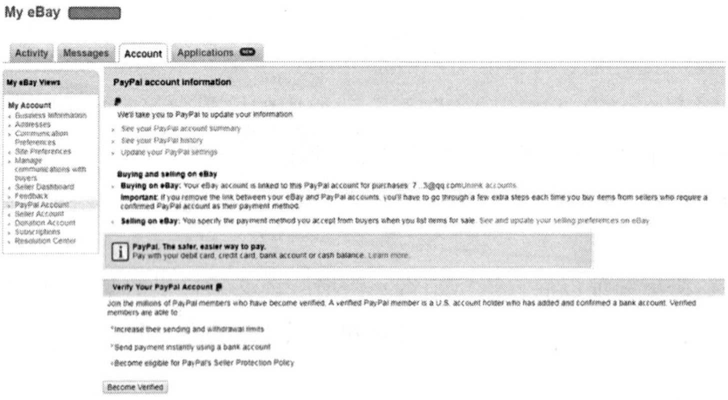

图 4－71　账户信息页面

（2）选择“update your PayPal setting”完成支付设置，如图 4－72 所示。

① eBay 平台中店铺设置语言为英文。

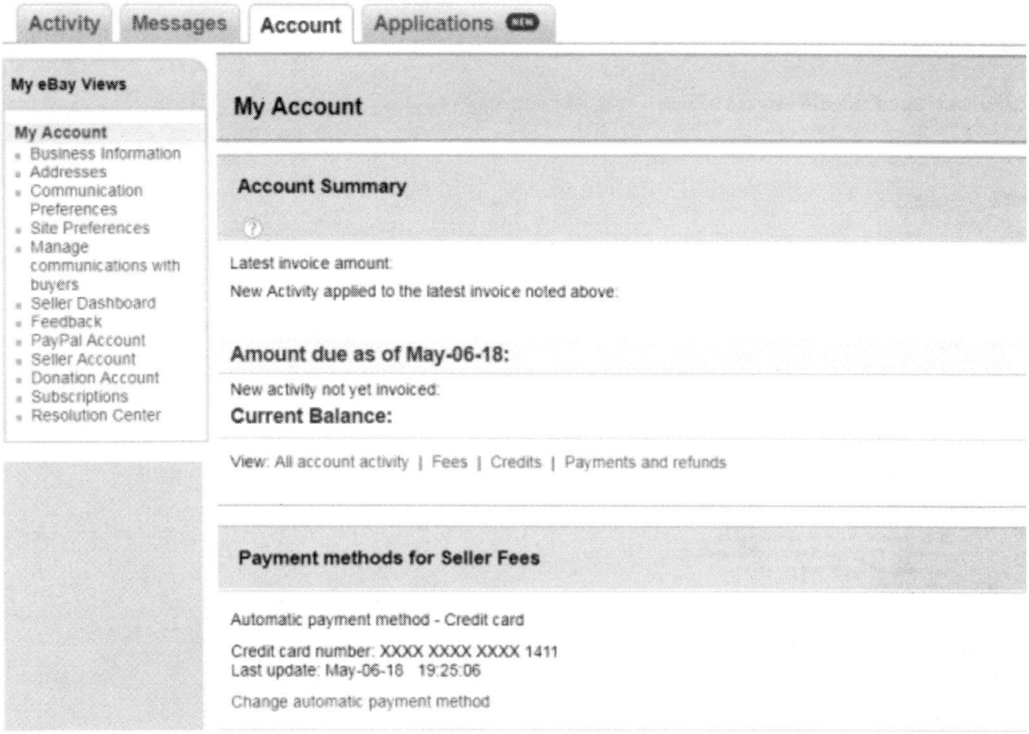

图 4－72 支付设置

（3）在设定完毕之后，可以再次对店铺进行挑选，如图 4－73 所示。

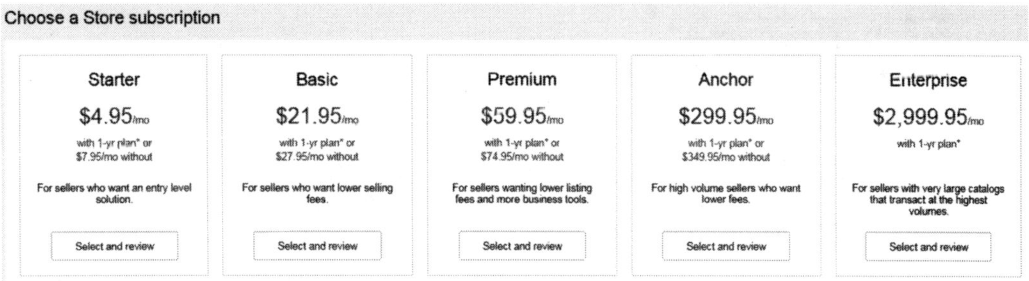

图 4－73 选择店铺类型

（4）选择店铺以及订购方式，并输入店铺名称，如图 4－74 所示。

（5）选择完成并确认，店铺注册成功，如图 4－75 所示。eBay message 中也会立刻收到确认店铺开设成功的邮件，如图 4－76 所示。

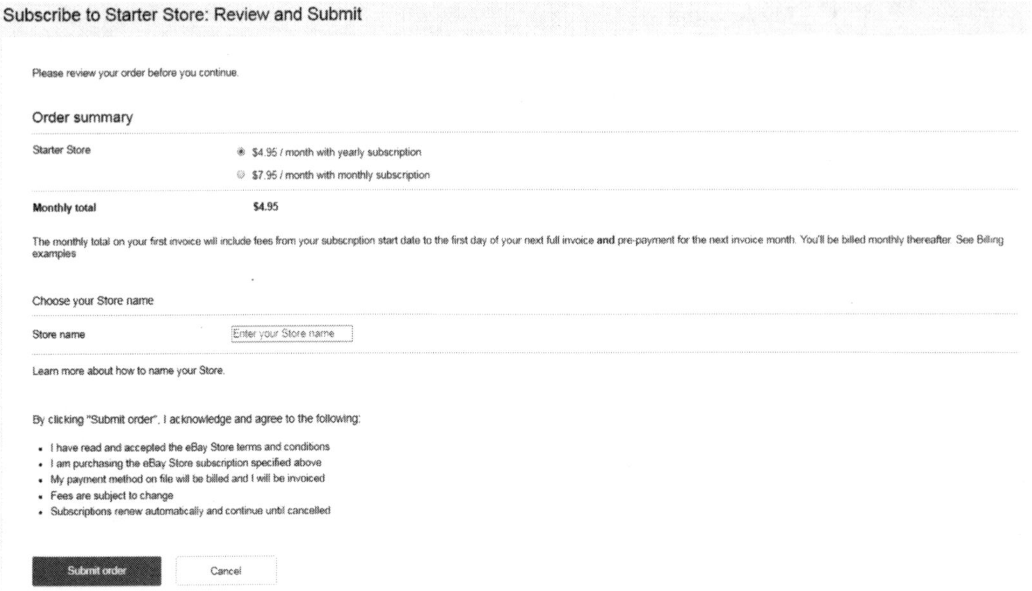

图 4-74　填写店铺信息

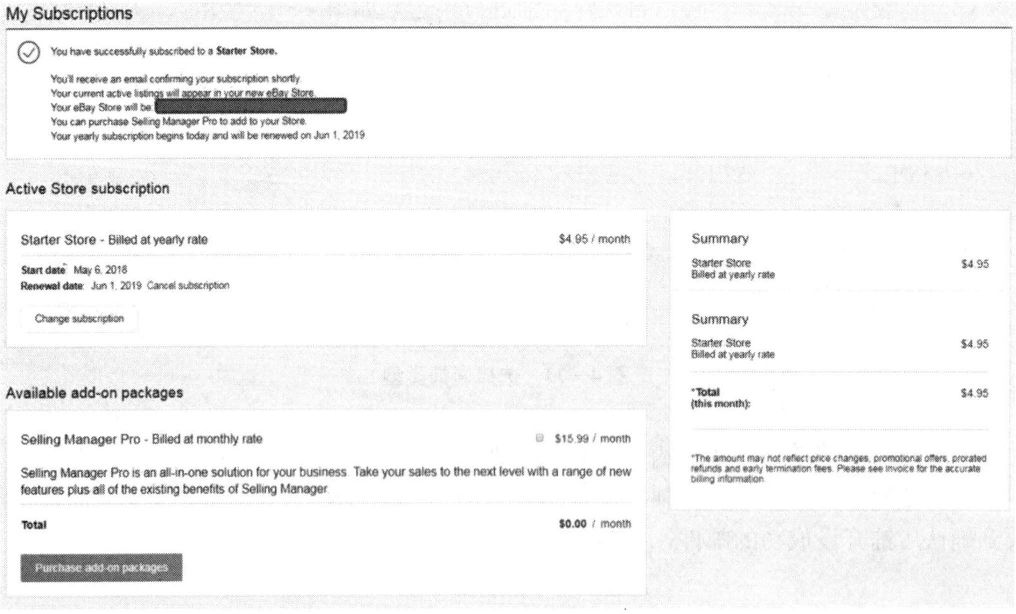

图 4-75　店铺注册成功页面

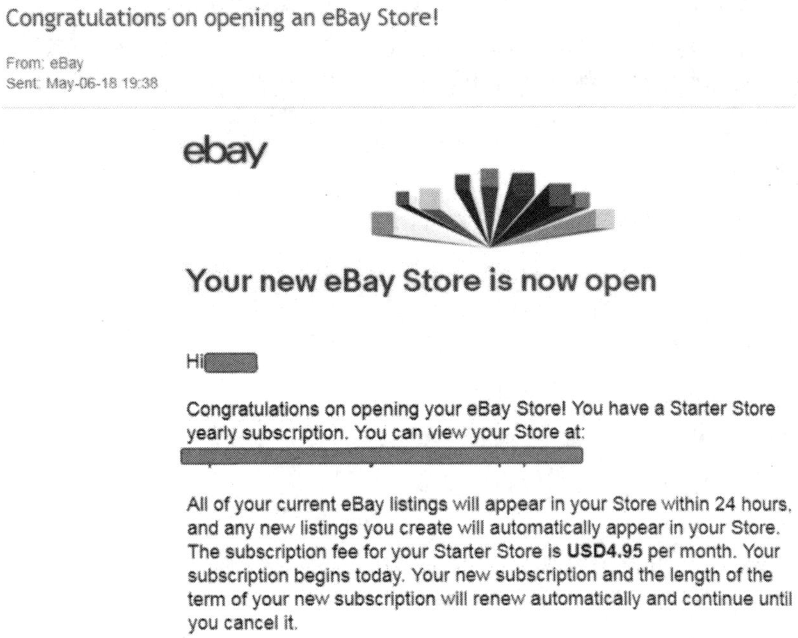

图 4－76　店铺注册成功邮件通知

四、开始刊登商品

店铺已经开设完成，可以开始销售商品了。

1. 刊登规则

卖家在 eBay 平台刊登商品时需遵循以下基本规则：

（1）虽然 eBay 平台的相关政策与规定一般依据各国法律和地区法规制定，但是在特定情形下，相关政策（特别是针对危险或敏感商品的相关政策）也会依照会员的意见以及 eBay 企业的规定确定。

（2）刊登商品前，需先阅读 eBay 的政策，并遵守 eBay 规定以及参考范例，以确保了解在 eBay 平台可以出售和不可以出售的商品（值得注意的是，范例并不包括所有商品）。

（3）进行跨境买卖时，需事先查阅 eBay 的跨境贸易和进口限制的条款。卖家所在国家属于合法的商品，在其他国家却可能是不合法的。

（4）查阅违禁品和管制商品清单，其涵盖了可在特定情况下刊登的商品，以及不可刊登的商品。

（5）查看 eBay 的刊登规则以及知识产权相关规定，确认是否有其他因素会影响到商品刊登的规定。

2. 刊登商品信息时的注意事项

刊登 eBay 商品清单时，若商品信息设置有误或不齐全，不但会影响商品曝光、转化，更严重的还会被强制下架。所以，卖家在刊登商品信息时需注意下列事宜：

（1）添加分类。

①尽量选择 eBay 平台推荐的分类；

②若推荐的分类不符合商品的真实分类，请手动选择与商品最接近、最适合的分类；

③分类或选择错误可能会减少商品的曝光。

（2）标题。

①检查拼写是否准确；

②商品标题中共有 80 个字符，并要求尽量写满，副标题只有 55 个字符；

③根据外国人的使用习惯，建议标题中名词或形容词的第一个字母使用大写；

④请勿输入侵权的词；

⑤请勿输入网址、电子邮箱或电话等之类的信息；

⑥请勿使用“WOW”或者“Look”等词；

⑦请勿使用多个同义词或填写名词复数。

（3）eBay 图片政策。

在 eBay 平台上一共能够免费发布 12 张图片，每次发布必须提交至少一幅商品图片，并满足 eBay 平台的图片政策标准。

①图片需在 500～1 600 像素区间，eBay 服务器最多可以接收 7MB 以内的图片。即图片最长边至少大于等于 500 像素，但不能超过 1 600 像素。当图片大于 800 像素时会附带放大功能。

②图片里不能出现宣传、促销等文字，更不能有边框、底纹及插图，图片只显示商品本身。

③尽量使用纯色背景，以便让买家能看清商品本身，建议不要使用太复杂的背景。

④图片中商品清晰展示，不建议使用模糊的图片，尤其是拍摄时抖动的图片。

⑤尽量让商品放置于图片中间，图片内商品的大小尽量占到整张图片的 80%～90%。

⑥图片最好只放商品主体，不要放一些配件，以免让买家误解。

⑦使用自行拍摄的商品图片，请勿盗图。

⑧考虑到移动端购物流量非常大，图片越多越容易让买家对商品有具体的认识，所以请尽量充分利用这 12 张图片。

（4）多属性刊登。

①eBay 多属性刊登能够提供同一商品的不同细分款，既节约又便捷；

②若细分款价格差异大，则要确保标题和细分款是相同商品；

③所有细分款是同一商品、可交易实物且分类填写正确。

（5）商品属性。

①如实准确填写商品属性；

②全面填写系统提供的默认属性。

（6）商品描述。

①尽量避免复杂字体和过多的颜色；

②重点的字眼可以选择加粗；

③尽量提供详细产品尺寸、参数和配件信息，同时可填写商品使用说明、售后、常

见问题解答等相关信息；

④切勿出现不实描述；

⑤切勿在未经许可的情况下使用品牌商标；

⑥切勿使用中文撰写，买家基本都是外国人；

⑦切勿使用动态内容；

⑧请勿在描述中嵌入电子邮箱或其他外部链接。

3. 刊登商品形式

eBay 平台卖家们可以通过拍卖、一口价或者综合的方式发布商品。不管以何种方式发布的商品，都将自行呈现在网站中；同时卖家们还可以通过“售卖表格”“刊登快手”“专业版售卖专家”等方法来刊登商品。

“店铺长期刊登”是一个只有 eBay 店铺卖家才能采用的额外刊登方式。“店铺长期刊登”类型的文章发表时限较长、发表费用也较少，而曝光率却较高。

五、管理 eBay 店铺

eBay 店铺开张大吉，而且已经开始刊登商品时，卖家应该开始了解如何设置店铺休假，并学会怎样在网站中推荐其他商品。

六、推广 eBay 店铺

如果要保证店铺的人气度，不但需要保证所有购买者都找得到自己的店铺，卖家还需要制造足够的理由让购买者继续光顾店铺。因此，卖家可以通过“减价管理”把指定的东西设置为减价产品；也可以给卖家发送产品电邮，使买方关注到全新产品或发货的产品。

拓展案例

网上卖珠宝，实现创业梦

李勤建在网络上经营珠宝生意，旺季的时候一个月销售额可轻松突破四万元，收益相当可观。现在，她的手下已经有了六七名员工。

网络是像李勤建一样的青年实现梦想的崭新舞台。他们的生存方式丰富、自由，却也富于理想。她的这种小老板身份，与一般人对传统企业老板的理解有着极大的差别，其生意方式似乎更简单，不要求应酬，没有太多的资金，也不要求太多的手腕与心计，而更多的是依靠技能与脑子。

偶然的机会

1999 年，20 多岁的李勤建从湖北省宜昌赶到了北京。尽管北京的机会相对更多，但是对大学学习林业专业的李勤建而言，要找到一个有稳定可观收入的岗位也并不是那么简单。由于当时北京恰逢网络电商蓬勃发展的浪潮，所以李勤建的第一份工作给她的人生带来了一个完全不同的发展轨迹。

李勤建加入了一个专门在网络讲授电子商务的企业，并承担了一系列网站后台的管理工作，比如设置教学、统计学员、缴纳学费，以及教师培训的辅助工作等等，而李勤建也就这么开始接触到了网络。到了2001年冬天，由于互联网泡沫的破灭，电商的定义又刚刚开始重新流行，花钱来开班学电商相关概念的培训也越来越少，最后这个企业与其他数以千计的互联网企业同样遭遇了破产。企业的大股东之一，也就是专门讲授电商课的一位教师，成功盘下了这个企业，带着李勤建重新出发试图真正在网络做贸易。

李勤建也因此开始学习利用eBay向世界各地售卖中国的商品。公司在一开始设立了三个账户，当时售卖的商品主要有三大类：中国织毯、珠宝首饰和仿旧手表。2001年，在eBay上售卖中国特色商品的人还不多，但业务却相对好做，且收益也较高。而负责经营珠宝商品的李勤建也渐渐地从中学到了不少网络营销的技能。事实上电商的参与过程非常简单，先要入驻eBay平台，所有人都能入驻；假如要出售中国商品，eBay网站要对卖家的中国身份加以验证，卖家需要先办理一个国外银行卡——Visa卡，而只要有北京市户籍，几百美元的存款就可达到办卡要求，而且门槛条件也很低。不过当时的网络营销市场已不像之前几年，而且竞争也相当激烈，要想搞得更好，首先商品必须要具备别人所没有的优点，而且同类的商品也要少，其次商品的特点要有利于企业在网络营销，而且产品价格也要相当具有优势。

单飞

因为进入的门槛太低，在做了两年后李勤建思索着，是不是真的可以自己当老板？在2003年6月，正当李勤建还在思索着自己单干后应该做的事情之际，她的另一位好朋友也正有此意。这个好朋友是李勤建之前公司的一位员工，专门负责和客户交易，后来二人一拍即合，共同创办了公司。

她们借鉴了过去企业管理上的一点教训。网上竞争越来越激烈，因为之前李勤建所属的企业货品数量不能达到一定规模，所以产品价格就缺乏竞争力；缺少自己的品牌，缺少设计师，取货也不容易，而且还要通过代销平台的层层盘剥，去掉税费，盈利也就很少了。

她将公司总部的位置选在了新红桥商场边上，这一带是北京市知名的海产品加工和珍珠首饰聚集区，在北京工作的不少外国人也愿意来这里购买物品。她还和一个固定的饰品生产商建立了联系，完全依托于生产商的质量保障和设计师技术，而取件只需下趟楼就可以了。现在，这个工厂百分之五十的销售活动都是由李勤建亲自在互联网上完成的。而宝石饰品的售卖也需要相应的技术知识，包括鉴别。当然珍珠的识别也相对直接、简便，李勤建甚至笑称自己就够了，但是一些饰品从进货时就存在很大的问题。和正式的生产商维持了稳定关系之后，李勤建就将这方面的经营风险转嫁到了工厂头上。此外，由于欧盟地区和美洲的首饰市场对产品设计也十分关注，所以有些常见的材质的首饰只是由于产品设计而价格很高。除工厂的产品设计之外，现在李勤建手下又有几个心灵手巧的小女孩主持着产品设计与制造工作。在李勤建的办公桌上，一半是电脑，一半堆满了各色珠子、宝石等材质，几个年轻的小女孩正按照他们的产品设计要求赶制。

红桥商场周边的珍珠集散企业中，目前只有李勤建的公司可以利用eBay、淘宝网和自己的网络销售；另外还有公司建立了自己的网络，以便于企业用户咨询和订购。李勤建最爱讲的一句话就是：网络的容量是无极限的。

李勤建眼前的打算是多参与几个海外的珠宝展。而下一个计划则是在海外建立分店，先有自己的店铺，然后再发展更多的代理。李勤建招了二位英文好的小姑娘，专门从网站查询海外首饰供货商的名单，希望与他们联系，因为现在海外的许多珠宝商也都从国内供货。李勤建有了更大的志向与打算。

网络上的生财技巧

李勤建的日常生活好像很惬意，有了自己的店，时间比较自由，日常经营好像也不必花费太多的精力，但是她却说自己是个天生的劳碌命，因为她的理想并不是一个月赚数万块钱这样简简单单。而且网络的社会信息量真是太大了，商机也不少，如果想要做好，永远都做不完。她说，自己的生存方法也并不那样单纯，要不停地更换新商品、自拍照片、撰写新产品描述、寻找供货商，甚至在网络上做广告等等，都要花去不少时间。做久了以后就能慢慢地知道一些细节化的生存窍门，比如上货的时机就非常关键，要利用在海外的时间，与国内其他竞争者拉大差距；不同商品的价格要拉开档次，什么是不挣钱而是为了留住顾客的，什么是为了赚钱的，都要算得清楚；又例如在节假日销售，什么是最合适作为礼品送人的，以及选择怎样的包装留住客户，都很关键。

往海外卖东西，最怕的就是不知道什么原因被海关扣货。有一次，某位客人订购了一条珠子项链想当作生日礼物给自己的母亲，但是因为时间快到了却一直收不到货，这位客人十分恼怒，并发出了邮件质问。李勤建虽不清楚是何种因素，但还是立即快递了另一条项链给客人。后来才明白是当地海关扣留物品并进行检验，过了几日客人又收到了另外一条项链，十分感激，并将当中一条原封不动地寄了回去，还成了李勤建的老顾客。后来李勤建也坦言，自己的业务一直做得特别顺。偶尔发现，有些同行在 eBay 网站上的账户被封了，但不清楚是何种原因。她说 eBay 有一定的规定，但只要仔细理解和严格执行，风险就不大。

现在，像李勤建这种年纪还很轻，但毕业后只是利用互联网创业的青年也不在少数，而且还有不少当时还是在校的学生。学生中的不少人，每个月赚到一二万元并不困难。李勤建也赞同，她说："的确，对我而言，我也认为赚到这种数目很轻松。"

本章小结

本章主要详细展开介绍了在全球速卖通、亚马逊、敦煌网、Wish、eBay 这五大平台上注册店铺的注意事项以及具体步骤。

复习与思考

一、单选题

1. 敦煌网规定个人卖家最多只能注册（　　）个账号。

A. 1　　B. 2　　C. 3　　D. 4

2. Wish 是一家来自（　　）的创业企业。

A. 中国　　B. 美国　　C. 德国　　D. 日本

3. 以下关于亚马逊收款银行账户的描述，哪一个是错误的？（　　）

A. 如果美国平台用英国银行账户，亚马逊会预先把美元转成英镑后再存入英国银行账户，反之也一样

B. 亚马逊允许使用个人或公司的海外银行账户

C. 美国、英国平台可以用中国的银行账户收款，英国平台可以用美国银行账户收款

D. 美国平台可以用英国银行账户收款

4. eBay 是最成功的拍卖网站之一，它的拍卖类型属于以下哪一种？（　　）

A. 现场拍卖　　B. 特殊消费品拍卖

C. 企业间拍卖　　D. 普通消费品拍卖

5. 敦煌网规定企业卖家最多可以注册（　　）个账号。

A. 10　　B. 11　　C. 12　　D. 13

6. 在 Wish 平台注册企业账号不需要（　　）文件。

A. 营业执照　　B. 企业法人身份证

C. 银行对公账户　　D. 办公地址

二、简答题

1. 注册亚马逊美国站使用哪个银行卡比较好？

2. 请简述敦煌网的收费方式以及收取的佣金比例。

第5章 跨境电商营销与市场开发

学习目标

- 了解跨境电商营销的定义与功能；
- 了解跨境电商营销的发展历程；
- 掌握全球速卖通、亚马逊、eBay、Wish的营销方法；
- 掌握利用搜索引擎、电子邮件、直播和大数据进行站外营销的方法。

关键概念

站内营销　搜索引擎营销　电子邮件营销　大数据营销

案例导入

近期，中国时尚企业SHEIN达到了1 000亿美元的国际私募市场估值，顾客覆盖了150多个国家，年销售额已达到了110亿美元。按照2021年6月的统计数据，该集团销售额占据全美所有快时尚销售额的28%，差不多是H&M和Zara的总和。H&M和Zara等知名品牌在电商方面投入巨资，但是SHEIN的电商战略更胜一筹。SHEIN的商业模式是基于实时预测快速时尚趋势，垂直整合制造，通过社交媒体影响者进行病毒式营销推广，利用互联网打造出多个“大爆款”，带动顾客大量消费。SHEIN后来居上的成功案例体现出营销对于跨境电商的重要之处。

5.1 跨境电商营销概览

近年来，跨境电商发展如火如荼。2020 年以来，由于新冠肺炎疫情的持续影响，线上消费规模迅速扩张，2019—2020 年欧美及亚太地区主要国家整体电商零售额增幅超过 15%，实现高速增长。欧美地区主要国家，如美国、英国、德国、法国、西班牙等，依托成熟的市场环境，其电子商务生态已经颇具雏形，电商用户渗透率、电商用户数增长率在全球均位居前列。

一、跨境电商营销概述

1. 跨境电商营销的定义

跨境电商营销是指公司在全球的贸易环境中，通过巧妙运用社交媒体营销、搜索引擎营销、电子邮件营销等各类市场营销手法，利用最先进的信息技术及其与网络媒体的交互性，来达成跨境电商营销效果的一种全新市场营销手法。

2. 跨境电商营销的功能

跨境电商营销的功能主要包括以下五项：

（1）企业品牌推广。

跨境电商营销的开展，为企业塑造品牌形象并进行宣传带来了有利条件。过去企业培育了网络品牌之后，信息传播只能通过第三方信息平台、自身网站两种渠道进行，品牌推广效果欠佳。在移动互联网背景之下，跨境电商实现了快速发展，为企业推广品牌带来了更广的渠道，如可以利用企业 App、社交媒体等。品牌建设与推广工作的有序推进，能够为企业带来大批忠实的用户，再加上用户宣传工作的开展，还会持续吸引新用户的加入，实现用户裂变。

（2）信息发布。

跨境电商营销的基本做法是把跨境电商公司的产品信息通过网络发送给目标消费者。公司利用内部资源发布信息的主要途径包括：公司网页、企业 App 等；公司利用外部网络资源发布信息的主要途径包括：借助企业合作伙伴进行推广，利用网络广告、短信订阅等途径实现企业营销内容的有效传播。在信息发布之后，公司还能够通过积极跟踪客户情况，获取有效的信息反馈，从而提升推广传播的效果。

（3）网上调研。

通过设计在线调查问卷和发送邮件等方法，公司能够借助互联网开展调研，掌握用户喜好，协助公司提升自身的产品质量和业务水平。相比于常规的调研，网络调研有着高效率、低成本的优点。

（4）促进销售。

跨境电商营销的根本目的是提高企业利润，而提高盈利水平的途径往往是提高销量。因此，各大跨境电商公司往往通过优惠券、消费满减、积分兑换活动等宣传活动进行促销。

(5) 维系客户。

建立并维护良好的客户关系是跨境电商营销的重要环节。良好的客户关系对开发客户的长远价值有着重大意义，以客户关系为核心的成功的市场营销是公司获取竞争优势的关键战略。各电商卖家可以利用电商平台与客户开展交流，并通过邀请客户参加产品和业务设计会议等方式加强客户和公司之间的情感联系，通过对消费等级较高客户开放更多权益等方式维持客户的忠诚度。

二、跨境电商营销发展历程

纵观跨境电商营销的发展历程，可分为以下六个阶段：

1. 电子邮件营销

电子邮件营销（e-mail direct marketing，EDM）是较早的外贸销售方式，出现于20世纪70年代。到了20世纪90年代中期，互联网浏览器的崛起带动了电子商务邮件的迅速发展，电子邮件营销被广泛利用。电子邮件营销技术具有信息传播速度快、不受时间与空间的约束、针对性强、成本低、传达的信息内容丰富等优点。

2. 展会

20世纪90年代初，展会营销方式在我国外贸企业获取用户方面发挥了较为显著的作用。参加商业展览会时，企业广泛发放产品宣传单和名片，以触达客户，在展览完成后主动跟进客户动态，促成订单。在中国加入WTO以后，越来越多的境外客商来到中国，展会规模一再扩大，并带动了展会周边宾馆、餐饮和旅游服务业的发展。到1997年，中国展会经济基本成熟。如今，展会仍然是十分重要的外贸销售手段。企业通过展会可实现同时与多个专业用户见面，在现场进行高效互动。

3. 搜索引擎营销

电子商务的核心内容是引流，而引流的核心渠道就是搜索引擎营销。搜索引擎营销（search engine marketing，SEM）是指全面、高效地运用搜索引擎技术来开展网络营销与宣传活动的策略。搜索引擎营销的主要目标是性价比最大化，即以尽量少的投入获取最大化的经济价值。

4. 社交媒体营销

2008年，社交媒体营销（social media marketing）实现了突破式发展。社交媒体就是人们可以借助于分享感悟、撰写文章、点评、交流等而进行彼此交流的网络和技术工具，如微博、微信、视频平台等。不同的社交媒体在引流效果、停驻时间、转化率性价比、平均客单价上都存在差别。企业应当恰当地利用多种社会媒体，从而实现增加产品知名度，增加公司销量和效益的目的。

5. 再营销技术

再营销技术（remarketing）是由Google AdWords开发的针对已经访问过网页的用户进行再销售的广告手段。网页转换率一般不到5%，也就意味着95%的用户并没有进行购买。客户未完成订单的理由是多种多样的：可能是客户还没有考虑好是否购买商品，也可能是客户还需要再研究一下其他的同类可替代商品，还可能是客户并不强烈需要此商品。对于前两种情况，跨境电商卖家再次在用户面前展示商品与品牌能够提高转换率和提升品牌形象。

6. 整合营销

随着互联网的兴起，新的营销方式应运而生，企业需要根据实际情况整合多种营销方式，而非采用单一的营销方式。企业还需根据环境对整合营销方案进行及时的调整。

5.2 跨境电商站内营销

一、全球速卖通的营销推广

全球速卖通是淘宝网下设的跨境电商平台，用户遍布世界各地，被人们亲切地称为国际版淘宝。这一平台主要服务于其他国家的商家客户，在交易担保环节运用的是支付宝国际账户，运输与发货是通过国际物流渠道完成。在世界范围内所有英文在线购物网站中，规模与影响力排名第三。全球速卖通官网首页如图 5 - 1 所示。

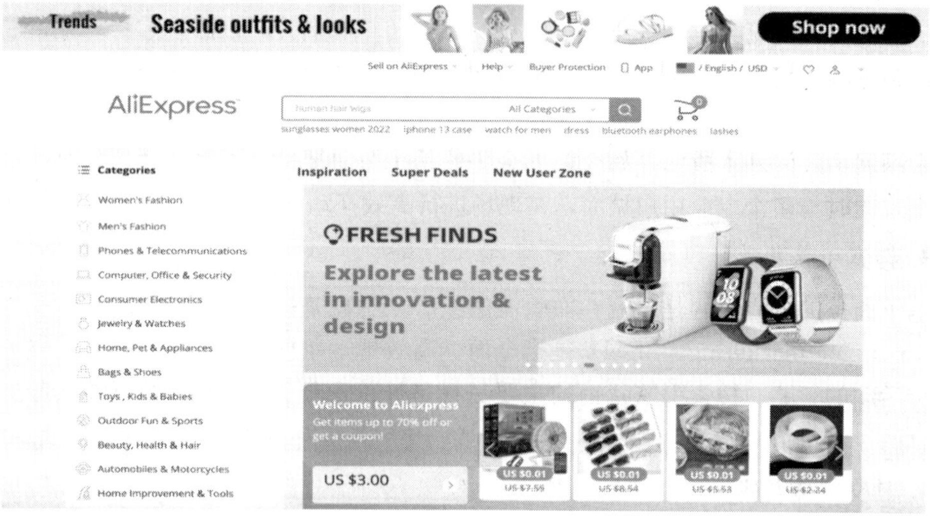

图 5 - 1　全球速卖通官网首页

1. 直通车

(1)“直通车”的操作流程。

全球速卖通平台卖家登录后，可以在“直通车”后台设置关键词，参与优先位置竞价，通过争取大量曝光吸引更多潜在客户。买家从“直通车”中选取自己中意的产品后，“直通车”则要向卖家收取相应的费用，点击量越高，费用也越高。如图 5 - 2 所示，浏览商品界面底端的商品推荐即为“直通车”。

图 5－2　全球速卖通“直通车”

（2）“直通车”的规则。

① 前台展示规则。

“直通车”前台展示区主要有两大部分：一是居于界面右侧的推广区，推广位数量为 5 个，以展示推广评分为依据把产品划分为两种，即“优”品、价格竞争力较强产品；二是居于界面底部的推广区，推广位数量为 4 个，以展示推广评分为参照把产品划分为两种，即“良”品、价格竞争力较强产品。

② 排序规则。

图 5－3 介绍了“直通车”在排序方面会受到哪些因素的影响。从优先级方面看，推广评分比出价高。推广评分需要考虑的因素比较多，例如产品质量、产品关键词准确度、买家认可度、账户质量等。要想在推广区展示自己的产品，卖家产品的推广评分要达到“优”的标准。

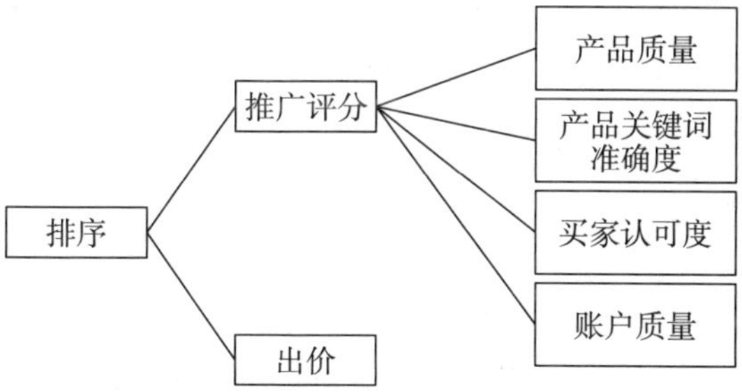

图 5－3　“直通车”排序的影响因素

③扣费规则。

在收费方面以点击量为依据。由于这是一个面向境外市场的网购平台，在收费时把中国用户的点击量排除在外，也不考虑无效重复点击。具体扣费额主要取决于卖家的定价、推广评分，通常情况下，扣费额度不会超出定价。

（3）“直通车”的推广流程及策略。

①选品。

正确选择推广的产品至关重要，热销产品能够持续为店铺引流，达到事半功倍的效果；如果推广的产品选得不好，则会事倍功半。流行趋势选品策略和数据化选品策略都是比较常用的选品策略。

②选取关键词。

关键词是“直通车”推广的关键，关键词的数量和质量在很大程度上影响着“直通车”的推广效果。数量指用尽可能多的关键词描述产品，质量指关键词和产品匹配的精确程度。关键词一般由产品所属类目词与产品属性词共同构成。产品所属类目词指产品具体所属的类目，如生鲜类目、女装类目、数码类目等，产品属性词指用户具体描述产品的属性的词语，如裙子包含半裙、连衣裙等。在全球速卖通中使用关键词工具有两种方法，一种是“自上而下”法，另一种是“自下而上”法。

“自上而下”法是指确定好行业和具体类目后，运用全球速卖通所提供的关键词工具从上至下排序过去 30 天的搜索热度，选取关键词并注意排除与产品匹配度较低或为 0 的关键词。该方法具有两个优点：一是所选用的关键词都是行业内搜索热度靠前的词语，在推广评分中具有优势；二是关键词与产品匹配度高，可在很大程度上避免非意向买家的无效点击，在减少不必要的支出的同时提高了转化率。该方法也存在一定的缺陷：一是一个关键词一般仅限于推广一个产品，若一个关键词被多个推广计划使用，就会造成推广计划统计数据与实际情况不符；二是关键词热度越高，价格自然就越高，竞争也比较大，而恶性竞争不利于卖家的发展。

“自下而上”法是指，在日常运营中，卖家会趋向于选择搜索热度比较高的关键词，但这些词语的竞争度以及出价也会比较高，这时候我们可以采用“自下而上”法挑选一些处于“搜索热度适中、竞争度极低”状态的关键词。合理利用这些关键词有助于避开激烈的竞价竞争，大幅降低“直通车”推广成本。

在实际运营推广过程中，卖家应合理地将两种方法结合使用。

③出价。

完成选取关键词步骤后，下一步就是“直通车”根据卖家设置的关键词词性、产品不同推广阶段、点击效果进行出价，主要的出价管理方法包括根据关键词的匹配度出价和根据不同推广阶段出价。

2. 店铺自主营销活动

（1）限定折扣。

买家在需要使用折扣工具时，如果其购物车、收藏夹中已经存储了一定的产品，系统就会向买家发出提示，诱导顾客下单已收藏或已加入购物车的产品，卖家的订单成交率由此提升。系统向卖家的产品促销价提出要求，必须要低于最近 90 天均价。同时，卖家对于折扣的使用也存在着时间与数量的限制。

（2）全店铺打折。

全店铺打折的对象是店铺中的所有产品，卖家在进行全店铺打折前，必须计算清楚所有产品的折扣，掌控好利润，同时还要注意时间的设置，因为全店铺打折活动一旦处于等待展示阶段，便不可修改。

（3）店铺满立减。

类似于全店铺打折，店铺满立减也是对店铺中的所有产品实施促销活动。如果买家从该店铺中购买产品的总额达到了卖家设定的满立减额，支付时系统就会自动实施扣减，并从所需支付的总金额中扣除优惠额度。这种促销活动的实施，使得买家为了获得更多优惠而增加产品购买量。

（4）店铺优惠券。

运用店铺优惠券方式时，卖家不仅向买家发放优惠券，而且设定相应的使用条件。获得优惠券之后，买家可以在规定时间内使用，由此产生提高用户黏性、增加消费、引流等效果。通常情况下，店铺优惠券使用条件包括订单达到多少额度可以使用、使用期限等，也可以设为无条件使用。

3. 其他营销方式

（1）联盟营销。

联盟营销，是指卖家在投放广告时可以采取多种渠道，例如电子邮件营销、搜索引擎营销等，也可以与其他平台合作达到引流的效果。实施联盟营销，如果不成交，卖家不需要付费，付费额与营销效果有必然联系。

（2）平台活动营销。

平台活动营销是平台向所有卖家提供的免费推广活动，会在营销中心选项中对每一期组织怎样的平台活动进行介绍，卖家接收活动信息之后，可以从自己的店铺中选择符合条件的商品并向平台提出申请。入选后，在活动推广页面中就会出现相应的商品，有利于吸引大量顾客。平台活动涉及整体大促销、常规促销、主题活动等，最常见的就是“双十一”促销活动。

二、亚马逊的营销推广

亚马逊公司位于西雅图，是美国所有电商企业中规模最大的一家，该公司在电商行业的发展起步较早，于 1994 年正式成立，不仅有着丰富的商品类型，而且拥有数量较多的网络零售商，在全球互联网企业中排名第二。互联网电影数据库、a9 等都是其子公司。亚马逊于 2012 年正式上线了跨境交易平台，成立不久之后就实现了快速发展，在一年之内实现了 64%的产品增长率。与全球速卖通相比，亚马逊准入度较高，在产品品质及品牌口碑等方面提出了较高要求，其客户基本为注册企业。亚马逊官网首页如图 5－4 所示。

图 5－4　亚马逊官网首页

1. 黄金购物车

亚马逊中的“黄金购物车”，是所有卖家都希望拥有的，能在单个商品页面中看到，居于页面右上方。买家在挑选产品时，“黄金购物车”位于最醒目的位置。买家点击“加入购物车”按键，就会自动将获得“黄金购物车”店铺的商品加入购物车。此类店铺必定能获得较多的关注，订单数量也高于普通卖家。

亚马逊的平台门槛高，对所入驻的企业要求也较高。“黄金购物车”不是随意设定的，是亚马逊对诸多优质卖家进行对比之后做出的选择。获得“黄金购物车”的条件如下：在亚马逊平台中的销售记录最低为 2 个月；要有较高的等级，送货评级比较高，缺陷率不得超过 1%，属于特色卖家；产品状况必须崭新、完好；产品库存应相对充足，不能缺货。即使卖家达到了这些条件，也只有 70%的概率能获得“黄金购物车”，可谓优中选优。

2. 广告活动

(1) 付费商品广告。

付费商品广告是常见的广告类型，广告会在移动端和电脑端同步显示，只有拥有“黄金购物车”的卖家才可创建付费商品广告。付费商品广告包括自动广告和手动广告：自动广告是指亚马逊根据卖家的产品信息来投放卖家广告，这种广告曝光度高但不够精准；手动广告需要卖家自己设置关键词，只有当用户搜索对应的关键词时卖家的广告才会展示。

(2) 标题搜索广告。

在亚马逊平台进行搜索之后，结果页面顶端即为黄金展示位置，是所有卖家的必争之地。亚马逊把标题搜索广告设置于这一区域之中。这种广告方式有着较高的曝光率，宣传效果明显好于其他搜索结果，而且具有图文并茂的优势。从 2017 年 8 月开始，该广告功能开始向第三方卖家用户开放。通过该广告，卖家可以把要销售的商品展示在黄金展示位置，店铺曝光率将在短期内显著提高，品牌影响力与销售额都将发生积极改变。

可以采用以下技巧进行标题搜索广告的优化：

①选择正确的关键词。卖家在设置关键词时，应选择正确的关键词。系统会推荐一些关键词，并会显示每个关键词的流量，卖家要对关键词的流量进行分析，并选择适合自己商品的关键词。

②根据预算选择关键词。标题搜索广告的关键词是通过拍卖来定价的。一般来说，对于流量低的关键词，其竞标对手比较少，因此更容易赢得竞价。如果想要获得流量高的关键词，卖家就需要提供具有竞争力的出价。

③卖家应选择与自己的商品高度匹配的关键词。广告标题要与商品关键词高度吻合。标题中可使用“Buy Now”或“Save Now”等号召性的词语，但不能使用诸如“＃1”或“Best Seller”等未经证实或不具代表性的词语。

④对广告进行测试。在对广告进行测试的时候，卖家可以建立多个广告系列并同时运行，根据测试效果对其中的变量进行调整，最后根据自己的业务目标和测试结果设定适合自己的广告创意。

⑤充分利用系统工具。亚马逊系统提供的报表工具中，统计了广告点击次数、广告费用、广告产生的销售额等数据，实现了对卖家广告效果的跟踪，卖家需密切关注这些数据，以便及时调整营销推广策略。

（3）商品展示广告。

商品展示广告明显不同于前两类广告，拥有更多展示位置，除了能在商品详情页底部、侧面展示相应的广告信息，还可以在优惠信息页面、买家评论页，或亚马逊以外的网站展示广告信息，甚至有可能把广告信息推送至竞争对手的商品详情页中。以这种方式进行广告宣传，在投放广告时不以关键词为基准，而要重点考虑买家兴趣、商品详情。这意味着卖家能根据自己对买家兴趣的了解向他们投放特定商品，目标受众定位精确度较高。

3. 促销活动

亚马逊平台内的促销活动主要包括秒杀活动、满减活动和周期性促销活动。

（1）秒杀活动。

秒杀活动是指在促销页面上展示商品，在短时间内降低商品价格。亚马逊规定，参与秒杀活动的商品必须是新商品，且采取 FBA 配送或自有配送方式。秒杀活动既可以增加商品的曝光率，又可以大幅度带动商品销售。

（2）满减活动。

满减活动即订单金额满足卖家设定的金额要求后，买家便会享受到给定的折扣比例，是众多跨境电商都会采取的普遍性营销活动。

（3）周期性促销活动。

国内每年会有新春特惠、“双十一”促销、国庆大促等促销活动；海外也存在如感恩节、情人节的季节性、周期性促销活动。此类营销活动存在如下运营技巧：

①进行周期性促销的商品必须与时令高度相关，且应根据不同时间特性进行合理规划。

②卖家需准备好足够的库存商品。

③卖家应实时把控促销情况，以便及时调整预算，保证促销活动的正常进行并带来一定的正向收益。

三、eBay 的营销推广

eBay 是一个线上购物网站，也可以进行线上物品拍卖。eBay 创立于 1995 年 9 月，位于加利福尼亚州圣荷西。登录 eBay 平台之后，用户就可以出售自己的商品。该平台商品更新速度比较快，每天都能达到数百万条商品更新信息。买卖双方的资金流通借助 PayPal 快捷支付方式完成，每年交易额达几百亿美元。eBay 之所以受到交易双方的青睐，是因为该网站准入度低、支付与销售方式较为灵活，能获得较高的利润。eBay 官网首页如图 5-5 所示。

1. 促销管理

eBay 跨境电商平台中的优惠活动主要包括：

图 5－5　eBay 官网首页

（1）订单折扣。

订单折扣是指当买家本次订单的总金额达到了卖家所设置的金额要求时，即可享受给定的折扣比例。订单折扣这种促销方式既可用于全店铺商品的促销，也可具体运用于一种商品或一组商品的促销。

（2）运费折扣。

除了订单折扣，eBay 中的运费也可以设置折扣，甚至可以免运费，许多店铺购买两件以上商品时可免运费。

（3）优惠券。

在向用户发放优惠券时，卖家可以采取多样化的方式：直接以电子邮件的形式把电子优惠券的链接发送给用户；在店铺醒目的位置呈现优惠券，用户进入店铺之后能轻而易举地领取；在社交媒体网站平台中发布优惠券信息，用户领取优惠券之后可以挑选商品，购买时系统能自动为其提供优惠之后的价格。

（4）降价促销。

降价促销是指设计折扣页面时，该页面中的商品都是当前降价促销的商品，点击商品链接之后即可进入详情页，进而了解商品具体信息。卖家也可以灵活地把各种商品进行组合，以达到增加销量的目的。

（5）捆绑销售。

确定主商品之后，可以以此为核心对其他商品进行捆绑。例如，买家到某一店铺购买项链，最初并没有计划购买头饰、耳环等，但商家却将这些商品与项链搭配销售，购买某一商品组合时能享受到折扣价，买家就会被优惠政策吸引，购买另外几种商品。

2. 付费广告

付费广告是一种典型的站内推广形式，对德国、美国、英国、澳大利亚四国站点提供支持，能让平台中的卖家商品有理想的曝光度。eBay 利用大数据技术记录买家搜索信息，把符合买家兴趣和需求的商品推送至页面最引人注目的位置，商品可见性由此提高。

商品交易成功之后，平台收取商品价格的 1%～20%作为佣金。

3. 电子邮件营销

eBay 设置了电子邮件营销功能，以电子邮件的方式营销，卖家品牌的知名度能有效提高，可以长期与用户保持紧密联系。卖家及时把电子邮件发送给买家，可以使买家了解到自己目前正在实施的促销活动，既可以把链接、视频等能介绍商品与促销活动详情的内容提供给买家，也可以讲述品牌故事。然而，卖家是否会查看邮件，主要取决于邮件的标题是否吸引人。采用电子邮件营销时，卖家一定要站在买家立场分析问题，把高价值的邮件提供给他们，避免自己的邮件被买家当成垃圾信息，以免产生不良影响。

四、Wish 的营销推广

Wish 属于 B2C 跨境电商平台，借助 App 运行。该平台中商品类型与数量都比较多，包括礼品、珠宝、服饰等，这些商品的生产地基本为中国。Wish 不同于其他平台，弱化了搜索与浏览的重要性，把促销环节进行删减，在智能分析技术的辅助下精准地把消费者需要的、感兴趣的商品推送给消费者，在实现营销目标的同时，提升用户体验。

Wish 平台推出了能把后台算法与卖家数据相整合的产品推广（Product Boost，PB）工具，意在促进商品流量的增加。这一工具的运用能把某一商品打造成爆款，从而使得商品的展示排名比较理想，能产生快速引流的效果。然而，其不能覆盖所有商品，只能运用于一些系统能检测到的用户需求量较大的商品。

PB 工具在推广商品时，根据关键词设定推广规则，在关键词搜索方面有较高的精准度。在收费方面明显不同于其他电商平台，以千次展现量为参照付费。

PB 工具可为店铺快速引流，卖家应有效利用这一工具来提高商品的转化率。日常使用 PB 工具进行商品推广时，主要遵循选品、关键词设置、产品竞价和推广活动优化的流程。

（1）选品。

PB 工具在选品环节设定了严格标准流程：必须是一些在另外的跨境电商平台已经有了较高知名度的商品；能引领时尚发展、需求量较大的商品；一些没有在市场中大量销售的商品；拥有大流量的商品；能给消费者带来新奇感的商品；在价格与质量两方面都有优势的商品。

（2）关键词设置。

卖家应在避免出现关键词拼写错误的基础上，使关键词能尽可能准确地描述产品。卖家可以在工具的辅助下确定关键词。例如，借助于 Google AdWords 工具确定需要推广的商品，在此基础上设定关键词，通常为 10～15 个。卖家可以到 Wish 用户端进行调查，了解平台在销售商品时消费者对哪几个关键词有着较高的认同度；卖家也可以登录另外的跨境电商平台，了解这些平台的产品分类情况、关键词设定情况，在借鉴的基础上利用工具设定合理的关键词。

（3）产品竞价。

在设置 PB 工具产品竞价时，卖家要多次进行测试，其目的就是要获得最合理的价格。最初测试要设定较低的价格，根据商品在市场中的竞争力对价格进行调整。在后续销售过程中，以流量转换与关键词排名情况对竞价进行提高或降低处理。

（4）推广活动优化。

每个星期，卖家都要对流量进行统计，留意店铺在组织促销活动时关键词具备怎样的排名，而且根据统计中发现的情况对关键词进行调整，从整个行业入手对商品销量予以关注，由此调整商品推广方式，或是可以加大推广力度，以实现流量增加。

5.3 跨境电商站外营销

一、搜索引擎营销

搜索引擎营销是指结合用户在使用搜索引擎时形成的习惯，以合适的方法调整关键词搜索结果的排名，实现排名提升，吸引更多用户点击商品链接，由此产生良好的促销效果，让品牌曝光度实现提高。此类营销方式是先要让用户获取信息，然后进入相应的网页浏览商品信息。近20年来，伴随互联网的不断发展，搜索引擎技术也愈发精进，搜索引擎能够帮助我们快速、准确地获取信息。

1. 搜索引擎工作原理

（1）网络爬虫。

我们能够通过搜索引擎快速地获取所需信息是因为搜索引擎已经预先收录海量信息。搜索引擎如何在浩瀚的互联网中抓取信息呢？搜索引擎又是用何种方式将数以亿计的互联网用户产生的信息进行收录的呢？

搜索引擎的信息获取与网络爬虫息息相关。网络爬虫亦称网页蜘蛛，以自动化的方式、在特定规则的约束下从万维网中抓取脚本或信息程序。搜索引擎的运用，派生出数量较多的网络爬虫持续不停地访问各个网页，并将从网页中获取的信息带回数据库。这些网络爬虫可以从浏览器的搜索工具栏进入，爬行到各个网页，然后顺着网页的超链接进入下一个网页，这样不断地爬行，不断地抓取。因为有些网页信息量很大，网络爬虫只会去抓取网页中的标题、描述、关键词等有价值的信息。所以，如果希望网站的大部分网页信息都被网络爬虫抓取，就不能把网页设计得过于冗长、繁杂。

被网络爬虫抓取回来的信息杂乱无章，数据分析系统采用关键词描述之类的方法整理信息，将其归总为不同的类型且实施压缩，并编辑到索引之中。也有一部分信息在抓取之后发现是没有意义的，要果断地将这些信息舍弃。这样一来，能出现在搜索结果中的信息，都是提前经过编辑且存储于索引中的。用户输入关键词之后，搜索引擎进行分析并为用户提供最合适的结果，进行呈现。

可见，搜索引擎按照获取链接—抓取网页信息—数据分析—建立索引库这样的流程工作。

（2）抓取网页信息。

网络爬虫在抓取互联网中的海量信息时存在一定的逻辑与策略：

①深度优先策略。网络爬虫在某网页发现链接时则顺着此链接爬行进入对应网页，而后在所进入网页中发现另一链接则继续爬行，如此顺延按照链接依次深入爬行。

②宽度优先策略。网络爬虫先将所在页面中所有链接的信息全部抓取，然后再抓取下一个页面中的全部信息。

③权重优先策略。网络爬虫多数情况下综合使用深度优先策略和宽度优先策略，并且会考虑链接的权重。对于权重较高的链接，会采用深度优先策略；对于权重较低的链接，则采用宽度优先策略。网络爬虫根据链接的层级高低及这条链接拥有的外链数量和质量来判断该链接的权重，一般层级太多的链接不会被抓取。

④重访抓取策略。前一天网络爬虫抓取过某一网页，但该网页在一天后更新了信息，网络爬虫则会继续到网页中抓取新信息。可以将重访抓取划分为两大类：一是全部重访，即网络爬虫之前已经对网页进行抓取，但后续某一天再次对该网页进行重新访问且实施抓取。二是单个重访，只是局限于一些稳定性强、信息更新比较及时的网页，如果网页很久不更新，网络爬虫访问过几次发现网页信息一直没有变化，它就不会再来访问了。一般来说，网络爬虫会隔一段时间来访问一次，如隔月访问一次，或者等全部重访的时候再访问一次。

（3）数据分析。

网络爬虫将网页信息抓取后，数据分析系统就开始进行数据分析。数据分析系统一般会通过以下几个步骤来处理网络爬虫抓取回的网页信息：通过网页结构化，删掉全部HTML代码，仅提取出信息；通过消噪，留下网页的主题内容，删掉没用的信息；通过查重，查找并删除重复的网页与信息；通过分词，提取出正文信息，把信息分成多个词语并排列起来，存入索引库，同时计算这个词在该页面出现的次数；通过链接分析，统计出该页面反向链接的数量、导出链接的数量及内链的数量，然后赋予该页面一定的权重。

（4）建立索引库。

完成数据分析后，这些经过处理的信息就会被放到搜索引擎的索引库中。

2. 搜索引擎营销模式

如今，用户能在互联网中获取海量信息，在使用搜索引擎时耐心逐渐变差，大部分用户在获得搜索结果之后只是仔细查看前几页内容，如果连续查看了几页依然没有自己想要的结果，就会对关键词进行调整，也有些用户索性更换搜索引擎。为了获得用户更多的关注和点击，继而带来更多的商业机会，运用搜索引擎营销，能让自己的网站在搜索结果中有着较为理想的排名。

以下以阿里巴巴国际站的搜索引擎营销为例进行说明。

（1）流量来源。

阿里巴巴国际站的曝光流量主要分为自然流量、付费流量、信保流量、采购直达流量四部分：自然流量又称免费流量，指在阿里巴巴国际站通过打造优质排名获得的流量；付费流量指卖家通过外贸“直通车”直接以出价方式获得排名，将产品展示在阿里巴巴国际站平台上获得的流量；信保流量指卖家通过完成信保订单，彰显信用，被系统选入阿里巴巴国际站精品商城获得的展示流量；采购直达流量指卖家通过进入阿里巴巴国际站采购直达市场浏览求购信息，主动出击发起报价后获得的流量。

（2）影响搜索排名的因素。

搜索排名主要是买家需求的体现，因此阿里巴巴国际站的搜索排名也是从买家角度出发逐步进行筛选后做出决策的，目标是让买家快速高效地找到合适的产品、卖家或者资讯。影响搜索排名的因素如下：

①商业因素：包括卖家是否付费会员，产品是否橱窗产品，以及企业认证信息完整度、企业年限等。

②信息质量：涉及产品标题、属性、图片，以及交易信息、物流信息等。

③信用保障及交易：包括交易中是否使用了信用保障服务，交易时间、额度、记录，以及信用保障订单数量等。

④作弊行为：包括是否存在重复铺货行为，是否存在恶意类目错放行为等。

⑤供应商因素：涉及零效果产品清理情况、店铺转化率、对买家咨询的回应速度等。

卖家可以通过“产品管理”→“搜索诊断”→“排名查询工具”看到自己产品的排名情况。

（3）搜索引擎营销方式。

①竞价排名：关键词排名需要由卖家购买，按点击量付费。只有卖家付费了，网站才能出现在搜索引擎库之中，排名是否靠前主要取决于付费额度的高低。对于每次点击付费的价格，卖家可以自主设定，对自身在关键词搜索结果中的排名情况进行调整，而且灵活合理的关键词可以使具有不同产品购买意向的买家都能搜索到自己。

②购买关键词广告：购买关键词广告可以把卖家发布的广告呈现在搜索结果页面中，卖家结合自身营销需求对关键词进行调整，能产生把广告投放于多个页面之中的效果。

③搜索引擎优化：优化网站甚至重新设计网站，目的是在搜索结果中让自己的网站能有理想排名。对搜索引擎进行优化，涉及图片、代码、关键词、内容、链接等方面。

二、电子邮件营销

1. 电子邮件营销的含义

电子邮件营销是指企业把电子邮件发送给目标客户，为自身与这部分客户进行沟通创建渠道，以直接的方式把广告及其他信息推送给客户，也可以开展市场推广、组织市场调查等，文本、图片、动画、音频、视频、超级链接等都可以投递。以这种方式与目标客户交流，可以产生良好的销售效果。卖家可以通过分析目标客户对电子邮件的点击行为来获取销售线索。

2. 电子邮件营销的相关概念

（1）打开率，即电子邮件被打开的数量与发送的电子邮件总数的比率。为了追踪电子邮件打开率，在发送电子邮件时会把微型图片置于其中，然而，由于服务商会对图片进行拦截，一般不能显示该图片。

（2）点击率，即点击数和电子邮件打开数（注意不是总数）的比率。这个参数非常重要，因为电子邮件营销的目的就是吸引客户访问卖家的网站。

（3）送达率，即在电子邮件发送总量中客户接收到的邮件占比。有些电子邮件会被投入垃圾邮件箱或因收件人不详而被退回。

（4）个性化，指发送电子邮件时涉及一系列个性化内容，例如用户姓名及相关信息等。

（5）列表清理，也就是列表优化，使收件人列表处于良好状态。如果列表中存在着大量过期账户、错误拼写，致使电子邮件地址中无效内容数量较多，邮件很容易被标注为垃圾邮件，导致数据报告无法对电子邮件的发送效果做出真实描述。

（6）退订和反订阅，即收件人可以灵活自如地退出发件人的收件人列表，包括两种方式：一种是完全退订，收件人提出要求，不再出现在发件人的收件人列表之中，即发件人不会再向其发送电子邮件；另一种退订只是针对某一列表，即应收件人的要求，退出某一收件人列表，该列表中的所有电子邮件都不会接收，例如，收件人喜欢阅读每周新闻，但反感特惠信息，他们就可以退出特惠信息的列表。

（7）HTML 格式邮件和纯文本邮件。这是电子邮件的两种格式，前一类电子邮件涉及图片、表格及色彩，而后一类电子邮件只是局限于文字。前一类电子邮件并没有得到所有电子邮件客户端的支持，一些移动客户端不支持这类邮件，这时就需要发送两大类电子邮件，多次测试之后才能意识到最合适的是哪一种格式的电子邮件。

（8）退信数，即电子邮件中由于未顺利送达收件人而退回发件人的数量。造成退信的原因比较多，例如收件人的收件箱未及时清理导致空间不足、地址有误等。如果收件人以租借或购买两种方式获得列表，那么退信数指标就比较重要了，该指标能及时提醒发件人列表的邮件地址中无效地址的数量。

3. 电子邮件营销的实用技巧

（1）文字写作技巧。

①内容具有针对性。对于不同的目标用户，卖家应发送具有针对性的邮件。例如，对于管理人员，可以发送一些精炼的管理策略；对于白领女性，可以发送一些实用的穿搭方案；而对于普通消费者，可以发送一些购物小技巧、优惠券等信息。向特定的人发送合适的邮件，如果刚好满足了他们的需求，便可增强其对企业的信任与黏性，在大幅降低企业营销成本的同时，也可获得较好的营销效果。

②突出重点，简洁明了。邮件应该直接点明主题，同时也可结合邮件编辑工具对主题进行突出，如通过设置不同颜色的字体、加粗字体、加入有创意的图片等方式让用户立刻得知卖家发送邮件的目的，避免用户因为找不到重点而关闭邮件，导致无效营销。

③卖家应尽量刺激用户的兴趣与好奇心，引起共鸣。可通过设置某些优惠或折扣来吸引用户打开网站链接，以进一步了解商品信息。

④针对性称谓。把单一的统称“先生/女士”改为用户的名字，这样会给用户带来亲切和被重视的感觉从而增进买卖双方的关系。

（2）图片设计技巧。

①不同类型邮箱中的邮件文字显示出来可能会不同。例如，QQ 邮箱中没有文字自动换行的功能；Gmail 邮箱中的邮件字体不同于原始设定字体。

②图片大小要控制在 15KB 之内，每页图片不得超出 8 张。如果模板中只包含一张图，应该将其进行裁剪，形成 2～3 张小图，文字也要适当保留。在为图片命名时，尽量

不使用“ad”字符，避免上传图片被认定为广告而被过滤掉。

（3）链接处理。

①链接数量控制在10个以内，当所有图片有着相同的链接地址时，要对图片进行合并，使之成为一张大图。

②链接写成绝对地址，以确保收信人在单击链接时能够正常浏览内容。

③链接长度通常少于255个字符，否则就会出现错误链接，或是不能追踪。

④在链接图片时不采用地图功能，因为相当一部分邮箱会自动将此类邮件认定为垃圾邮件。

⑤有时用户收到电子邮件后无法浏览图片，为避免该情况，应预先制作与电子邮件内容相同的网页，在邮件内标注“如果您无法查看邮件内容，请点击这里”，用户可通过点击链接跳转至有同样内容的网页。

（4）主题设计。

在邮件未打开之前，收件人先浏览的是邮件主题，主题能否吸引人，决定着收件人是否阅读电子邮件。在设计主题时，应使用重点突出又简洁有力的文字。以下展示几类优质主题：

①问题类型的主题：以提问的形式为邮件设计主题，往往能吸引收件人的目光，使之点击链接并阅读。设置问题的目的是引起收件人的关注，在提出问题时要讲究技巧，例如，“您是否纠结于怎样才能为父母挑选一份能让他们满意的礼物”。

②指令类型的主题：例如，“不要再等了，本周商品已优惠×%了”，促使用户采取行动完成订单。

三、直播营销

1. 电商直播发展历程

电商直播虽然在最近一两年才开始火爆，但其已有四五年的历史，电商直播的发展历程可大致划分为以下四个阶段：

第一阶段，2016—2017年。在这一阶段，基本为秀场直播、游戏直播，大规模电商平台尝试采用“电商+直播”模式，包括京东、淘宝等。

第二阶段，2017—2018年。在这一阶段，部分传统电商平台着手孵化红人体系，在供应链管理时强调了整合的重要性。有些影响力较强的短视频平台探究电商直播，例如快手、抖音等，并为电商直播的MCN提供良好服务，这意味着电商直播的发展日益体现出精细化的特征。

第三阶段，2019年。在这一阶段，实现了井喷式发展，直播带货模式的商品交易总额成倍增长，表现最突出的是淘宝直播，小红书、拼多多等平台也竞相效仿，村播、名人直播等方式与电商直播相整合，吸引了大量消费者，各大平台为了争取更多流量培养红人，MCN机构在商业变现模式上进行积极探索。

第四阶段，2019年以后。电商直播进入持续发展阶段。

2. 电商直播持续快速增长的原因

（1）疫情期间线下营销缩减，而线上直播形式可实现以较低的成本获取较高的投资回报率，所以很多商家以及品牌方愿意持续投入资源，发展电商直播。

（2）电商直播具备内容创新、实时互动、即时性、全网最低价、信任保障等明显优势，激发了用户的消费需求与意愿。

（3）技术的不断迭代与优化实现了用户的精准推送、直播设备的持续优化，同时物流、支付等体系的不断优化，均为电商直播行业的发展保驾护航。未来的电商直播规模仍将保持高速增长，电商直播的品类也将持续拓宽，电商直播行业将逐步向平台化、产业化发展。

3. 跨境电商直播产业链

跨境电商直播产业链包含供货平台、流量平台以及交易服务平台三大环节。

（1）供货平台，是指提供货物的渠道，例如工厂、批发商等，为电商平台带来充足货源。

（2）流量平台，是以跨境电商直播的方式变现流量，涉及四大板块的内容，即平台、内容、主播、评价。当前影响力较大的流量平台包括 WOTOKOL、Lazada 等跨境电商直播平台。MCN 机构承担着培养主播与孵化的责任，主播通过收取佣金提供直播服务，卖家则可根据需求选择不同国家不同类型的主播。直播内容则结合商品特性和主播特性进行个性化定制。与此同时，企业及时而深入地分析用户数据（如用户活跃度、复看率、直播间停留时间、下单转化率、售后满意度等）以优化直播营销效果，从而促进流量变现效率的持续提高。

（3）交易服务平台，该平台需要同时为供货平台和流量平台两大平台提供服务，服务项目比较多，例如第三方支付、运营支持、数据支持、交易支持等。

拓展案例

抖音成为电商直播带货的重要平台

截至 2021 年 10 月，TikTok（抖音）下载量已超过 5 700 万，蝉联全球移动应用（非游戏）下载榜冠军，而抖音凭借自身的巨大流量成了电商直播带货的重要平台。近日，抖音直播间中新东方旗下的“东方甄选”电商直播火遍网络，一些新东方名师把自己曾经在教学中的特长，用在了对直播货品的介绍中，成为直播界的“一股清流”，其直播间热度位居抖音直播间排行榜第二位。新东方创始人俞敏洪曾在直播时透露有意开设电商学院，希望让中国带货主播的整体水平有所提升，由此可见俞敏洪对未来直播带货赛道前景的认可。

跨境电商卖家也应该把握直播带货风口，利用各类大流量平台，与具有较大影响力的主播合作进行直播带货以提高品牌知名度，带动自身销量增长。同时，跨境电商卖家在利用直播进行营销时要注意构建有效的客户沟通机制与售后服务体系。

四、大数据营销

1. 大数据营销的定义

大数据营销是指在大数据技术的支撑下开展营销活动，能充分体现出平台在数据方面的优势，目前已实现了广泛运用。大数据营销能在最合适的时间段，依托于合理的载体，运用最恰当的方式投放网络广告，使需要的人群能及时获取广告，是互联网行业快速发展的产物，也助推了互联网行业的发展。通过多平台采集数据，进行深入分析并对发展情况进行预测，为广告制作与投放提供依据，可以让企业在广告投入方面获得更高的产出。

2. 大数据营销的特点

（1）多平台采集数据。大数据有着广泛而多样的数据来源，在采集数据时以多平台化的方式进行，能更加全面而客观地描述网民行为。采集数据时，除了互联网以外，还可以通过户外智能屏、广电网、智能电视等平台完成。

（2）突显时效性。进入网络时代之后，短期内网民的购买方式、消费习惯就发生了改变，这就需要在网民需求量最大时实施营销。AdTime是世界范围内大数据营销水平很高的企业，是“时间营销策略”的诞生地，致力于借助先进的技术把握住网民需求，且及时回应，争取在网民们为是否购买而犹豫不决时为他们推送高品质的广告。

（3）个性化营销。在网络快速发展的当下，广告主的营销理念也发生了改变，能发挥出导向作用的不再是媒体而是受众。过往营销活动在开展中依托媒体进行，将广告投放到浏览量与影响力都比较大的媒体。当前，在广告营销时以满足受众需求为根本，因为运用大数据技术能让同一媒体的同一个界面引起大量用户的关注，广告内容也体现出差异化的特征，让个性化营销成为可能。

（4）性价比高。大数据营销能节省成本，这是传统广告所不具备的优势；广告主在投放广告时能做到有针对性，而且能及时得到广告宣传效果的反馈，以便于优化投放策略。

（5）关联度高。在采集数据过程中，大数据技术能准确而便捷地把握住目标受众的关注点，也能了解他们的具体位置，这些信息对于投放广告而言都很有价值，让广告与广告之间形成紧密联系成为可能，网民们可以在不同广告之间展开深度互动。

3. 大数据营销的应用

（1）分析用户行为与特征。要想准确地把握住用户在购买中形成了怎样的习惯、了解用户的需求等，需要获取大量用户数据。在数据的辅助下能深入了解每一名用户，这是大数据营销最大的优势。

（2）对营销活动进行引导。如果在研发与设计产品之前就准确地把握住用户的喜好、对产品的要求等，就能在设计与生产产品环节做到投其所好。

（3）监测竞争对手并传播品牌。利用大数据技术能对竞争对手的情况产生更为全面的了解，把握住其做出了怎样的策略。在品牌传播过程中，要想增强有效性，需要借助大数据技术进行分析，增强针对性。利用大数据技术，可以对传播内容、发展趋势、用户情绪、产品口碑与属性等进行分析，对竞争对手进行持续监测，以行业标杆为参照实施用户运营活动策划方案，对微博矩阵运营效果做出评估。

（4）监测与管理品牌危机。危机爆发之后，需要把握住危机传播趋势，把握住主要传播者，及时制定合理的应对策略。大数据技术的运用，能采集负面定义信息，对危机的发展情况进行跟踪并发出报警，分析人群的社会属性，了解聚类事件中存在着哪些观点，摸清传播路径、识别关键人物，维护企业与产品口碑，找到危机源头并及时处理。

（5）筛选重点客户。通过用户对相关网站的访问情况，能了解他们是否对自己的企业产生了兴趣；根据用户在社会媒体中发布的信息，或是与他人的互动情况，能找到不同数据信息中千丝万缕的联系，建立关联规则，甄别关键目标用户。

（6）客户分级管理。对于活跃粉丝，要运用大数据技术对活跃粉丝的互动情况进行分析，除了能为消费者进行精准画像，也能为其制定相应的规则；对会员与潜在用户进行关联，确定目标群体之后实施精准营销，以社会化数据对传统客户关系实施管理，丰富用户标签的维度，能及时对消费者生命周期数据进行更新，增强数据有效性。

（7）识别新市场并预测发展趋势。以大数据分析为支撑，可以获取用户高频搜索词等信息，能为企业家把握市场发展情况、分析经济发展趋势提供支持。

拓展案例

跨境电商 Shopee 的营销之道

Shopee 是东南亚及中国台湾地区的电商平台，2015 年于新加坡成立并设立总部，随后拓展至马来西亚、泰国、中国台湾地区、印度尼西亚、越南及菲律宾共七大市场，是东南亚发展最快的电商平台，是国货“出海”东南亚的首选平台。

基于多年经验，Shopee 对东南亚市场积累下深刻洞察，如表 5-1 所示。

表 5-1　Shopee 对东南亚市场积累的深刻洞察

市场差异大	东南亚市场拥有 6 亿人口，但又有很大差异性，体现在文化、消费习惯、语言等方面。Sea 集团高层曾说：“以印度尼西亚为例，当地口音每隔 50 公里变一次，语言每隔 250 公里也变一次，可以想象东南亚民众的购物偏好差异有多大。”
移动化偏好	东南亚是全球网络发展最快的地区之一，也是全球互联网最移动化的地区之一。截至 2018 年，东南亚拥有 3.5 亿互联网用户，其中 90%东南亚互联网用户使用移动端上网。
人口年轻化，热衷社交媒体与明星网红	东南亚 6 亿人口中，50%年龄低于 30 岁，以“00 后”为主，有成家、生育等消费升级需求。同时，东南亚年轻人口社交化程度高，热衷于网红文化及追星。Facebook 是东南亚黏性最高、活跃度最强的社交平台。
东南亚地区基础设施不健全	没有通用的货币，结算困难；东南亚岛屿众多，地形复杂，以印度尼西亚为例，其拥有 1 万多个岛屿，物流订单履行困难。

针对市场现状，Shopee 的应对策略如表 5-2 所示。

表 5-2　Shopee 的应对策略

本土化	Shopee 大部分高层都在东南亚生活了数十年，对东南亚市场十分了解；进行本土人才招聘和培养，在当地形成了良性的人才培养梯队；Shopee 依据每个市场特性制定本土化方案，以迎合当地消费者需求。比如，Shopee 在印度尼西亚和马来西亚市场发起斋月大促活动，推广引流，两大市场迎来一年一度的流量高峰；Shopee 开发了 7 个 App 以服务七个差异化市场。
移动端优先	Shopee 从移动端切入，推出简洁干净、易于使用的交互页面，使消费者顺畅使用 App 每个功能，实现在 30 秒内完成选择并购买商品；优化移动端体验，如推出 Shopee Shake 摇金币游戏契合移动端碎片化趣味场景。
社交明星引流	以社交作为切入点，Shopee 结合本地元素、流量明星、互动游戏、社交网络等方式，获取高黏性用户；Shopee 在 App 中推出直播功能，商家可在 App 中通过直播向潜在消费者推介商品；Shopee 在应用内引入 Shopee Quiz，邀请各地区的名人来主持问答，邀请本土知名的社交明星强势引流。
提升全流程体验	Shopee 跨境业务团队专为中国跨境卖家打造一站式跨境解决方案，提供流量、物流、孵化、语言、支付和 ERP 等全流程支持。

本章小结

本章介绍了跨境电商的内涵与主要营销方法，使读者对跨境电商营销有了较为全面的认识。跨境电商营销的方法包含站内营销与站外营销。本章介绍了全球速卖通、亚马逊、eBay、Wish 四大主流电商平台的站内营销方式与营销技巧，以及搜索引擎营销、电子邮件营销、直播营销和大数据营销四种主要的站外营销方式。最后引入目前发展势头正盛的东南亚跨境电商 Shopee 进行扩展阅读，希望大家从案例中有所收获。

复习与思考

一、单选题

1. 下列选项中哪个不是大数据营销的特点？（　　）

A. 强调时效性　　B. 多平台化数据采集

C. 性价比低　　D. 关联度高

2. 下列选项中不属于站外营销方式的是（　　）。

A. 电子邮件营销　　B. 使用亚马逊网站“黄金购物车”

C. 搜索引擎营销　　D. 大数据营销

3. 以下哪种营销方式更为古老？（　　）

A. 搜索引擎营销　　B. 社交媒体营销

C. 电子邮件营销　　D. 网络广告营销

4. 以下哪项不影响阿里巴巴国际站搜索引擎的搜索结果显示排名？（ ）

A. 卖家是否付费会员　　B. 作弊行为

C. 供应商因素　　D. 商品销量

5. 企业利用全球速卖通“直通车”进行营销推广时，不需要关注（ ）。

A. 排序规则　　B. 扣费规则

C. 前台展示规则　　D. 商品定价规则

6. 下列哪项不属于跨境电商营销的功能？（ ）

A. 品牌推广　　B. 网络调研

C. 提高商品质量　　D. 促进销售

7. 下列哪项不属于 eBay 的主要优惠活动类型？（ ）

A. 会员升级　　B. 订单折扣

C. 运费折扣　　D. 捆绑销售

8. 下列哪项不是大数据营销的应用？（ ）

A. 保护顾客隐私　　B. 分析用户特征

C. 客户分级管理　　D. 识别市场趋势

二、简答题

1. 什么是搜索引擎营销？做好搜索引擎营销有哪些技巧？

2. 假设你是跨境电商卖方，你正在向目标客户发送营销邮件，选择一个产品进行邮件设计（图片、文字内容、链接等）。

第6章
跨境电商交易流程

学习目标

- 掌握如何利用谷歌搜索引擎寻找和分析客户；
- 掌握如何利用展会寻找和分析客户；
- 了解网上交易磋商的方式与基本过程；
- 掌握合同的签订和履行；
- 掌握国际结算单据的分类和应用。

关键概念

谷歌搜索引擎　交易磋商　合同的签订　国际结算单据

案例导入

2022年4月14日上午，第131届中国进出口商品交易会开幕新闻发布会在广州广交会展馆举行。此届广交会总体规模保持稳定；境内外参展企业约2.55万家，按16大类商品设置50个展区；企业上传展品超290万件，其中新品超90万件、绿色低碳展品超48万件，均创历史新高。

6.1　国际市场调研与客户开发

一、国际市场调研

在跨境电商中，卖家一般通过互联网进行国际市场调研，主要包括对目标市场的调研和对市场中潜在客户的调研。

1. 对目标市场的调研

对目标市场的调研主要是对经济环境、政治与法律环境和社会文化环境三个方面进行调研。经济环境主要包括人口、收入、消费、自然条件和经济基础设施等方面。人口不仅是市场的基本要素，也是确定市场容量的重要依据。一般来说，需要结合人口和收入两个要素来分析市场。消费也是影响市场的一个重要因素，如果不存在消费需求，市场也就不复存在。一个国家或地区的自然条件一般包括该国家或地区的自然资源、地理结构和气候三个方面，市场特点的形成受自然条件的影响较大。经济基础设施包括能源供应、交通运输、通信设备、金融机构和广告公司等方面。一般情况下，一个国家或地区拥有的经济基础设施数量多、质量好，其国际贸易的开展就相对稳定。

在现代国际贸易中，各国政府都会制定不同程度的贸易保护政策来保护本国的进出口交易，维护市场的经济秩序，一般通过政治与法律手段实现。了解国内外的政治和法律环境，可以在贸易中避免这方面的风险。

社会文化环境对国际进出口交易也会造成很大的影响。举例来说，出口产品的设计，包括商标，包装的颜色、图案和文字，广告及促销方式等要尽可能适应出口当地的社会文化环境，这样有利于产品的销售，否则可能会阻碍产品的销售。

2. 对市场中潜在客户的调研

应详细调查海外客户，尤其是潜在客户的经营情况，建立健全客户档案，避免草率签约。例如，卖家应多渠道调研客户的政治背景、文化背景、资信情况、经营范围、经营能力，特别是要重点考察客户的支付能力。除此之外，还要了解客户的信用状况和经营作风，判断其是否能够严格按照合同履行约定。这不仅可以提高经济效益、降低交易风险，还可以使卖家更好地选择优良客户，以便建立长期的客户关系。

二、巧用谷歌搜索引擎寻找和分析客户

在寻找和分析客户方面，谷歌搜索引擎为我们提供了很多方便。例如，我们可以通过已知的邮箱、网址、公司名称等信息搜索出客户的全面信息，了解客户的销售网络、销售产品的类型、公司实力，来决定下一步的应对方式、报价策略等，为拿下订单打下基础。我们也可以利用谷歌地图查看客户的公司所在地是中心区还是郊区，是工厂还是中央商务区，来帮助判断客户公司的性质，如是生产型公司还是贸易型公司。我们可以以地图测量功能为辅助，推断客户公司的规模和实力；可以在谷歌上搜索客户公司的名

称和客户的名称，来了解其过往询盘及求购信息；可以在 YouTube 上搜索客户公司的名称，查看与其有关的视频，如产品广告、公司宣传视频等，进一步了解客户；还可以通过谷歌新闻频道，了解客户公司近期或曾经发生的事情。

1. 谷歌搜索逻辑符和搜索语法

对于从事对外贸易的人来说，用谷歌搜索引擎（见图 6－1）或必应搜索引擎来搜索客户资料是很重要的工作。

图 6－1　谷歌浏览器界面

（1）谷歌逻辑符及其含义如表 6－1 所示。

表 6－1　谷歌逻辑符及其含义

逻辑符	含义	例子
空格键	表示“与”	A B
-	表示“非”	A -B
大写字母 OR	表示“或”	A OR B
*	通配符，表示任何文字	客户 * 源
英文引号""	搜索包含与引号中的文字完全一样的内容的结果	"腾讯"

①A -B，在“A”和“-B”之间要打上一个空格，如“socks -supplier”，表示搜索到的结果中，无论是页面还是网址或者标题中要有“socks”这个词但不能有“supplier”这个词。

谷歌用“-”表示“非”，“A -B”就是搜索包含 A 但不包含 B 的结果。如果搜索海外客户时希望排除国内厂家的信息，就可以用这个语法。例如，使用“产品名字 -factory manufacturer”搜索出来的结果就排除了部分工厂的信息。但是，在这之前，必须先总结出不想搜索的那部分信息的特征。

②A OR B，在“A”和“OR”之间及“OR”与“B”之间要有一个空格，以防计

算机将“A”与“OR”误以为是一个词。谷歌用“OR”表示“或”，“A OR B”表示搜索有 A 或有 B 或既有 A 又有 B 的结果。这个语法与在“A”和“B”之间加一个空格不同，后者表示搜索既有 A 又有 B 的信息，相比较而言，前者得到的信息更加宽泛。使用这个语法同样是为了减少工作量，无须用 3 个关键词（A、B、AB）分别搜索，如“socks OR shoes”表示搜索到的结果中有“socks”或“shoes”，或二者都有。

③英文引号""，表示搜索包含与引号中的文字完全一致的内容的结果，如“baby socks”搜索出来的结果中“baby”和“socks”必须连在一起。而如果“baby socks”两边没有加英文引号，就代表无论连在一起还是不连在一起都可以被搜索出来，也就是说，这个地方有个“baby”，那个地方有个“socks”，但只要二者在一个页面上就可以被搜索出来。

（2）谷歌搜索语法格式及其用法如表 6－2 所示。

表 6－2　谷歌搜索语法格式及其用法

格式	用途	用法	例子
site：	在指定的网站内进行搜索	关键词（空格）site：网站网址	skirt site：alibaba. com
related：	搜索相似的网站	related：网站网址	related：alibaba. com
intitle：	搜索的是网页标题中包含关键词的网页	intitle：关键词	intitle：skirt
inurl：	搜索网址中包含该关键词的网页	inurl：关键词	inurl：skirt
filetype：	限制所搜索的文件格式	关键词（空格）filetype：doc/xls/pdf/ppt	skirt filetype：doc/xls/pdf/ppt
intext：	搜索包含该关键词的网页的正文	intext：关键词	intext：skirt

①关键词（空格）site：网站网址，如“kids wear site：alibaba. com”指的是搜索出来的结果都是 alibaba. com 上的信息。

②related：网站网址，如“related：alibaba. com”指的是寻找与阿里巴巴网站相似的网站，这样我们就可以通过一个客户的官网来寻找其他可能的客户。

③intitle：关键词，搜索出来的是网页标题中包含关键词的网页。标题中包含了关键词的网页绝对是相关度极高的网页。使用这个方法搜索国外的客户可以节省很多时间，当然使用这个方法找到的很可能是国内的厂家。对于外贸公司来说，可以顺便了解竞争对手或是供应商的情况。

④inurl：关键词，搜索出来是网址中包含该关键词的网页。例如，“inurl：dealers”，搜索出来的是网址中包含“dealers”的网页。

⑤关键词（空格）filetype：doc/xls/pdf/ppt，意思是限制所搜索的文件的格式。在这里，关键词和“filetype”之间要有个空格。例如，“kids wear filetype：pdf”意思是寻找关键词包含了“kids wear”的 PDF 格式的文件。

⑥intext：关键词，搜索出来的是包含该关键词的网页的正文。

2. 关键词该如何选择

（1）关键词＝产品名称＋搜索指令（搜索指令有 site、intitle、inurl、related 等）。

（2）关键词＝不同语言的产品名称。

许多客户习惯用自己本国的语言来发布求购信息。在一些并不以英语为母语的国家，如一些小语种国家，用当地语言的关键词搜索客户能搜索到更多信息。例如，在日本，用日语搜索比用英语搜索搜到的客户更多。

（3）关键词＝产品名称＋买家特征符号（如 importers、exhibitors、buyers）＋email（或@）。

例如，产品名称＋importers＋email，产品名称＋distributors＋email，产品名称＋wholesaler＋email，产品名称＋buyers＋email，产品名称＋dealers＋email，产品名称＋retailer＋email，产品名称＋purchaser＋email，产品名称＋supplier＋email。

一般地，email 还可用@代替。

（4）关键词＝产品名称＋邮箱后缀。

美国的邮箱后缀一般为@aol. com、@netzero. net、@twcny. r. com、@comcast. net。例如，“kidswear @aol. com”就是寻找美国的童装产品。

（5）关键词＝产品名称＋企业邮箱前缀。

企业邮箱前缀有 info@、admin@、sales@、buyer@等。

（6）关键词＝产品名称＋公司名称后缀＋email。

一般每一个国家的公司名称后缀都不同，如中国习惯使用 Co.，Ltd.，美国习惯使用 Inc. 及 LLC 等，意大利习惯使用 S. R. L. 。我们把需要的产品或者其属于的产品大类名称连同该国习惯使用公司名称后缀一起输入进行搜索，从而找到客户。

（7）关键词＝竞争对手的公司名称。

（8）关键词＝产品名称＋各国网站域名特征符号。

（9）关键词＝网址后缀＋email。

（10）关键词＝产品名称 . pdf。

这种语法可能找到关于该关键词的专业文档介绍，可能找到关于该关键词的产品说明，也可能找到潜在客户。

3. 通过搜索客户公司来了解更多信息

假设我们收到一封询盘，从询盘中知道了一个公司的名称是 Redcloud Enterprise Corp。在谷歌搜索引擎或者必应搜索引擎中输入“Redcloud Enterprise Corp”，就会搜索到很多关于该公司的信息，如公司官网、黄页等。此外，还可以通过外贸邦网站、B2B 网站、社交媒体获取更多公司有关信息。

（1）公司官网。

通过搜索公司名称可以找到这家公司的邮箱及该公司的官网。在公司官网中，我们可以获知该公司的创办历史、主营产品、联系信息、公司邮箱等信息，然后我们可以用@后缀来查找其他联系方式。另外，官网中可能还会发布一些产品，由此我们就会知道产品的相关信息，有些产品纯粹是用来展示的，有些是可以在线订购的，在线订购页面中会有产品评价。公司官网可能也会列出代理商、经销商的信息。

（2）黄页。

通过公司名称，我们可以找到黄页，在黄页中可以得到这个客户的联系信息，如姓名、邮箱、电话等。另外，我们还可以通过搜索引擎搜索客户的姓名、住处、学校、工作、兴趣等信息。

（3）外贸邦网站。

进入外贸邦网站首页，在网站搜索栏输入拟检索的关键词，就会搜索到很多与此相关的公司信息，其中可能就有目标公司，点进去就可以看到目标公司的海关数据。

（4）B2B网站。

现在有一些网站会统计各国B2B网站排名及网站流量排名，如Alexa等，可以在上面查找需要的公司信息。另外，还可以通过客户的公司名称，查出对方所在国家的B2B网站，继而去这些网站查找其他相关信息。

（5）社交媒体。

通过客户网站地址找到客户在Facebook的店铺：

输入“www. AAAA . com site：facebook. com”。

通过客户网站地址找到客户在Twitter的店铺：

输入“www. AAAA . com site：twitter. com”。

通过客户网站地址找到客户在Google+的店铺：

输入“www. AAAA. com site：plus. google. com”。

通过其他公司网站中出现的该网站的Facebook页面寻找更多商机：

输入“site：facebook. com -inurl：XXXX”。

Yelp是美国最大的点评网站，我们可以通过Yelp来了解用户对该公司的评价。

4. 谷歌搜图功能在外贸中的运用

当客户发来一款产品，我们不知道其名称时；当客户发来一款产品要求报价，我们需要查找供应商时；当客户发来一款产品，我们需要了解产品在国外的售价时，我们就可以使用谷歌搜图功能。

谷歌搜图功能是通过图片内容、透视和颜色等要素来帮助用户搜索需要的相似图片，该功能是将图片自动识别技术和元数据技术应用于实践的结果。用户不仅可以通过添加图片网址来搜索图片，也可以通过上传图片来搜索。另外，在使用谷歌或火狐浏览器的情况下，用户还可以通过直接拖拽的方式快速上传图片，然后进行搜索。

这样可得到一系列不同尺寸的相同图片，它们整齐排列在页面最上方。与图片相关的网页信息会罗列出来，并且会给出哪些网页使用了相同的图片，供用户参考。

5. 更多的搜索技巧

（1）任何领域都有名牌企业，尤其是500强企业，这时候我们可以搜索其分销商企业等。500强企业或名牌企业一般都会在自己的官网上罗列出本企业在全世界不同地区所有的分销商信息。

（2）一般来说，客户也会在一些商务网站注册。用谷歌搜索引擎来搜索该客户的公司名称，一般会显示出它所注册过的网站。打开这些网站，我们又会发现很多信息。

（3）通常来说，每个国家都会有各自比较知名的搜索引擎，我们可以在各国知名的搜索引擎上用该国的语言来搜索产品的关键词，然后可以发现很多大客户。

（4）搜索本行业的展会。这里指的是一些并不出名的、区域性的展会，如一些在欧洲很知名，但是在全世界的影响力比较一般的展会，这类展会中也会有很多大客户。搜索方法就是搜索“产品大类名称＋Show OR Fair”，找到网站后，可通过复制展商列表中的商户信息到谷歌搜索引擎中搜索其邮箱。其中，有一些公司已经把自己的邮箱放在列表中，这样可以节省很多时间和精力。

（5）在各国的黄页网上搜索，如巴基斯坦黄页、澳大利亚黄页、英国本地商业搜索引擎、康帕斯全球企业数据库、西班牙本地商业搜索引擎、比利时本地商业搜索引擎等。在这些黄页网上输入产品名称进行搜索，可以搜索到很多客户，之后再逐个深入搜索，部分可以找到公布在网上的邮箱，如果没有也可继续在谷歌搜索。

（6）有的网站只有提交表单而没有邮箱，可以输入“www. AAA. com email”搜索邮箱。

（7）一个产品可以套用很多关键词，如产品是“projector”，可以归为“electronics”，还可以归为“home cinema”或“home theatre”。当我们使用不同的关键词进行搜索时，可以找到不同的公司，然后再将这些关键词加上不同国家的公司名称后缀，如中国公司是Co.，Ltd.，德国公司是GmbH等，又可以搜索到很多不同的公司。

三、巧用展会寻找和分析客户

国内外大型的、固定办展的进出口商品展览会或博览会往往都有本展会的官方网站，网站内一般会有参展企业的名单，使用这些网站搜索信息可以拓展业务范围，同时获得更多的客户信息。我们只需在搜索引擎中输入要查询的展会名称，就能找到其官方网站。例如，输入“广州进出口商品交易会”就能找到该交易会的官方网站。同理，输入“中国-东盟自由贸易区博览会”，也能找到该博览会的官方网站。

搜索国外展会的官方网站也可以使用类似的方法，在搜索引擎中搜索展会关键词即可。例如，“产品＋exhibition”“产品＋fair”或“产品＋conference”。在这些展会的官方网站里，通常可以找到展会的概况、参展企业的名称及数量、参展企业所属的国家或地区、展馆及大类产品参展的动态，尤其是新产品参展的动态等信息。

1. 境内国际性展会

（1）广交会。

大家熟知的广交会全称为中国进出口商品交易会。其创办于1957年，每年春秋时节在广州举行，是我国迄今为止历史最久远、水平最高、规模最大、商品品种最全、与会企业最多、交易效果最好的综合性国际贸易活动。每年都有非常多的跨境贸易公司、企业及科研院所等参与进来，广交会从2007年4月也就是第101届开始，由中国出口商品交易会改名为中国进出口商品交易会，正式从纯粹的出口平台升级为进出口贸易平台。广交会官网页面如图6－2所示。

图 6-2 广交会官网页面

(2) 义乌博览会。

义乌博览会全称为中国义乌国际小商品博览会，创办于 1995 年，博览会展品类型涵盖五金机电、日用品、电子电器、针纺织品、饰品及饰品配件、工艺品、文体及户外休闲用品七大品类，其间还会组织中外采购洽谈会等活动。目前，义乌博览会已经成为我国规模最大、最具影响力、最具效益的日用品博览会，同时也是商务部举办的三大出口商品博览会之一。义乌博览会官网页面如图 6-3 所示。

图 6-3 义乌博览会官网页面

(3) 浙交会。

值得关注的是，跨境电商展会近些年来也被纳入政府的展会规划中，给跨境电商注入了新的内涵和活力。例如，由浙江省商务厅主办的中国浙江商务服务交易博览会（简称浙交会）就是其中一项，它也是浙江省第一个以商务服务为重要展览内容的展会，主要为浙江企业提供市场拓展、商务信息咨询、企业价值提升、海外投资等方面的服务，截至 2018 年已成功举办了 9 届。浙交会官方标志如图 6－4 所示。

图 6－4　浙交会官方标志

2. 境外国际性展会

国际性展会一般由专业的会展机构来举办，如德国的慕尼黑国际博览集团，它成立于 1964 年，是世界十大展览公司之一，每年都会在全球范围内举办涵盖资本货物、高科技和消费品等品类的近 40 个博览会，每年都会有来自世界各地的上万家企业来参展。慕尼黑电子展就是其主要的展会。

美国的拉斯维加斯也是全球展会的聚集地。每年将于此地举办各种国际性展会，包括国际消费类电子产品展览会（International Consumer Electronics Show，CES）、国际改装车及配件展（SEMA）、国际服装服饰及面料展览会（Magic Show）、国际五金工具及花园用品博览会（National Hardware Show，NHS）等。

国际消费类电子产品展览会由美国电子消费品制造商协会主办，旨在促进尖端电子技术和现代生活的紧密结合。每年一月在世界著名赌城——拉斯维加斯举办，是世界上规模最大、影响最广泛的消费类电子技术年展，也是全球最大的消费技术产业盛会。该展览会专业性强，贸易效果好，在世界上享有相当高的知名度。历年的展会均云集了当前最优秀的传统消费类电子厂商和 IT 核心厂商，它们带去了最先进的技术理念和产品，吸引了众多的高新技术设备爱好者、使用者及业界观众。

对于此类展会，一般企业搜索展会网站并与组委会直接联系就可以参展。

我国国内各省的商务厅每年会于年底发布次年的展会目录，并对列入目录的展会参展企业提供不同程度的资助。要报名参加此类展会，一般是由企业先报名至当地的商务局，再逐级上报。同时，如果参加境外展会，则常有指定的会展机构协助办理参展手续和展品的托运及布展事宜。

3. 网络黄页（企业名录）

通过搜索网络黄页，可以获得企业邮箱、产品动态、数据库空间、买卖信息、企业简介、即时留言、短信互动等信息。黄页会将企业按地区和所属行业进行划分，我们可以筛选查找相关企业，也可以通过查找关键词来查询所需企业的信息，如图 6－5 所示。

图6-5　网络黄页

4. 行业协会网站

行业协会网站是行业领域内（业内）有关国内及国外生产、销售、市场状况的行业性网站，是外贸行业人士了解国内外商务行情的便利渠道。通过搜索引擎查找所需行业协会名称后，即可找到其官方网站。例如，通过百度搜索“中国软件行业协会”，可立即找到其官方网站（见图6-6）。同样，在国外网站搜索时，也是在搜索引擎处输入关键词进行搜索。例如，输入“产品名称＋association”就能找到相关的行业协会网站。

图6-6　中国软件行业协会官网

5. 我国各级商务组织的外派机构

驻各国大使馆经济商务处属于国家级的驻外机构组织，贸易办事处、商务小组、商务代表则属于地方外派的商务组织，如上海某集团驻澳大利亚悉尼商务代表处，该代表处的主要工作就是负责处理该集团在悉尼的贸易活动，包括介绍和引荐上海与悉尼两地的商家结识交流，并帮助双方进行业务往来，同时提供一些当地信息的咨询帮助。

我国有些驻外大使馆经济商务处设立了官方网站，必要时可以向其咨询其所驻国家的宏观领域情况。而对于贸易业务层面的事项，更适合向本地外派的商务代表处求助。企业只需通过国内外派组织获得该商务代表处的通信方式，与其联系即可。

四、巧用网络发布信息

我们可以通过各种方式在网络上发布信息，但这些方式各有利弊，企业在发布信息时，应根据实际情况选择恰当的方式。常用的方式有以下几种。

1. 网站形式

企业可以建立自己的网站，它如同企业的名片，不但包含企业信息，而且能更好地树立企业在市场和行业内的形象，是企业的广告宣传载体。企业网站办得好会增加企业的无形资产。

2. 网络服务商

企业可向国内外专业的网络服务商购买相关服务，如产品发布、客户寻求等网络服务。国内一些成熟的网站访问量巨大、信息涵盖范围广、网站知名度高，是企业可以关注和选择的网络服务商，如搜狐、网易、新浪、百度、腾讯等。

3. 供求信息平台

供求信息平台是目前比较普遍和有效的信息发布途径之一。对于跨境电商企业而言，供求信息平台主要指各种 B2B 及 C2C 平台。企业可以注册成为平台免费会员或收费会员。免费会员可以免费发布各种供求、合作、代理信息，能够上传图片、联系方式等；收费会员则能享受到更多的服务，如发布更多的信息、上传更多的图片等。

4. 黄页网站和企业名录

每天会有很多客户浏览黄页网站和企业名录，因此黄页网站和企业名录也是信息的重要发布渠道，一般允许免费发布信息。发布的信息可以较长时间地保留，且分门别类，便于客户查询。

5. 网络报纸和网络杂志

互联网的发展改变了大众“纸面”形式的阅读方式。国内外一些著名的报纸、杂志纷纷建立了自己的网络主页，发行网络报纸、网络杂志。采用这种阅读方式的人群也在不断地扩大，因此网络报纸和网络杂志也是信息的重要发布渠道。

6.2 网上交易磋商

一、网上交易磋商的途径

在跨境电商中，网上交易磋商的基本方式有两种：口头磋商和书面磋商。口头磋商是交易双方利用网络在线服务（如 Skype）、跨境电话、微信语音等进行磋商。书面磋商是交易双方通过电子邮件、传真、信函等往来磋商交易。有时，口头磋商和书面磋商两种形式也可以结合使用。

现阶段，跨境电商常用的网上交易磋商的途径有以下几种。

1. 电子邮件

利用电子邮件进行业务联系在国际贸易中较为普遍。发送电子邮件不但操作容易，而且不受时间、地点的限制，可随时收发，符合国际贸易的需要；其通信成本低廉；还可以收发多媒体文件，如照（图）片、链接、PDF 文件等。它是书面磋商的主要途径。

2. 即时通信软件

（1）WhatsApp。

WhatsApp 是一款应用于智能手机的即时通信软件，可以即时发送和接收文字信息、图片信息、音频和视频文件。用户可以组成各个小组，在小组内发送文字、图片、音频和视频等。

（2）Skype。

Skype 也是一款网络即时语音沟通工具，通过 Skype，用户可以视频聊天、多人语音会谈、发送及接收文件等。Skype 是现阶段跨境电商贸易人员进行口头磋商的首选方式。

3. 传真与网络传真

文字、图表、照片等静止画面信息可以通过传真的方式传递。

二、网上交易磋商的基本过程

网上交易磋商的一般程序包括询盘、发盘、还盘和接受 4 个环节。

1. 询盘

询盘又称询价，是指买方当事人向卖方当事人咨询订购和出售商品的交易条件，包括价格、规格、品质、数量、包装、交货期限、索要样品、商品目录等。询盘在法律上对交易双方没有约束力，也不是达成交易的必要条件。另外，询盘也没有固定的行动规范。

2. 发盘

发盘也称报盘、发价，是指当事人一方向另一方提出自己希望在交易过程中获得的条件，并且肯就这些条件与对方达成协议并签订合同的行为。在交易过程中，发盘可以在一方接到另一方通知的情况下进行，也可以在未接到通知的情况下直接进行。

发盘的起止是指从受盘人收到信息至有效期结束，发盘的到达时间是指信息进入受盘人的服务器的那一时刻。

发盘的撤回是指发盘人在发盘生效前，采取行动阻止其生效的行为。《联合国国际货物销售合同公约》规定："一项发盘，即使是不可撤销的，也可以撤回，只要撤回的通知在发盘送达受盘人之前或同时送达受盘人。"在当前电商环境下，发盘一旦发出则立刻到达受盘人处，随之生效，所以撤回发盘基本没有可行性。而撤回通知同时或更早到达受盘人处的原因一般是系统故障耽误了受盘人收到发盘的时间。

撤销通常发生在发盘已经生效之后，一般是由发盘人通过一些途径将发盘解除。《联合国国际货物销售合同公约》也明确表示发盘是可以撤销的，但只有撤销通知在受盘人发出接受通知之前送达的情况下，撤销才可实施。

受盘人也有不接受发盘的权利，当受盘人将拒绝通知送至发盘人处时，原发盘失效，也意味着发盘人不再受受盘人制约。

3. 还盘

还盘又称还价，是指受盘人不接受发盘并对发盘提出修改意见的行为。还盘可以认为是拒绝发盘，也就是说，还盘一旦发出，原发盘即刻失效，也意味着发盘人不再受受盘人制约。

还盘一旦发出即可视为一个全新的发盘，只是发盘、收盘双方对调，之后还可再还盘。在实际交易过程中，业务的完成是经过多次讨价还价，直到最后交易双方对条件一致认可为止。

4. 接受

接受是指受盘人对于接收到的发盘或者还盘没有异议，在有效期内表示全盘接受并发表声明，法律将这种行为称为承诺。

接受有效的条件一般是受盘人在有效期限内接受，假如接受通知在有效期后才到达发盘人处，则为逾期接受，一般情况下视为无效。除非发盘人在接收到受盘人发来的逾期接受通知后依然确认其有效力并毫不延迟地通知受盘人，则可认为该逾期接受有效，并享有接受的同等效力。

6.3 合同的签订和履行

一、合同的签订

现在的跨境电商企业多使用电子邮件来签订商务合同，目前主要有三种方法：第一种是直接将合同写在邮件正文处；第二种是在邮件中附上合同文档，将其作为附件发送；第三种是由发送方在邮件中附上合同文档将其作为附件发送给接收方，然后接收方将其下载打印为纸质合同，并在合同上签字盖章后，再通过扫描和发送电子版或传真的方式将已经签好的合同传回给发送方，合同经发送方打印并签字盖章后即可生效。因为第三种方法更加规范且安全性更高，所以更多的跨境电商企业会选择第三种方法。

1. 合同

合同的特点在于它可以将交易双方所拥有的权利和应当履行的义务，以及可能遇到的各种突发情况和解决方法等非常全面详细地展示出来，督促双方遵守。合同常应用于大宗、复杂或成交额较大的商品交易。卖家制定的合同叫作销售合同（sales contract）；买家制定的合同叫作购货合同（purchase contract）。

2. 销售确认书

销售确认书属于一种简式合同，常应用于数量比较少或者涉及金额较小的商品交易。

与合同相比，销售确认书通常只将一般贸易条件列出，对于基本贸易条件一般采取不列出或不完全列出的形式。销售确认书示例如图 6－7 所示。

销售确认书

Sales Confirmation

号码：
No. ________
日期：
Date: ________
签约地点：
Signed at: ________

卖方：
Sellers: ________
地址：　　　　　　　　电传/传真：
Address: ________　　Telex/Fax: ________
买方：
Buyers: ________
地址：　　　　　　　　电传/传真：
Address: ________　　Telex/Fax: ________
兹买卖双方同意成交下列商品，订立条款如下：
The undersigned Sellers and Buyers have agreed to close the following transactions according to the terms and conditions stipulated below:

1.唛头 Shipping Marks	2.货物名称及规格 Name of Commodity and Specifications	3.数量 Quantity	4.单价 Unit Price	5.总值 Total Amount
TOTAL AMOUNT: SAY USD ******* ONLY				

6.包装：
Packing:
7.装运期：收到可转船及分批装运之信用证后______天内装出。
Time of Shipment: to be effected by the seller within______days after receipt of L/C allowing partial shipment and transshipment.
8.装运口岸：
Port of Loading:
9.目的港:
Port of Destination:

图 6－7　销售确认书示例

3. 协议

协议或协议书在法律上与合同具有同等效力。当交易双方进行一宗比较复杂的交易时，经过一段时间的商议，并确定了一些交易条件，但还没有到制定合同的地步时，就可以拟定一个初步协议或者原则性协议记录已经谈好的交易内容，以便后面继续洽谈。国际货物贸易协议示例如图 6－8 所示。

国际货物贸易协议(格式协议)

卖方：_______

地址：_______

电报挂号：_______

买方：_______

地址：_______

电报挂号：_______

日期：_______

签约地点：_______

兹经买卖双方同意成交下列商品订立条款如下：

1.商品：_______

2.规格：_______

3.数量：_______

4.单价：_______

5.总价：_____U.S.D.(大写：_______)

6.包装：_______

7.装运期：_______收到信用证后___天

8.装运口岸和目的地：从___经___至___

9.保险：_______

10.付款条件：_______

(1)买方须于_____年___月___日前将保兑的、不可撤销的、可转让、可分割的即期信用证开到卖方。信用证议付有效期延至上列装运期后，___天在___到期。

(2)买方须于签约后即付定金_____%。

图 6－8　国际货物贸易协议示例

4. 订单

订单通常是买方的货物购买清单，一般情况下，会在双方达成交易后，由买方寄来用于提醒卖方要完成的具体事项，卖方可根据订单内容进行接下来的备货和交付工作。部分买方会寄来两份订单，并要求卖方签字确认后寄回一份，以保证交易的顺利进行。类似这种在双方商讨成功后寄来的订单，一般视为买方的购货合同或购货确认书。国际贸易订单示例如图 6－9 所示。

PURCHASE ORDER TEMPLATE

YOUR LOGO

PURCHASE ORDER

Company Name
123 Main Street
Hamilton, OH 44416
(321) 456-7890
Email Address
Point of Contact

DATE
01/18/2021
PURCHASE ORDER NO.
A246
CUSTOMER NO.
114H

BILL TO
ATTN: Name / Dept
Company Name
123 Main Street
Hamilton, OH 44416
(321) 456-7890
Email Address

SHIP TO
ATTN: Name / Dept
Company Name
123 Main Street
Hamilton, OH 44416
(321) 456-7890

SHIPPING METHOD	SHIPPING TERMS	SHIP VIA	PAYMENT	DELIVERY DATE

ITEM NO.	DESCRIPTION	QTY	UNIT PRICE	TOTAL
A111	Women's Tall - M	10	$10.00	$100.00
B222	Men's Tall - M	5	$20.00	$100.00
C333	Children's - S	10	$5.00	$50.00
D444	Men's - XL	5	$10.00	$50.00
				$0.00
				$0.00
				$0.00
				$0.00
				$0.00
				$0.00
				$0.00

Remarks / Instructions:

SUBTOTAL	300.00
enter total amount DISCOUNT	50.00
SUBTOTAL LESS DISCOUNT	250.00
enter percentage TAX RATE	7.214%
TOTAL TAX	18.04
SHIPPING/HANDLING	50.00
OTHER	50.00
TOTAL $	368.04

Please make check payable to Your Company Name.

THANK YOU

AUTHORIZED SIGNATURE　　　　DATE

For questions concerning this invoice, please contact
Name, (321) 456-7890, Email Address
www.yourwebaddress.com

图 6－9　国际贸易订单示例

二、合同的履行

下面以 CIF 术语和出口合同为例来阐述合同的履行。在以信用证支付方式成交时，出口合同履行流程可分解为货、证、船、款四个板块。其中，“货”就是落实货物，涉及备货和报检；“证”就是落实信用证，涉及催证、审证和改证；“船”就是货物出运，涉及租船订舱、报关、投保、发装运通知；“款”就是制单结汇，涉及制单、审单、交单、结汇、核销和退税。这四个板块相互配合，缺一不可，且每一环节都要正确完成才可成功履行出口合同。

1. 落实货物

落实货物就是卖方在约定期限内将货物准备至可以随时进行运输的状态，具体包括备货和报检。

离境货物检验检疫工作一般是先由商户报检，相关部门再进行检验检疫工作，合格后放行通关。

法定的出境货物检疫申请人，应该在规定的期限内持有关证件向检验检疫机构申报。检验检疫机构应当查验有关证件，对符合要求的接受检验检疫申报，并收取费用，然后转交施检部门进行检验检疫。

一般来说，出口货物最晚要在报关或装运 7 天前申报，而一些检验检疫复杂的货物则需要更长的时间；需要隔离检疫的出境动物，则需要在离境前 60 天向有关部门预报，隔离前 7 天报检。

申报人应填写并提交出境货物报检单，还要将出口合同或订单、商业发票、装箱单、信用证复印件或相关函电、生产单位出具的厂检单原件等一并提交。凭样品成交的，还须提供样品。

2. 落实信用证

在信用证支付方式下，卖方既要落实货物，又要落实信用证。卖方只有在看到信用证正本实物并加以审核确认无误后方可为买方发货，否则不要轻易为买方发货，以免使自身结汇陷入被动。

落实信用证包括催证、审证和改证三项内容，其中审证是最为重要的，也是必不可少的。一般来说，买方要在约定期限内办理信用证，但在实际中常常会出现一些意外情况导致信用证不能及时办理，所以为了交易的顺利进行，卖方需要催促买方开立信用证，一般通过发送主题为“合同所需货物已经准备完毕，请尽快办理信用证”的电子邮件的方式进行。

审证包括通知行审证及卖方审证两个环节。这两个环节同样重要，但侧重点不同，无法互相替代。

在实际业务中，较为常见的信用证修改是展期，是指卖方无法在约定期限内向买方交货时，需要买方向有关部门申请延长货运时间和信用证的有效期。

3. 货物出运

货物的出口运输既可以由卖方自行找运输公司办理，又可以委托货运代理公司（以下简称货代）代为办理。货代办理可为卖方带来诸多方便，卖方一旦将货物转交给货代，后续包括租赁船只或舱位、报检换单、报关、产地装箱等一系列工作全部由货代负责，完全不需要卖方操作。不仅如此，货代还可以提供给卖方非常优惠的运输价格，所以实际交易过程中有75%的卖方会通过货代来运输货物。在买方不指定承运人或货代的情况下，卖方应根据货代的等级、优势航线、所提供运价的竞争力和综合服务能力选择货代。

4. 制单结汇

卖方将货物出口装运后，就要根据信用证的要求缮制各种单据，并在信用证规定的有效期和交单期内，及时提交单据给银行结汇，之后还要及时办理出口收汇核销和退税手续。

6.4　国际结算单据与结汇

一、国际结算单据

国际结算单据简称单据，是指在进出口贸易过程中所应用的各种证明、凭证和物权单据，主要包括运输单据、保险单据、商业单据、官方单据等多种类别，有关各方可以凭借单据处理货物的交付、运输、保险、商检、结汇等。通常，出口方按照合同、信用证等的要求，必须备妥并提交合格的单据。这既是出口方的履行义务，也是进出口贸易的必要程序之一。

1. 国际结算单据的分类

国际贸易结算中使用的单据种类繁多，大致可分为两大类：基本单据和附属单据。基本单据是指根据贸易条件以及合同约定，出口方必须提供的单据，如商业发票、海运提单、保险单等；附属单据是指进口方为符合进口国政府的规定或其他需要而要求出口方提交的特殊单据，如原产地证书、海关发票、出入境检验检疫证书等。

（1）运输单据。

运输单据是明确承运人与托运人权利和义务的契约，它规定了货物运输的具体条件，包括运输方式、运输工具、运输路线、运费支付等。随着国际贸易及物流技术的发展，货物运输条件日益改善，运输方式趋于多样化，因而涉及海运、空运、陆运、多式联运、专递以及邮政等多种运输单据的使用。当今，大约80%的国际货物运输采用海运方式，因此，海运提单成为国际贸易和结算中使用最多的运输单据。

（2）保险单据。

在国际贸易活动中，进出口企业通常需要购买货物运输保险、出口信用保险等保险产品，用以规避风险，因而会涉及保险单据的应用。保险单据是由保险公司出具，体现保险公司与被保险人之间建立契约关系的正式凭证。它既是保险公司对被保险人的承保证明，又是双方之间权利和义务的契约文件。在保险标的遭受约定范围内的损失时，保险单据是被保险人索赔和保险人理赔的主要依据。常见的保险单据有保险单、保险凭证。

（3）商业单据。

商业单据是指描述合同标的及相关事项的单据，通常由出口方根据合同或者信用证的规定出具。商业单据包括：商业发票、形式发票、包装单、受益人声明书、船长收据、船舶公司证明等。

（4）官方单据。

官方单据是海关或其他政府机构出于进出口贸易管制目的而要求进出口双方提交的单据，官方单据种类繁多，常见的有：海关发票、领事发票、一般原产地证书、普惠制原产地证书、出入境检验检疫证书等。

2. 主要单据

制单是指依据买卖合同、信用证、货物的原始资料、国际惯例、国外客户要求等缮制单据。主要单据如表 6－3 所示。

表 6－3 主要单据

单据名称	出单人	出单时间
商业发票	出口商	报检或报关时
装箱单/重量单	出口商	与商业发票同时
订舱委托书	出口商	委托订舱时
托运单	出口商/货代	订舱时
出境货物报检单	出口商	报检时
出境货物通关单	检验检疫机构	完成报检时/报关前
客检证	进口商或其代表	货物出运前
出口收汇核销单	出口商	报关前
出口货物报关单	出口商/货代/报关行	报关前
货物运输投保单	出口商	订舱后集港前
货物运输保险单	保险公司	接受投保后
海运提单	承运人或其代表	货物上船后
装运通知	出口商	一般货物上船后 48 小时内
原产地证明书申请书	出口商	货物出运前 3 天
一般原产地证明书	检验检疫机构/贸促会/出口商/生产厂商	货物出运前后
普惠制原产地证明书申请书	出口商	货物出运前 3 天
普惠制原产地证明书	检验检疫机构	货物出运前后
商品检验证书	检验检疫机构	货物出运前后
汇票	出口商	交单前

（1）商业发票。

商业发票（commercial invoice）简称发票，是出口企业开给进口企业的含有货物名称、规格、单价、数量、金额、包装尺寸等内容的票据。它是买方和卖方的财务进行打款记账的依据，也是国外买方办理进口报关、纳税、收货等过程的必需材料，它是对一笔交易最全面和真实的记录。因此，商业发票是整个出口过程中所有单据中的核心单据，在制单的过程中，其余单据都应该根据商业发票进行缮制。同时，商业发票的内容必须与交易合同和信用证的规定相符，不能有不符的地方。商业发票示例如图 6 - 10 所示。

<table>
<tr><td colspan="2">ISSUER
NORTHERN ENERGY CORPORATION LIMITED
NO.166 CAMPBELL STREET QLD AUSTRALIA</td><td colspan="3" rowspan="2">COMMERCIAL INVOICE</td></tr>
<tr><td colspan="2" rowspan="2">TO
DATONG COAL MINE GROUP CO.LTD
XINPINGWANG COUNTY SHANXI CHINA</td></tr>
<tr><td colspan="2">NO.
7966616</td><td>DATE
NOVEMBER 20 2013</td></tr>
<tr><td colspan="2" rowspan="2">TRANSPORT DETAILS
FROM BRISBANE AUSTRALIA TO QINHUANGDAO
PARTIAL SHIPMENTS :NOT ALLOWED
TRANSSHIPMENT : PROHIBITED</td><td colspan="2">S/C NO.
SC-529</td><td>L/C NO.
RRRI-601225</td></tr>
<tr><td colspan="3">TERMS OF PAYMENT
IRREVOCABLE L/C AT SIGHT</td></tr>
<tr><td>Marks and Numbers</td><td>Number and kind of package
Description of goods</td><td>Quantity</td><td>Unit Price</td><td>Amount</td></tr>
<tr><td>DATONG COAL CO
SC-529
RRRI-601225
QINHUANGDAO</td><td>STEAM COAL
GROSS CALORIFIC VALUE AT MIN
6300-6100 KCAL/KG (ADB)
IN BULK</td><td>2000MT</td><td>USD266.00/MT
CIF
QINHUANGDAO</td><td>USD532000.00</td></tr>
<tr><td colspan="2">TOTAL:</td><td>2000MT</td><td></td><td>USD532000.00</td></tr>
<tr><td>SAY TOTAL:</td><td colspan="4">US DOLLARS FIVE HUNDRED AND
THIRTY-TWO THOUSAND ONLY</td></tr>
<tr><td colspan="5">NORTHERN ENERGY CORPORATION LIMITED
SIGNED</td></tr>
</table>

图 6 - 10　商业发票示例

厂商发票（manufacturer's invoice）是制造商在出口货物时所开具的以所属国货币计算的出厂价格的发票，它是用来说明出口国国内市场货物价格的凭证。厂商发票是检查出口国所出口的货物是否存在价格倾销行为的依据，是进口国海关进行估价、核税及征收反倾销税的凭据。

（2）海运提单。

海运提单（ocean bill of lading）是货物承运人在收到货物后所开具的货物收据，是承运人和卖方签订货物运输合同的凭据。海运提单也是证明所载货物所有权的凭据，具有物权特性。海运提单示例如图 6－11 所示。

BILL OF LADING

1)SHIPPER TWINS CITY GROUP INT'L TRADE CORP SUITE 508, CONCH BUILDING 1271 ZHONGSHAN RD(W) SHANGHAI, 200051, CHINA		10)B/L NO. NOM-SHCHBL09 *CARRIER* **C O S C O** **中国远洋运输（集团）总公司** **CHINA OCEAN SHIPPING (GROUP) CO.**
2)CONSIGNEE TO ORDER		
3)NOTIFY PARTY N.V. NOM POSTBUS 20101 2800 ECS-ROTTERDAM, THE NETHERLANDS.		
4)PLACE OF RECEIPT	5)OCEAN VESSEL YI XING	
6)VOYAGE NO. V.216	7)PORT OF LOADING SHANGHAI	*ORIGINAL*
8)PORT OF DISCHARGE ROTTERDAM	9)PLACE OF DELIVERY	Combined Transport BILL OF LADING

11)MARKS	12) NOS. & KINDS OF PKGS.	13)DESCRIPTION OF GOODS	14) G.W.(kg)	15) MEAS(m3)
SHCH-NOMSC09 NV NOM ROTTERDAM 1-1833	1833CTNS	FORTUNE BRAND ALUMINUM GARDEN FURNITURE	42143KG	159.847M3

16)TOTAL NUMBER OF CONTAINERS OR PACKAGES(IN WORDS) SAY FOUR CONTAINERS ONLY

FREIGHT & CHARGES	REVENUE TONS	RATE	PER	PREPAID	COLLECT
TOTAL USD 11500.00		3770/1980			

PREPAID AT	PAYABLE AT	17)PLACE AND DATE OF ISSUE
TOTAL PREPAID TOTAL USD 11500.00	18)NUMBER OF ORIGINAL B(S)L THREE	SHANGHAI 21)
LOADING ON BOARD THE VESSEL 19)DATE 2001-5-31	20)BY 中国外轮代理公司上海分公司 HINA OCEAN SHIPPING AGENCY,SHANGHAI BRANC	中国外轮代理公司上海分公司 HINA OCEAN SHIPPING AGENCY,SHANGHAI BRANC 章建国 FOR THE CARRIER NAMED ABOVE

图 6－11 海运提单示例

（3）保险单。

保险单（insurance policy）又可简称为保单，是保险人与被保险人所签订的保险合同中具有法律效力的证明文件。保险单的内容如下：保险双方当事人的详细信息，包括姓名、金额、期限、保费等；保险双方当事人的权利、义务及责任；其他附加条款，如保单变更、转让和注销等事宜。保险单是保险双方当事人履行合同的依据，是具有法律效力的证明文件。同时，在 CIF 条件下，保险单是卖方提交结汇的必需凭证。保险单示例如图 6－12 所示。

________________ 保　险　公　司

保　险　单　　　　保险单号次

INSURANCE POLICY

中　国　人　民　保　险　公　司（以　下　简　称　本　公　司）

THIS POLICY OF INSURANCE WITNESSES THAT ________________ (HEREINAFTER CALLED "THE COMPANY")

根　据

AT THE REQUEST OF ________________

(以　下　简　称　被　保　险　人）的　要　求，由　被　保　险　人　向　本　公　司　缴　付　约

(HEREINAFTER CALLED " THE INSURED ") AND IN CONSIDERATION OF THE AGREED PREMIUM PAID TO THE COMPANY BY THE

定　的　保　险　费，按　照　本　保　险　单　承　保　险　别　和　背　面　所　载　条　款　与　下　列

INSURED UNDERTAKES TO INSURE THE UNDERMENTIONED GOODS IN TRANSPORTATION SUBJECT TO THE CONDITIONS OF THIS POLICY

特　款　承　保　下　述　货　物　运　输　保　险，特　立　本　保　险　单。

AS PER THE CLAUSES PRINTED OVERLEAF AND OTHER SPECIAL CLAUSES ATTACHED HEREON.

标记 MARKS & NOS	包装及数量 QUANTITY	保险货物项目 DESCRIPTION OF GOODS	保险金额 AMOUNT INSURED

保 险 金 额：

TOTAL AMOUNT INSURED:

保 费　　　　费 率　　　　装载运输工具

PREMIUM AS ARRANGED　　RATE　AS ARRANGED　　PER CONVEYANCE S.S. ________

开 航 日 期　　　　自　　　　至

SLG. ON OR ABT. AS PER BILL OF LADING　FROM ________　TO ________

承　保　险　别：

CONDITIONS:

所 保 货 物，如 遇 出 险，本 公 司 凭 本 保 险 单 及 其 他 有 关 证 件 给 付 赔 款。

CLAIMS, IF ANY, PAYABLE ON SURRENDER OF THIS POLICY TOGETHER WITH OTHER RELEVANT DOCUMENTS.

所 保 货 物，如 发 生 本 保 险 单 项 下 负 责 赔 偿 的 损 失 或 事 故，

IN THE EVENT OF ACCIDENT WHEREBY LOSS OR DAMAGE MAY RESULT IN A CLAIM UNDER THIS POLICY IMMEDIATE NOTICE

应　立　即　通　知　本　公　司　下　述　代　理　人　查　勘。

APPLYING FOR SURVEY MUST BE GIVEN TO THE COMPANY'S AGENT AS MENTIONED HEREUNDER:

中国人民保险公司上海分公司

____

____

____

____

________________公司

________________ **COMPANY OF CHINA**

________________ **BRANCH**

赔 款 偿 付 地 点

____

日 期

DATE ________

地址：________________　TEL：________________

–

General Manager

Address: ________________

Cable: ________________

Endorsement: ________________

____

____

图 6－12　保险单示例

（4）原产地证明书。

原产地证明书（certificate of origin）是出口企业根据进口企业的要求所提供的证明货物原产地或制造地的一种证明文件，它是由公证机构或政府相关部门或出口公司开具的文件。原产地证明书是买卖双方交接货物、货款结算、索赔理赔，进口国通关验收、关税征收的有效凭据。除此之外，它不仅是出口国享受关税配额待遇的凭证，也是进口国对货物的不同出口国实行不同贸易政策的依据。原产地证明书示例如图 6 - 13 所示。

原产地证明书

生产单位		生产单位联系人电话	

中文品名	H.S编码	数（重）量	FOB值（美元）	产品进口成份*

商业发票号		商品FOB总值（以美元计）	

贸易方式（请在相应的“□”内处打勾）				
□一般贸易	□灵活贸易	□零售贸易	□展卖贸易	□其他贸易方式

中转国/地区		最终销售国		拟出口日期	

申请证书（单）类型：（请在相应的“□”内处打勾）

1. □《普惠制原产地证明书》；
2. □《（曼谷协定）优惠原产地证明书》；
3. □《（中国-东盟自由贸易区）优惠原产地证明书》；
4. □《（中国与巴基斯坦优惠贸易安排）优惠原产地证明书》；
5. □《输欧盟农产品原产地证明书》《输欧盟蘑菇罐头原产地证明书》；
6. □《烟草真实性证书》；
7. □《中华人民共和国出口货物原产地证明书》
8. □《加工装配证明书》；
9. □《转口证明书》；
10. □《原产地异地调查结果单》；
11. □其他原产地证明书（请列明____________________________）

备注：	申报员(签名)： 电话(手机)： 日期：　年　月　日

图 6 - 13 原产地证明书示例

（5）商品检验证书。

商品检验证书（commodity inspection certificate）是一种包括出口货物的品质、数量、重量、卫生条件等信息的证书，是由相关检验机构在对进出口货物进行检验和鉴定后开具的证明文件。其可以作为卖方提交银行办理议付的凭证，也可以证明卖方供货是否与合同约定一致，同时它还可以作为索赔和理赔的依据。商品检验证书一般由具有相关检验资质的国家检验机构开具，示例如图 6－14 所示。

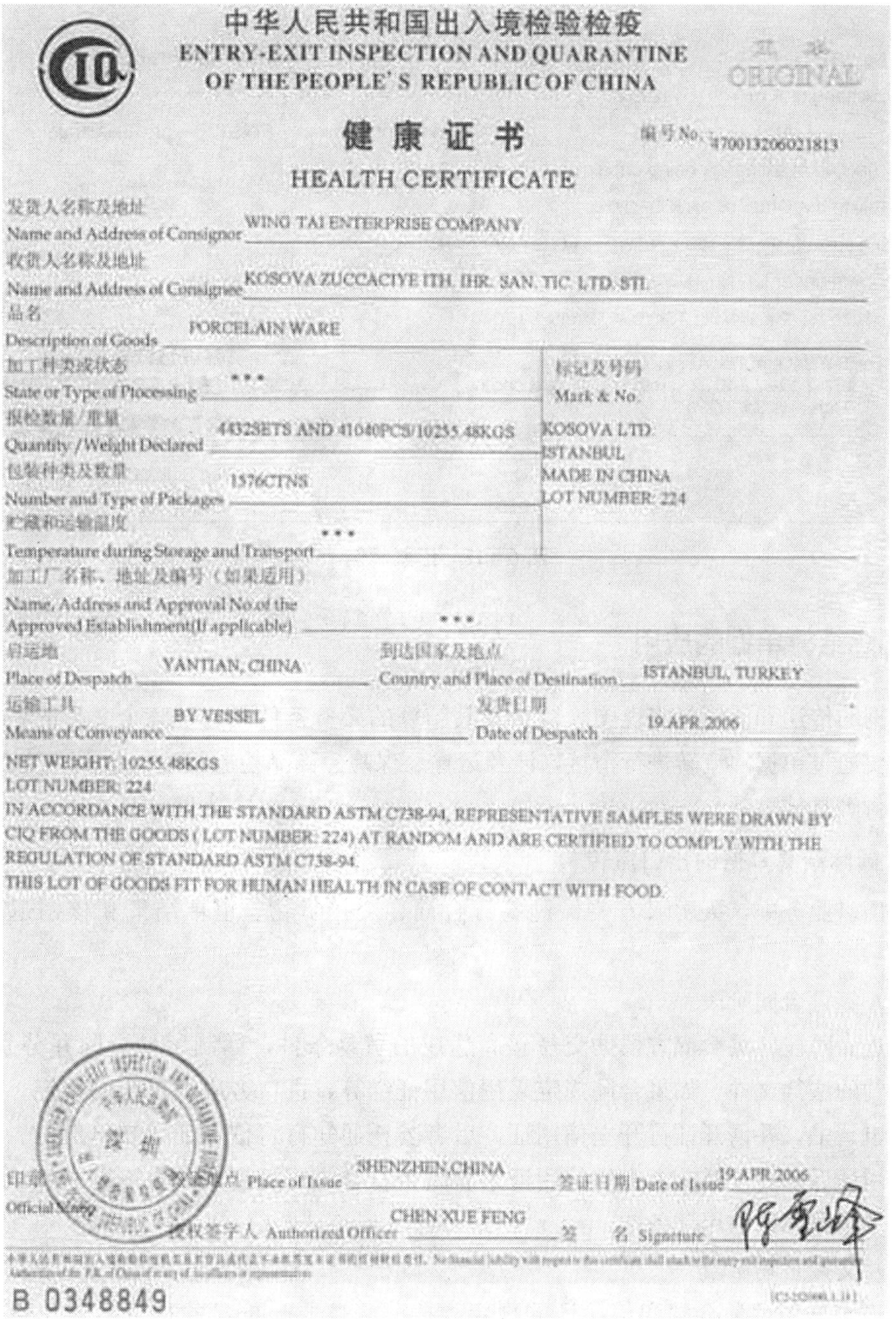

中华人民共和国出入境检验检疫
ENTRY-EXIT INSPECTION AND QUARANTINE
OF THE PEOPLE'S REPUBLIC OF CHINA

ORIGINAL

健康证书
HEALTH CERTIFICATE

编号No. 470013206021813

发货人名称及地址
Name and Address of Consignor: WING TAI ENTERPRISE COMPANY

收货人名称及地址
Name and Address of Consignee: KOSOVA ZUCCACIYE ITH. IHR. SAN. TIC. LTD. STI.

品名
Description of Goods: PORCELAIN WARE

加工种类或状态
State or Type of Processing: ***

标记及号码
Mark & No.: KOSOVA LTD. ISTANBUL MADE IN CHINA LOT NUMBER: 224

报检数量/重量
Quantity / Weight Declared: 4432SETS AND 41040PCS/10255.48KGS

包装种类及数量
Number and Type of Packages: 1576CTNS

贮藏和运输温度
Temperature during Storage and Transport: ***

加工厂名称、地址及编号（如果适用）
Name, Address and Approval No. of the Approved Establishment(If applicable): ***

启运地
Place of Despatch: YANTIAN, CHINA

到达国家及地点
Country and Place of Destination: ISTANBUL, TURKEY

运输工具
Means of Conveyance: BY VESSEL

发货日期
Date of Despatch: 19.APR.2006

NET WEIGHT: 10255.48KGS
LOT NUMBER: 224
IN ACCORDANCE WITH THE STANDARD ASTM C738-94, REPRESENTATIVE SAMPLES WERE DRAWN BY CIQ FROM THE GOODS (LOT NUMBER: 224) AT RANDOM AND ARE CERTIFIED TO COMPLY WITH THE REGULATION OF STANDARD ASTM C738-94.
THIS LOT OF GOODS FIT FOR HUMAN HEALTH IN CASE OF CONTACT WITH FOOD.

印章 Official Stamp

签证地点 Place of Issue: SHENZHEN,CHINA

签证日期 Date of Issue: 19.APR.2006

授权签字人 Authorized Officer: CHEN XUE FENG

签名 Signature

B 0348849

图 6－14 商品检验证书示例

（6）汇票。

汇票（bill of exchange）一般由出票人开具，是一种规定付款人见票即付或在规定时间内向持票人或收款人无条件付款的信用工具。汇票在国际结算中使用最为广泛，是托收方式下付款必备的重要单据。汇票示例如图 6－15 所示。

BILL OF EXCHANGE

No. S0001184 Dated 2017-09-01

Exchange for JPY 1200000

At ---- Sight of this FIRST of Exchange

(Second of exchange being unpaid)

Pay to the Order of BANK OF CHINA

the sum of JPY ONE MILLION TWO HUNDRED THOUSAND ONLY

Drawn under L/C No. 002/0000025 Dated 2017-09-01

Issued by THE BANK of TOKYO-MITSUBISHI, LTD.

To THE BANK of TOKYO-MITSUBISHI
LTD.2-10-22 2-10-22 Kayato Bldg 4F, Akebonocho
Tachikawa Shi, Tokyo

艾格进出口贸易公司
AIGE IMPORT & EXPORT COMPANY
AIGE IMPORT & EXPORT COMPANY
AIGE ZHANG
(Authorized Signature)

图 6-15 汇票示例

二、国际结算单据的应用

单据的传递和使用是实现国际贸易及其结算的必备条件之一，整个交易的各个业务环节需要通过单据的流转进行衔接，涉及运输、保险、商品检验检疫、报关、支付结算、货物交付等具体事项。

1. 国际结算单据的出口流转

在出口业务中，买卖双方要经过签订合同、交接货物、审单结汇和核销退税四个阶段。

（1）签订合同阶段。

在这一阶段，买卖双方根据交易磋商达成的贸易条件，缮制贸易合同并分别签署，作为履约的法律文件。如果合同规定采用信用证结算，进口方应根据合同规定，及时填制开证申请书，并请开证行开立信用证，后者委托通知行将信用证通知出口方。出口方收到信用证后，要及时认真审核信用证条款是否符合合同规定，如有不符之处，则要提请进口方尽早修改信用证条款。

（2）交接货物阶段。

出口方按照贸易合同和信用证的规定，按时、按质、按量备货装运。凡商品质量列入国家法定检验范围，或者合同、信用证中列明须由出口方提供商品品质检验证书的商品，出口方应该在货物出运前及时填写报检单，并向商检机构申报产品检验检疫。合格后，商检机构应按相关规定出具出入境检验检疫证书，以满足单证相符的要求。

在约定采用 CIF、CIP 贸易术语的合同中，通常是由出口方办理租船、订舱、报关、保险等事项。出口方应在信用证规定的装运期前及时办理出口货物运输的相关手续，取得海运提单等运输单据，并且要在货物离仓前向保险公司办理投保手续（避免出现运输途中货物处于“漏保”状态），并取得保险单据。

在办妥以上手续后，出口方就可以填制出口货物报关单，向海关申报出口。报关时，出口方需要提交的单据包括装货单、出口收汇核销单、商业发票、装箱单、出入境检验检疫证书等。单据和货物经海关核查通过后，才予以放行。

海关放行后，出口方通知运输公司将货物按照规定装上指定的运输工具（如船舶等），并从运输公司处取得正本运输单据（如海运提单）。取得运输单据后，按照国际惯例，出口方应该及时向进口方发出货物已经装运的通知。

（3）审单结汇阶段。

出口方在取得运输单据后，应集齐信用证或者贸易合同要求的全套单据（如海运提单、商业发票、保险单、原产地证明书等）并进行自审，以确定是否符合信用证或者合同的规定。如果没有问题，出口方应该在信用证规定的交单日期前向银行提交全套单据，完成交单。收单行应该将全套单据寄给国外开证行。开证行审单后，若单证相符，则将货款拨付给出口方的收单行，由收单行通知出口方办理结汇。

（4）核销退税阶段。

结汇后，出口方应该在规定的时间内持海关签章的出口收汇核销单、结汇水单、出口报关单办理核销手续。核销结束后，出口方凭核销单、出口报关单、增值税发票等向税务机关申请退税。

2. 国际结算单据的进口流转

国际结算单据的进口流转与进出口双方约定使用的贸易术语有密切关联。以FOB合同为例，进出口双方要经过合同签订、货物交接、付款交单、报关四个阶段，单据的进口流转比出口流转要简单些。

（1）合同签订阶段。

与单据的出口流转一样，进出口双方根据磋商达成的贸易条件签订合同。合同签订后，进口方按照合同的规定及时向银行申请开立信用证。若出口方提出修改信用证，进口方对改证内容确认无误后，向开证行提出改证要求并缴纳改证费用。

（2）货物交接阶段。

在FOB合同中，通常由进口方办理租船订舱，其大多通过国外货代办理装运手续。当装运手续办妥后，进口方应及时向出口方发出装运通知，告知其运输船名和到达装运港的时间，以便出口方做好装运准备工作。另外，在FOB合同中，进口方收到出口方的装运通知后，应及时向保险公司办理进口货物运输保险。

（3）付款交单阶段。

开证行收到国外银行寄来的全套单据后应及时审核，审核后交给进口方。进口方根据合同或信用证进行审单，若确认单据无误，则进行承兑或付款，并取得全套单据。进口方若发现单据存在问题，应及时通知银行提出拒付并列明缘由。一般来说，在托收结算方式下，审单的依据是合同；而在信用证结算方式下，审单的依据是信用证。

（4）报关阶段。

当货物到达目的港后，进口方应首先持正本海运提单向海运公司换取提货单，并付清所有费用。其次填写入境货物报检单，连同贸易合同、商业发票、海运提单和装箱单等相关单据，向进口国商检机构办理入境货物报检手续。商检机构对手续合格的货物签发入境货物通关单等凭证。再次，进口方应立即缮制进口货物报关单，连同提货单、商业发票、入境货物通关单等，在海关规定的时间内及时办理进口货物的报关手续。最后，海关查验单据和货物相符后，征收进口关税，予以放行，进口方凭正本海运提单进行提货。

三、国际结算单据的信息化处理

传统的国际结算单据都是手工制作，一笔进出口业务动辄涉及十几种甚至几十种单据，各种单据的内容繁杂，缮制要求高且流转环节多，任何一个差错都可能造成交易纠纷，甚至当事人的利益损失。随着科技的发展，国际结算单据的缮制、处理、交接、传递出现了一系列重大质变。其中，电子数据交换技术的使用以及商业银行单证中心的构建，起到了重要的推动作用。

（一）EDI 技术

EDI（electronic data interchange）意为电子数据交换、电子资料联通、贸易通或无纸贸易。EDI 将与贸易有关的运输、保险、银行和海关等行业的信息，用国际公认的标准格式进行编制，并通过计算机网络实现各有关部门与企业之间的数据传输与处理，从而完成以贸易为中心的全部业务过程。

美国是世界上最早应用 EDI 技术的国家。据美国海关统计，EDI 处理的业务量占海关申报货物的 93%，占放行货物的 92%。美国海关规定，对于采用 EDI 方式的报关者将给予优先处理，未采用 EDI 方式的海关手续将被延迟处理。目前欧美国家的海关均已采用 EDI 技术。韩国、日本、新加坡是亚洲地区最早开发利用 EDI 的国家。韩国 1991 年开始逐步推广其贸易网络系统，该系统包括海关、银行、保险公司、运输公司、大型工贸集团等部门的主要单证交换业务。中国于 1990 年起开始推广应用 EDI，这一技术在进出口货物通关、支付结算等环节发挥了重要作用。

（二）单证中心

单证中心是目前国际先进银行普遍采用的单证业务处理模式。通过构建单证中心，银行可以运用最先进的计算机技术和影像传输技术，将分散在全球各分支机构的国际结算和贸易融资业务统一集中到单证中心进行处理，从而规范操作标准、提高业务效率、降低运营成本、控制操作风险。20 世纪末，西方银行纷纷设立区域国际结算单证中心，集中处理国际结算业务。一些跨国银行根据业务拓展需要，更是把单证中心模式的地域范围进一步扩展到全球，在世界不同地区设立多个单证中心。

2003 年 12 月，厦门国际银行在我国率先正式上线单证中心系统。其后，国内银行纷纷设立单证中心，集中处理全行境内外国际结算单据业务。国际结算单证中心模式的迅速推广，促使我国银行国际结算业务模式由“分散处理”向“集中处理”转变，实现了“高效、低耗”的重大转型。例如，中国工商银行国际结算单证中心已集中了其境内外多家分行和机构的单证业务，充分发挥了系统集中、数据集中、专业人才集中的优势，依托全球统一的业务处理平台，实现了运营效率的提升、服务标准的统一和风险的集中控制，推动了国际结算、贸易融资、人民币跨境贸易结算、代理和外包等业务的不断发展和创新。

四、交单

交单是指持单人根据合同所规定的时间和地点，以合适的方式，将符合要求的单据交给正确的当事人的行为。交单通常以信用证、托收以及电汇（T/T）支付方式进行，交单需要到银行，以汇付方式将单据直接交给当事人。

1. 信用证支付方式下的交单

在信用证明确规定交单日期的前提下，受益人需要在期限内交单。若信用证没有规定，受益人最迟向银行交单的期限是不迟于装运日后的21天。需要注意的是，任何情况都不能成为迟于交单期限交单的原因，一旦延迟则不被受理。在条件允许的情况下，受益人越早交单越好，这样可以为发现问题留出补救时间，即使没有问题，也可以尽快收汇。

2. 托收支付方式下的交单

出口方在装运货物后，如果选择D/P（付款交单）或D/A（承兑交单）支付方式，应该向进口方托收行交单并办理托收服务。因托收交单形式不一，出口方可根据合同和自身情况自行选择单据的种类、份数、内容及交单时间。

3. T/T支付方式下的交单

根据付款时间不同，T/T分为前T/T和后T/T两类。其中，前T/T又分为装运前T/T和装运后见提单传真件T/T。

（1）出口方在装运货物之前就已经收到进口方电汇的全部合同金额，这是装运前T/T支付方式。这样，在装运货物之后，出口方就可以直接把包括海运提单在内的所有单据邮寄给进口方，或者是指示货船公司把提单电传给进口方。

（2）出口方在装运货物之后，把海运提单传真给进口方，进口方在收到海运提单传真件之后，随即把合同规定金额电汇给出口方，最后出口方在收到货款后，把包括海运提单在内的所有单据邮寄给进口方，这是装运后见提单传真件T/T支付方式。

（3）出口方在装运货物之后，把包括海运提单在内的所有单据邮寄给进口方，进口方可以在收到单据或者货物之后的一段时间内，采用电汇方式把合同规定款项打给出口方，这是后T/T支付方式。

五、结汇和退税

结汇是指出口方在货物装运完后，按照信用证规定，把已准备好的所有单据，在信用证规定的交单期限内送交到银行。银行在审核无误后，向出口方发放货款。

出口退税是指货物出口国对出口货物免征该货物在本国境内消费时应缴纳的税金或

退还其按本国税法规定已缴纳的税金（包括增值税、消费税）。通过免征或者退还出口货物在本国境内缴纳的税金的方式，使本国货物可以以不含税的成本价进入国际市场。

相关阅读

从各国普惠制中“毕业”，中国外贸行稳致远

2021 年 10 月 25 日，中华人民共和国海关总署发布公告称，自 2021 年 12 月 1 日起，对输往欧盟成员国、英国、加拿大、土耳其、乌克兰和列支敦士登等已不再给予中国普惠制关税优惠待遇国家的货物，海关不再签发普惠制原产地证书。

在新冠肺炎疫情肆虐，世界经济前景不明，中国经济增速下滑，贸易保护主义和逆全球化思潮盛行的当下，海关总署的这则公告很快引起了企业和群众的注意，不少人将其解读为这些国家针对中国出口的一次集体行动，若果真如此，这将是三十多个国家对中国发起的贸易战。

本次公告之所以引起误读，主要是因为公众对普惠制这一制度安排的概念、历史和机制并不了解。二战以后，包括美国、中国在内多个国家为推行自由贸易，进行了关税减让谈判，并最终签订了《关税及贸易总协定》。之后，各成员国继续推进了多轮关税减让谈判，使得全世界的平均关税水平大幅度降低。不过，《关税及贸易总协定》的基本原则是互惠性的，发展中国家逐渐意识到自身在经济发展水平和贸易地位方面与发达国家存在着巨大的差距，却承担着同等的关税减让义务，造成了发展中国家与发达国家实质上的不平等，不仅不利于发展中国家的对外贸易和经济增长，也不利于世界经济的稳定发展。

随着越来越多的发展中国家加入《关税及贸易总协定》，它们要求改变旧的国际贸易体制的诉求越来越强烈，并最终在 1968 年第二届联合国贸易和发展会议上确定了普惠制，即发达国家单方面对从发展中国家输入本国市场的制成品和半成品给予普遍的、非歧视的、非互惠的优惠关税待遇的贸易制度。普惠制确立 50 多年来，对于促进发展中国家的贸易发展和产品出口起到了巨大的作用。目前，全世界的给惠国包括欧盟 27 国、美国、日本、澳大利亚、新西兰等。从 1978 年起，中国成为各普惠制给惠国的受惠国。普惠制极大地促进了中国与发达经济体的贸易往来，这在改革开放初期体现尤为明显。

由于普惠制是发达国家单方面给予发展中国家的优惠关税待遇，大幅度地增加进口可能会对发达经济体的国内相关产业造成冲击和影响，各给惠国在制定相应规则时都规定了一些保护措施，包括例外条款和“毕业”条款。对于发达国家与发展中国家的经贸关系而言，普惠制既非必然的，也非永久的，发达国家成为给惠国是一种自愿的选择，发展中国家成为受惠国需要具备一定的标准，同时也是有期限的。例如，2005 年欧盟实施的新普惠制改革显著降低了“毕业”的门槛、缩减了普惠制的范畴，2014 年欧盟对发展中国家享受普惠制国家数量从 176 个减少到 75 个；而在 2019 年，时任美国总统特朗普宣布，正式取消给予印度的普惠制待遇并对印度输美的钢铝制品征收额外关税，此举让美国盟友印度非常受伤，报复性地对来自美国的 28 种商品加征关税。正因如此，我们更应该理性看待中国从大多数普惠制给惠国名单中“毕业”的过程。

从中国的主要贸易伙伴来看，中国并非美国普惠制待遇的受惠国，当然也就谈不上美国取消普惠制或中国从美国普惠制待遇中“毕业”的问题。事实上，中国不仅未从美国普惠制待遇中获益，更因美国发起的对华贸易战而遭受美国毫无根据的大幅度增加来自中国产品的关税，即使如此，也未能阻止中美贸易规模持续扩大，中国对美国出口以及顺差的增加。

2020 年至今，中国最大的贸易伙伴是东盟十国，这些国家并非普惠制的给惠国，甚至其中大多数国家是发展水平尚落后于中国的发展中国家，但中国与东盟十国早在 2010 年就达成了自由贸易协定，平均关税水平早已大幅度下降。

2020 年之前，欧盟曾是中国最大的贸易伙伴。从 1996 年起，欧盟就分批逐渐取消了中国对欧出口产品的普惠制待遇；2015 年 1 月 1 日起，中国正式从欧盟普惠制待遇中完全“毕业”，但与此同时，中国对欧出口连年增加。当然，为促进对欧贸易健康发展，中国应当未雨绸缪，加快与欧盟的自由贸易谈判。

日本于 2019 年 4 月 1 日起也取消了对中国的普惠制待遇，不过，包含中日两国在内的《区域全面经济伙伴关系协定》（RCEP）已经于 2022 年 1 月 1 日起生效，中日两国在 RCEP 框架下向着零关税稳步前进。

澳大利亚的态度格外引人关注，尽管近年来由于澳方一意孤行，不断在政治、军事、外交、经贸等领域对华挑衅，中澳双边关系陷入冰点，但澳大利亚并未追随其他国家取消对华的普惠制待遇，成为仅剩的对华实行普惠制待遇的三个国家之一。不过，澳大利亚常年对华保持贸易顺差，2020 年，对华出口几乎占到澳大利亚出口总额的一半，继续实行对华普惠制待遇并不会影响中澳两国短期内的贸易地位。

从 2010 年起，中国已经成为世界第二大经济体。根据 WTO 统计，2020 年中国出口增速高于全球 7.4 个百分点，出口、进口、进出口在国际市场上的份额分别达 14.7%、11.5%、13.1%，均创历史新高，货物贸易第一大国地位不断得到稳固。在新冠肺炎疫情仍然困扰世界经济与全球贸易的同时，中国对外贸易的韧性十足，供应链的稳定性在全球独树一帜，因此，从发达经济体的普惠制待遇中“毕业”不会动摇中国对外贸易基本面，反而从另一个角度印证了中国经济增长的实绩。随着中国继续深入改革和扩大对外开放，加强与其他国家的区域贸易协定谈判，中国对外贸易会迎来更高质量的发展，必将行稳致远。

复习与思考

一、单选题

1. 专注于移动端的跨境电商第三方平台为（　　）。

A. 全球速卖通　B. eBay　C. Wish　D. 亚马逊

2. 全球速卖通平台的物流主要是（　　）。

A. 大包　B. 中包　C. 小包　D. 集装箱

3. 全球速卖通平台的业务流程第一步是（　　）。

A. 收款　B. 发货　C. 商品上架　D. 平台认证注册

4. 在谷歌浏览器中逻辑符空格代表的意思是（　　）。

A. 与　　B. 非　　C. 或　　D. 任何文字

5. 进行跨境电商交易的双方有大约九成都在使用（　　）进行跨境结算。

A. 电汇　　B. 西联汇款　　C. PayPal　　D. Visa

二、案例题

1. 中国C公司与法国巴黎F公司的网上交易磋商

2019年8月16日，中国C公司收到法国巴黎F公司的一份发盘，发盘内容为“马口铁600吨，每吨645美元，CFR中国口岸，9月份装运，即期信用证支付，限25日复到有效”。C公司于17日复电：“若单价为600美元，CFR中国口岸，可接受600吨马口铁，履约中如有争议在中国仲裁。”法国F公司复电：“市场坚挺，价格不能减，仲裁条件可接受，速复。”此时马口铁价格确实趋涨。C公司于19日复电：“接受你16日发盘，信用证已由中国银行开立，请确认。”但F公司未确认并退回信用证。

(1) 合同是否成立，为什么？(2) 我方有无失误？

2. 贸易术语的选择

我国甘肃省的文县盛产花椒。当地生产商非常希望能将生产优势转化为经济效益优势。韩国釜山的进口商对文县花椒很感兴趣，并有意进口。但是，甘肃省地处内陆，远离沿海港口岸。双方经过实地调研后认为，可以将甘肃文县的花椒在相距较近的甘肃省天水市海关（无水港）履行清关手续后，通过铁路运输经陕西省西安运至江苏省连云港，经连云港办理中转手续后，即可装箱或将原装的集装箱装船出口运至韩国釜山港。

选择哪个贸易术语对我方较为有利？

第7章
跨境电商物流与保险

学习目标

- 了解跨境电商物流的定义；
- 掌握跨境电商物流的类型；
- 掌握跨境电商进口流程；
- 掌握跨境电商出口流程；
- 掌握跨境电商面临的风险和保险。

关键概念

跨境电商物流　邮政包裹　商业快递　专线物流　海外仓

案例导入

2022年6月10日，厦门港开通“丝路海运”电商快线，这是国内首条“丝路海运”电商快线，也是一条点对点的专线。该快线沿途仅靠泊中国厦门港和菲律宾马尼拉港，从厦门港出发运输的货物只需2天便可直达菲律宾马尼拉南港，从而可实现两国双港电商货物的快捷运送。“丝路海运”是我国首个以航运为主题的“一带一路”国际综合物流服务平台，目前航线可达全球29个国家的102座港口。

在厦门港电商海运快捷通道启动仪式上，《“丝路海运”电商快线服务承诺》正式发布。服务承诺包括电商货柜可于船舶预计靠泊的前7天进入码头、保证提供A级优质集装箱、查验不符改单报关单0.5小时放行等，满足了电商货物小批量、多批次、时效强的进出口需求。

形势分析

中欧班列逆势增长　表现亮眼

2020年，中欧班列成为中欧贸易新的“带货王”。

国铁集团的数据显示，2020年全年中欧班列开行量同比增长50%，达到12 400列，在疫情背景下中欧班列呈逆势增长势头，有力地促进了中欧及沿线国家的抗疫合作，降低了疫情对中欧产业链、供应链合作带来的冲击和影响。

2020年中欧班列的表现可概括为：稳定、担当和创新高。

稳定体现于开行频次上，相对于空运和海运，中欧班列在2020年始终保持了稳定运行；担当则体现于疫情背景下，中欧班列在畅通国际国内双循环，以及运送抗疫物资上所发挥的巨大作用；创新高则体现在开行的数量和质量上，即无论是开行数量、重载率等，均较过去有显著增长。

7.1 跨境电商物流概述

跨境电商的发展离不开物流运输，伴随着跨境电商的发展，跨境电商物流也获得了迅猛发展。数据显示，2022年全球跨境电商物流行业的市场规模达71 700.9亿元，同比增长7.01%；在跨境电商蓬勃发展的态势下，我国跨境电商物流行业也迎来了广阔的发展机遇，2022年我国跨境电商物流行业的营收规模突破7 000亿元。

跨境电商物流是指以海关关境两侧为端点的实物和信息有效流动和存储的计划、实施和控制管理过程。跨境电商物流作为一种新的物流形式，与国内电商物流、传统国际物流相比存在如下差别：（1）与国内电商物流相比，跨境电商物流运输距离较远，且面临出口国和进口国两重海关，需要进行较复杂的检验检疫等清关商检活动，货物破损、丢失等风险相对较高，时间长而成本高，面临不同国家或地区的经济、文化、风俗、政治、政策、法律、宗教等环境因素差异的影响；而国内电商物流在运作流程上相对更加便捷，运送周期短，运作风险与成本低。（2）与传统国际物流相比，跨境电商物流是集产品、物流、信息流、资金流于一体的主动性服务，需要有更高的敏捷性和柔性，强调其整合化和全球化能力，更注重IT系统化和信息智能化。物流服务往往影响着消费者的整个购物流程和时效体验，跨境电商物流除了完成物品位移活动外，还能为消费者提供更多的增值服务。

总的来说，跨境电商物流与国内电商物流、传统国际物流在发展起源、特点、业务模式、覆盖范围、运作流程、标准化程度、配送周期、运作成本、运作风险、信息技术等诸多方面都存在差异。

相关阅读

签署 RCEP 对跨境电商物流的影响

2020 年 11 月 15 日，东盟十国和中国、日本、韩国、澳大利亚以及新西兰五国正式签署《区域全面经济伙伴关系协定》(RCEP)，全球最大自贸区诞生，对中国乃至世界经济影响深远。RCEP 的签署将对跨境电商的发展产生巨大影响。

RCEP 采取预裁定、抵达前处理、信息技术运用等提高海关效率的高效管理手段，简化海关通关手续。这涉及跨境物流多个环节，包括降低甚至消除邮政小包征收关税的风险、降低海外物流仓储建设成本等，港口航运、跨境电商这类企业将直接受益。例如，当进口缔约方取得清关所需信息后，应当在 48 小时内放行货物；对于易腐货物，如海鲜、水果和蔬菜等生鲜货物，进口缔约方在收到清关信息后 6 小时内应当放行；允许空运货物加快通关等。

RCEP 跨境物流方面的规定，有望帮助中国出口商品在目的国海关通关效率提高，从而大幅提高跨境物流效率、缩短物流时间，提高消费者购物体验。

降低跨境交易成本

根据协定，RCEP 各缔约方之间采用双边两两出价的方式对货物贸易自由化做出安排，协定生效后区域内 90%以上的货物贸易将最终实现零关税，且各国根据自己的国情承诺立刻将关税降到零或过渡期降税到零（过渡期的时间主要为 10 年、15 年和 20 年等)，自贸区内有望在较短时间兑现所有货物贸易自由化的承诺，进而使缔约国消费者享受到物美价廉的海外商品。以跨境电商零售进口主要商品之一 3 304 品类目化妆品的关税减让承诺为例：RCEP 电子商务章中，对澳大利亚、新西兰和东盟，关于唇妆、眼妆、指甲化妆品、粉税目下的四类商品，我国承诺从协定生效的第 1 年起，关税率降为 5%，此后一直维持在 5%。对于澳大利亚、新西兰和东盟跨境电商零售进口 3 304.990 0（其他）税目下的商品，我国承诺从协定生效的第 17 年起关税率降为 1%，此后逐步趋近于零税率，至第 20 年完全降为零。此外，RCEP 关税减让对外贸企业最直观的影响就是原材料、资源品进口成本降低，企业封装加工后的产品报价比其他地区的竞争对手更具优势，从而进一步提高跨境电商企业的盈利能力。

优化区域跨境电商供应链和价值资源

受逆全球化和新冠肺炎疫情的双重影响，全球产业链、供应链和价值链仍存在较大的不确定性，面临着“断供”的风险。RCEP 签署后，区域内各成员国的资源、商品流动、技术和服务资本合作以及人才合作将会更加便利，有利于创造价值和整合资源。这将给我国跨境电商在海外仓的建立与运作、东亚和东南亚市场的建立以及国际人才的招聘方面带来巨大机遇。此外，通过优化 RCEP 区域内跨境电商供应链和价值资源也有利于缓解各种不利外部环境的负面影响，帮助我国跨境电商在全球价值链中的地位逐步攀升。

加速我国跨境电商转型升级

虽然我国跨境电商的发展已经走在了世界前列，尤其是在 B2C 模式上，但其发展仍然面临地域文化差异、物流配送难、支付信任以及宽带成本和网速限制等现实问题。RCEP 的签署对于上述问题提供了一些可供参考的解决路径，完善跨境电商促进政策，支持跨境电商发展，适应产业革命新趋势都是可行之策。在 RCEP 中重点提到要鼓励搭建跨境电商发展服务平台，推动配套物流服务体系建设以及支持和建设更多的海外仓，这将加速我国跨境电商转型升级，提供更多优质产品，服务更多国家消费者。此外，伴随着 RCEP 的签署和生效，区域内跨境电商市场将会从野蛮生长逐步转向规范发展，并围绕跨境电商形成一个紧密的生态链和服务链，将会继续促进我国跨境电商的转型升级。

7.2 跨境电商物流的四种类型

传统外贸具有货运量较大、运输频率相对较低的特点，常常采用班轮等方式运输。而跨境电商运输的物品具有体积小、数量少等特点，采用大型班轮运输从经济角度考虑往往不合算。因此，为了适应跨境电商新的发展需求，各国物流企业推出了适合跨境电商的物流运输方式，常见的跨境电商物流运输类型有邮政包裹、商业快递、专线物流和海外仓。

一、邮政包裹

邮政包裹包括中国邮政航空小包（挂号、平邮）、EMS 国际快递、E 邮宝、其他邮政小包。

(一)中国邮政航空小包

中国邮政航空小包又称中国邮政小包、邮政小包、航空小包。它包括挂号和平邮两种方式，可寄达全球各个邮政网点。中国邮政航空小包出关不会产生关税或清关费用，但在目的地国家进口时有可能产生进口关税，具体情况需要根据各个国家海关税法的规定而定（相对商业快递来说，中国邮政航空小包能最大限度地避免关税）。

(二) EMS 国际快递

EMS 国际快递是各国邮政开办的一项特殊邮政业务。该业务在各国邮政、海关、航空等部门均享有优先处理权。它可以高速度、高质量地为用户传递国际紧急信函、文件资料、金融票据、商品货样等各类文件资料和物品，同时提供多种形式的邮件跟踪和查询服务。EMS 还提供代客包装、代客报关、代办保险等一系列综合延伸服务项目。

(三) E 邮宝

E 邮宝是中国邮政为适应跨境电商轻小件物品寄递市场的需要推出的经济型国际速递业务。单件限重 2 千克，7～10 个工作日可妥投，价格实惠。

(四)其他邮政小包

其他邮政小包主要包括香港邮政小包和新加坡邮政小包。

1. 香港邮政小包

中国香港地区是全世界物流最发达的地区之一，每天均有飞机到达全世界的任何一个国家和城市。重量在 2 千克及以下，外包装长宽高之和小于 90 厘米，且长度小于 60 厘米，通过香港邮政空邮服务寄往国外的小邮包被称为香港邮政小包。香港邮政小包分为平邮与挂号两种服务，香港邮局称香港邮政小包平邮为大量投寄空邮服务，称香港邮政小包挂号为易网邮服务。前者费率较低，不提供跟踪查询服务；后者费率稍高，可提供网上跟踪查询服务。一般 eBay 卖家所销售的电子产品、饰品、配件、服装、工艺品都可以采用此种方式来发货。香港邮政小包可寄达全球 200 多个国家和地区。与中国邮政小包相比，香港邮政小包具有如下优点：（1）速度快。香港邮政小包离岸处理时间一般为 1 天，最长不超过 3 天。（2）可信。香港作为亚洲最大自由港，在全球各地具有比内地更高的知名度优势。另外，香港是全球超级金融中心，拥有健全的法律体系，在全球各地拥有良好的声誉。（3）安全。香港邮政小包服务是世界认可的优质产品，到达多数国家的正常运输时间仅需 5～9 个工作日，丢包率低，既快速又安全。但是香港邮政小包具有收货量大、价格较贵等劣势。

2. 新加坡邮政小包

新加坡是国际航空枢纽，货物运输量大。新加坡邮政小包，又被称为新加坡挂号小包，即新加坡邮政航空小包裹，是新加坡邮政推出的一项邮政小包服务，主要针对的是重量在 2 公斤以下的包裹，具有时效好、通关能力强、可以到达大部分国家和地区等优点。但是新加坡邮政小包也存在劣势，如价格较高、中转时间过长、发往目的地国家进口可能会产生关税。

总体来看，邮政包裹的优点在于网络覆盖率高，物流渠道广，价格便宜。缺点在于投递速度较慢。

二、商业快递

商业快递是指通过批发、零售和储存环节，把各生产企业的产品在一定物流据点集中起来，然后再经过储存、分拣、流通加工、配送等业务，将商品送到零售商或消费者手中的整个过程。商业快递以 UPS、FedEx、DHL、TNT 四大国际快递巨头为第一梯队。商业快递的优点在于其自建的全球物流网络时效性极高，缺点在于价格较高。

1. UPS

UPS（United Parcel Service），即美国联合包裹运送服务公司。UPS 成立于 1907 年，总部设于美国佐治亚州亚特兰大市，是全球领先的物流企业。UPS 拥有强大的物流网络，覆盖全球 220 多个国家和地区。UPS 在 1988 年进入中国市场，最初采用与中国对外贸易运输（集团）总公司（中国外运集团）签署业务合作协议的方式进入中国市场，2004 年后开始在中国独立运营。经过一百多年的发展，UPS 已经不再是一家仅提供包裹和货物运输的公司，在过去的 20 年中，UPS 每年投入约 10 亿美元发展物流科技、建设智慧物流网络。UPS 除了提供货物运输服务外，还提供国际贸易便利化、先进技术部署等服务。

2. FedEx

FedEx，即美国联邦快递，成立于 1971 年，总部位于美国田纳西州孟菲斯。FedEx 是一家国际性快递集团，提供隔夜快递、地面快递、重型货物运送、文件复印及物流服务。FedEx 在 1984 年进入中国，2008 年其在广州建立的亚太转运中心投入运营，FedEx 也由此成为第一个在中国设立洲际转运中心的跨国货运巨头。2012 年 9 月，国家邮政局批准 FedEx 和 UPS 经营国内快递业务。

3. DHL

DHL 成立于 1969 年，总部位于德国波恩。DHL 名称中的三个字母来源于 DHL 公司三位创始人 Dalsey、Hillblom、Lynn 名字的首字母。DHL 的业务遍布全球 220 多个国家和地区。

1986 年，DHL 中国外运集团各注资 50%成立中外运-敦豪国际航空快件有限公司，这是中国成立最早、经验最丰富的国际航空快递公司。合资公司将 DHL 运营国际快递的丰富经验与中国外运集团在中国外贸运输市场的经营优势相结合，可以为中国市场提供便捷的航空运输服务。

4. TNT

TNT（Thomas National Transport）总部位于荷兰阿姆斯特丹，在欧洲和亚洲可提供高效的递送网络，且通过在全球范围内扩大运营分布来优化网络域名注册查询效能。TNT 提供世界范围内的包裹、文件以及货运项目的安全准时运送服务。TNT 有着遍布全球的航空与陆运网络，可以提供全球门到门、桌到桌的文件和包裹的快递服务。特别是在欧洲、亚洲和北美洲等地，TNT 可以针对不同顾客的需求，提供 9 点派送、12 点派送、隔日派送、收件人付费快件等服务内容。TNT 不仅仅是一家快递公司，在供应链管理方面也拥有丰富的经验。

TNT 中国公司成立于 1988 年，主要提供国际快递和国内公路快运服务。在国际快递方面，它拥有 34 家国际快递分公司和 3 个国际快递口岸。在国内公路快运方面，TNT 通过其所属的全资公路货运公司天地华宇，运营着国内覆盖最广泛的私营公路递送网络，下辖 56 个运转枢纽及 1 260 个运营网点，服务覆盖中国 500 多个城市。

5. 国内商业快递的发展现状

近年来，伴随着电子商务的快速发展，中国的商业快递也快速发展，如国内的顺丰、EMS、中通等，这些快递公司国际业务布局较晚，但是随着中国跨境电商的发展，其海外业务也在不断增长。根据国家邮政局的数据，2013—2021 年我国快递业务收入占邮政全行业收入比重由 56.6%提升至 81.7%。

拓展案例

从顺丰国际的东南亚布局看传统物流行业的转型趋势

在过去的二十年时间里，随着国内经济稳步增长以及电商行业突发式崛起，中国快递业发展迅猛。

经过数轮行业洗牌，以顺丰和“三通一达”为代表的“一线”快递品牌占领了国内80%的市场份额，国内快递业呈现出“头部玩家”格局。在国内市场增速总体放缓的大背景下，国内快递市场已经迈入竞争激烈残酷的“红海时代”，“出海”寻求新市场已成大势所趋。

与此同时，东南亚快递市场显现出巨大潜力。谷歌和淡马锡联合发布的《2019东南亚数字经济报告》显示，2019年东南亚电商市场规模为380亿美元。预计到2025年，该市场规模将突破1 530亿美元。因此，各大快递公司纷纷加快步伐，布局当地市场。

国内外市场需求推动快递“出海”

自2003年中国与东盟国家确认战略伙伴关系后，双边经贸联系日益紧密。特别是在2013年提出“一带一路”倡议后，中国和东盟持续深化经贸、产能和文化交流等方面的合作，东南亚作为“21世纪海上丝绸之路”重要节点的地位越来越明显。正因如此，不少中国企业都将东南亚作为自己“出海”的首站。

不同于近几年“顺势出海”的中国快递企业，顺丰国际早在2010年就开始进军东南亚市场。截至目前，顺丰国际的业务已涵盖马来西亚、新加坡、泰国、越南、印度尼西亚及缅甸等东南亚国家。

顺丰国际马来西亚区负责人Jason Kong（江伟信）告诉《财经时报》：“早在12年前，顺丰就已把国际业务作为其战略发展的重要方向。当时的主要考量还是国内竞争白炽化，市场规模增长有限，反倒是以东南亚为代表的国际市场尚处于较早期发展阶段。”

东南亚各国总人口6.5亿，其中超过六成为青年人，有着诱人的人口红利。在可以预见的未来，该地区将保持较快经济发展速度。同时，国内供应链部分过剩产能向该地区转移，中国和东盟经济一体化进程加速。此外，东南亚各国政府都在积极从国家层面推动当地数字经济发展。以上多重因素决定了行业整体潜力，这正是顺丰国际看重东南亚市场的重要原因。

抛开东南亚自身市场需求，国内居民消费升级推动跨境电商迅速发展，这为顺丰等中国快递企业的国际化之路提供了强大的推动力。“出口业务占到了顺丰国际在马来西亚营业额的70%，进口业务仅占30%。”Jason Kong说道。

电子商务研究中心发布的《2019年度中国跨境电商市场数据监测报告》显示，2019年中国跨境电商市场规模为10.5万亿元，相比2014年的4.2万亿元，增速高达150%。从跨境电商进出口结构来看，进口只占23.5%。值得注意的是，该比例正逐年提高。

优化业务布局 攻克本土体系弱点

在跨境电商平台“全球买”和“全球卖”的双重需求下，跨境快递业务不断扩张。以中国快递业的过往历程来看，电商与物流关系紧密，彼此相辅相成，共同发展。东南亚电商市场规模不断扩大，当地物流行业必将随之持续成长。

面对该趋势，顺丰国际适时调整其在马来西亚的业务布局。Jason Kong 表示，顺丰国际过去在马来西亚的业务主要集中在电商衍生的个人快递业务上，2016 年之后逐渐拓展到物流业务以及企业快递业务上。

顺丰国际坚持以客户为中心，凭借自身在大中华地区的网络优势，目前已成为马来西亚市场份额前五的快递企业。

物流体系薄弱　快递效率受阻

尽管顺丰国际在马来西亚业务量持续保持着 15%～20%的年增长率，但仍然无法绕开东南亚物流体系薄弱的痛点。“放眼整个东南亚地区，基础设施和物流体系尚不成熟，从而导致物流效率较低。基础设施主要涉及政府的规划建设，我们作为企业经常向政府部门反馈相关情况。”Jason Kong 说道。

随后他举例道，“在马来西亚有 8%居民的住所没有准确的门牌号，这给快递派件效率的提高带来了很大的阻碍。遇到这种情况，我们的快递员必须与客户电话联系，利用路标或者其他参照物才能找到客户住址。如果客户没接电话，快递员就无法找到准确派送地址。”

着眼数字化解决方案 提升快递收寄效率

企业无法昼夜间改变当前东南亚地区基础设施薄弱的现状，但是顺丰国际却以数字化、智能化以及精细化等管理方式最大限度地提高物流效率，打通端到端并走向客户。

相比国内市场，东南亚地区快递物流行业数字化程度还不够，很多情况下还需手写快递单。多联复写快递单本身成本就比较高，手写起来费时费力，字迹潦草还可能导致无法正常收件。对此，顺丰国际近期在马来西亚市场推出了顺丰国际 App，当地消费者可在线填写寄件信息，从而大大提高了信息准确度以及派送效率。

针对该 App，绝大部分当地客户都给出了积极的反馈，认为数字化使快递寄送更加便利。对于老年消费者，Jason Kong 表示他们中部分人不熟悉智能手机的使用，因此对新推出的 App 还有疑虑。“相信通过相应指导，老年消费者也能适应数字寄件方式。”他补充道。

最后 Jason Kong 表示，顺丰国际马来西亚区未来 3～5 年计划将物流渠道从目前的空运拓展到海运和陆运，加强当地物流网络建设，希望在 5～10 年内使当地物流效率与国内市场达到一致，成为全面高效的物流解决方案提供商。

资料来源：从顺丰国际的东南亚布局看传统物流行业的转型趋势．搜狐网，2020-10-19.

三、专线物流

专线物流又称货运专线，是指物流公司用自己的货车、专车或者航空资源运送货物至其专线目的地。一般在目的地有自己的分公司或者合作网点，以便货车来回都有货装。专线物流的优点在于能集中大批商品运输，规模效应可以降低成本；缺点在于时效较慢。提供国际专线物流服务的公司有燕文物流、俄速通、Aramex、SPSR 等。

1. 燕文物流

航空专线-燕文，俗称燕文专线，是北京燕文物流有限公司（简称燕文物流）旗下的一项国际物流业务。燕文专线具有如下特点：

（1）时效快。正常情况下，16～35天到达目的地，有多条服务专线，如拉美专线、俄罗斯专线、印度尼西亚专线等。

（2）交寄便利。深圳、广州、义乌、上海、北京等城市提供免费上门揽收服务，不提供上门揽收服务的城市可以自行发货到指定集货仓。

（3）赔付保障。提供邮件丢失或损毁赔偿服务，可在线发起投诉，投诉成立后最快5个工作日完成赔付。

（4）运送范围及价格。支持发往拉美地区的20个国家、俄罗斯和印度尼西亚；运费根据包裹重量按克计费，1克起重，每单件包裹限重在2千克以内。

（5）时效承诺。物流商承诺货物60天内必达，因物流商的原因在承诺时间内未妥投而引起的限时达纠纷赔款，由物流商承担（按订单的实际成交价赔偿，具体赔偿金额以物流商核定的金额为准）。

2. 俄速通

俄速通集团成立于2013年，是服务于中国品牌数字化“出海”的服务商，总部位于哈尔滨，业务中心位于深圳，在北京、上海等地设有分支机构，在俄罗斯、美国、波兰、巴西、德国等国家设有海外中心。俄速通以中国品牌“出海”需求趋势为契机，与中国优质品牌商建立紧密合作，致力于帮助中国品牌“出海”，为中国品牌提供高效率、低成本的跨境流通解决方案，降低跨境流通成本，提高跨境交付效率，解决品牌“出海”难题。俄速通是由中俄贸易、物流专家、电子商务专家、知名快递公司共同打造的对俄语系国家数字贸易综合服务商。俄速通以俄语系国家为起点，布局全球市场，业务包括物流仓储服务、供应链贸易服务、供应链金融服务、B2B电商分销服务四大板块，并逐步构建了对俄语系国家数字贸易综合服务平台。俄速通旨在助力中国本土制造商、品牌商在俄罗斯新经济体来临之际迅速进入并占领俄罗斯市场。俄速通具有以下特点：

（1）经济实惠。俄速通的航空小包以克为单位计费，无首重费，为卖家将运费降至最低。

（2）可邮寄范围广泛。俄速通的航空小包专线物流服务是联合俄罗斯邮政局推出的服务产品，境外递送服务由俄罗斯邮政局承接，其递送范围覆盖俄罗斯全境。

（3）运送时效快。俄速通专线物流开通了“哈尔滨—叶卡捷琳堡”中俄航空专线货运包机，大大提高了配送时效，使中俄跨境电子物流平均时间从过去的近两个月缩短至13天，80%以上的包裹25天内可以到达。

（4）全程可追踪。可通过网络实现物流信息的全程可视化追踪。

3. Aramex

Aramex是阿拉伯地区的第一家本土快递，也是唯一一家在纳斯达克上市的阿拉伯企业。在中东、南亚、北非地区，Aramex在价格和清关方面具有绝对优势。

4. SPSR

SPSR是俄罗斯最优秀的商业物流公司之一，也是俄罗斯跨境电商行业的领军企业。其提供的中俄快递-SPSR服务提供经北京、香港、上海等地出境的多条快递线路，可寄送重量为100克～31千克，长宽高之和小于180厘米且单边长度不超过120厘米的包裹，运送范围为俄罗斯全境。

5. 中欧班列

中欧班列作为连接亚欧大陆的重要运输方式，是深化我国与沿线国家经贸合作的重要载体和推进“一带一路”倡议的重要抓手。中欧班列是由中国铁路总公司（现改制为中国国家铁路集团有限公司）组织，按照固定车次、线路、班期和全程运行时刻开行，运行于中国与欧洲以及“一带一路”沿线国家间的集装箱等铁路国际联运列车。自2011年“渝新欧”首次开行以来，中欧班列发展势头迅猛，截至2019年底，依托西伯利亚大陆桥和新亚欧大陆桥，中欧班列已形成西、中、东三条运输通道，其辐射范围快速扩大，国内始发城市已达到56个，并到达了欧洲15个国家的49个城市。相较于2011年全年中欧班列仅开行17列，2019年中欧班列全年开行8 225列，同比增长29%；发送标箱72.5万，同比增长34%。同时，陆海新通道海铁联运班列全年发送货物同比激增163%，这说明，中欧班列的“空箱”现象正逐渐成为过去。另外，中欧班列运输的货物品类也逐步拓展，由最初的电脑、手机等电子产品，逐步扩大到服装、鞋帽、粮食、葡萄酒、汽车及其配件等人们日常生活必需品。这意味着，中欧班列发展势头迅猛，正由开行数量的增加向开行质量的提升转变。

为推动中欧班列的良好、可持续发展以及网络的完善，我国各级政府及有关部门也制定了相应的规划并采取了许多有效措施。2016年底，国家发改委印发《中欧班列建设发展规划（2016—2020年）》（以下简称《规划》），提出在2020年之前基本形成布局合理、设施完善、运量稳定、便捷高效、安全畅通的中欧班列综合服务体系的发展目标。这是首个中欧班列建设发展的顶层设计，并全面部署了中欧班列建设发展任务。《规划》主要部署了中欧班列建设发展的七大任务，明确了中欧铁路运输通道、枢纽节点和运输线路的空间布局，在一定程度上推动并规范了中欧班列的运营发展。具体而言，《规划》中提出了中欧班列要利用“干支结合、枢纽集散”的铁路组织方式，将内陆的主要货源地、铁路枢纽、沿海重要港口、沿边陆路口岸等规划设立的成都、广州、上海等43个枢纽节点连接起来发展43条运行线，为完善贸易通道、物流枢纽设施建设以及货源整合提供基础。

另外，中国国家铁路集团有限公司充分发挥中欧班列国际铁路合作机制作用，签署了《中欧班列运输周预报办法》等文件，推动境外运输组织不断优化，有关合作成果进入了第二届“一带一路”国际合作高峰论坛成果清单。同时，充分发挥中欧班列运输协调委员会作用，组织各成员单位共同签署《推进中欧班列高质量发展公约》，完善班列运输组织体系和质量评价体系，拓展陆海新通道铁海联运班列，使中欧班列辐射范围、影响力以及国际竞争力持续扩大。因此，随着“一带一路”倡议的不断推进，我国与欧洲及沿线国家间的经贸往来发展迅速、物流需求旺盛、贸易通道和贸易方式不断丰富和完善，为中欧班列带来了难得的发展机遇，使得中欧班列近几年来发展势头迅猛。

四、海外仓

海外仓是指建立在海外的仓储设施。在跨境电子商务中，海外仓模式是指国内企业将商品通过大宗运输的形式运往目标市场国家，在当地建立仓库、储存商品，再根据当地的销售订单和时间做出响应，及时从当地仓库直接进行分拣、包装和配送。优点是时效性较强；缺点是供应链管理、库存质控等问题易导致运营成本上升。

海外仓兴起的原因有二：一是跨境电子商务的迅速发展对物流业的要求日益提高；二是跨境电商根据企业自身需求转型建仓。

中国政府大力支持海外仓的建设。商务部 2015 年发布《“互联网＋流通”行动计划》，推动建设 100 个电子商务海外仓。2016 年的政府工作报告明确提出“扩大跨境电子商务试点，支持企业建设一批出口产品‘海外仓’”。从 2014 年国务院发布《关于支持外贸稳定增长的若干意见》开始，其后续的跨境电商政策文件中均谈及“海外仓”。《关于加快培育外贸竞争新优势的若干意见》中提到，“鼓励跨境电子商务企业通过规范的‘海外仓’等模式，融入境外零售体系。”2016 年，李克强总理强调要支持企业建设海外仓，鼓励电商企业“走出去”建立海外营销渠道，要做好 B2B（企业到企业）以及 B2B2C（经销商到平台到消费者）跨境电商，海外仓尤其是公共海外仓的建设和利用是关键，应通过公共海外仓建设，完善与跨境电商新业态相匹配的海外仓储物流体系和配套服务网络，逐步建立形成遍布全球重点区域的“跨境电商采购＋海外展示交易＋集散分拨配送＋售后服务保障＋当地市场拓展”海外仓模式。商务部的数据显示，2021 年中国的海外仓数量已超 2 000 个。

1. 海外仓仓储操作流程

海外仓仓储操作流程如下：

（1）卖家自己将货物运至海外仓储中心，或者委托承运商将货物发至承运商的海外仓库（这段路程可采取海运、空运或快递等方式）。

（2）卖家在线远程管理海外仓储（卖家使用物流商提供的物流信息管理系统，远程操作海外仓储的货物，并且保持系统信息实时更新）。

（3）当交易订单形成后，根据卖家指令进行货物操作（根据海外仓储中心自动化操作设备，严格按照卖家指令对货物进行存储、分拣、包装、配送等操作）。

（4）系统信息实时更新（发货完成后系统会及时更新信息，包括显示库存状况等）。

2. 海外仓所涉及的仓储费用

海外仓仓储费的计算公式如下：

海外仓仓储费＝头程运费＋仓储及处理费＋本地配送费

其中，头程运费是指货物在中转前产生的运费；仓储及处理费是指货物存储在海外仓仓库产生的仓储费及仓库配送商品前产生的处理费；本地配送费是指在配送地的国家和地区对商品进行配送时产生的本地快递费。

邮政包裹、商业快递、专线物流和海外仓四种物流方式的比较如表 7-1 所示。

表 7-1　各种物流方式比较

方式	优点	缺点	适用性
邮政包裹	网络覆盖全球，价格非常便宜，通关能力强	有重量尺寸限制，无法享受正常出关退税，速度较慢	适用于小卖家，低单价物品，容易影响账号表现
商业快递	速度快，服务好，丢包率低，发往欧美发达国家非常方便	价格昂贵，资费比变化大，只有货值高、客户要求强烈、有时效性要求的情况下才会使用	适用于紧急物品和高价值物品，通达范围广
专线物流	集中大批量货物发送，价格比商业快递低，速度快于邮政包裹，丢包率比较低	相比邮政包裹运费较高，且在国内揽收范围有限	适用于各种常规物品
海外仓	可降低物流成本，提供灵活可靠的退换货方案，发货周期缩短，发货速度较快	有库存占用，适用于库存周转快的热销单品，标准化、偏重、体积大的产品，对卖家供应链管理提出较高要求	适用于企业级大卖家，有稳定销量的产品，大件、重货

7.3　跨境电商进口

改革开放以来，中国对外贸易的目标是出口换汇。几十年下来，这一战略的实施取得了骄人的成就——中国不仅彻底改变了外汇短缺的状况，更一跃成为世界外汇储备最多的国家。与此同时，由于对出口换汇的过度倾斜，中国付出的代价也不小，在经济结构、资源使用效率以及环境保护等领域都有体现。过度强调出口换汇导致中国经济发展的对外依存度不断提高，巨额贸易顺差引起了以美国为代表的西方国家的不满。

与此同时，随着国民收入的提高，中国消费者在国际品牌的消费方面展现了巨大的购买力。根据商务部数据，2015 年我国出境游人数达到 1.2 亿，境外消费额达 1.5 万亿元，其中一半用于购物，规模占全球第一且保持 20%以上的增速，平均海外旅游消费占到平均个人年度开支的 25%。2015 年中国消费者全球奢侈品消费达到 1 168 亿美元，买走全球 46%的奢侈品，76%的消费发生在境外。如此庞大的需求游走在外，吸引境外消费回流成为扩内需的重要方向。政府力推进口跨境电商阳光化，顺势利导，以进一步释放需求。2014 年是中国跨境电商进口元年，电子商务通关服务试点城市由上海、重庆、杭州、宁波、郑州开始，之后广州、深圳、天津、福州、平潭陆续加入，此时各地都把跨境电商进口作为重点。各大试点城市纷纷扩建保税仓、扩编跨境园区，并趁着筑巢引凤的契机，号召各大品牌电商企业、物流企业及各大零售商品企业入驻，跨境电商发展呈现出一派繁荣。

一、跨境电商进口流程

买家在跨境电商网站如亚马逊、全球速卖通等下单后，如果企业在消费者所在国拥有海外仓，那么可以直接通过海外仓发货，交易流程较为简单。但是，如果企业在消费者所在国不拥有海外仓，那么消费者就要通过进口的方式购买货物。跨境电商进口流程如图 7－1 所示。

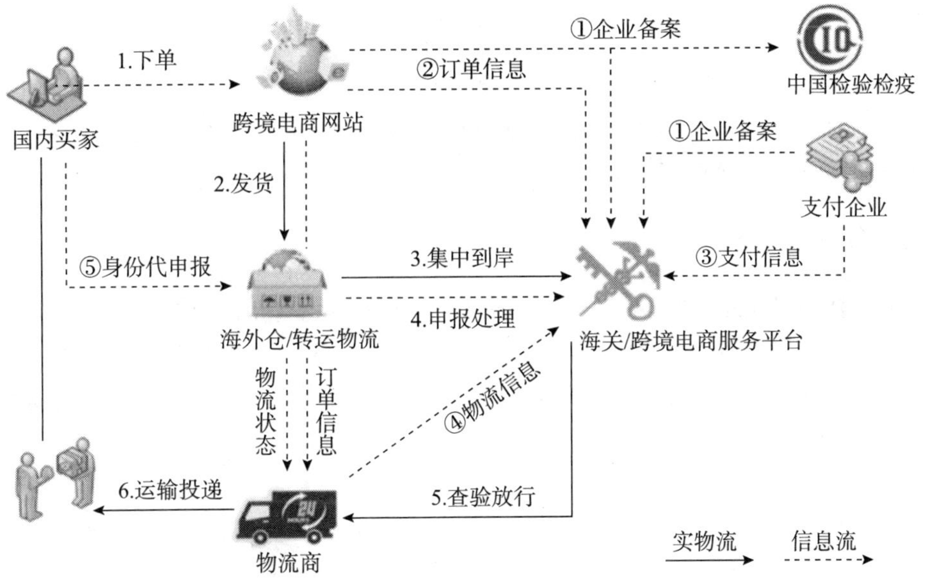

图 7－1　跨境电商进口流程

在跨境电商进口中，最为烦琐、失败率较高的环节是商品通关。消费者在跨境电商平台购买进口商品后，主要通关流程如下：①企业向海关传输“三单”信息（包括电子订单、电子运单以及电子支付信息）并向海关申报《中华人民共和国海关跨境电商零售进出口商品申报清单》（简称《申报清单》）；②海关实施监管后放行；③企业将海关放行的商品进行装运配送，消费者收到包裹完成签收。跨境电商进口通关流程如图 7－2 所示：

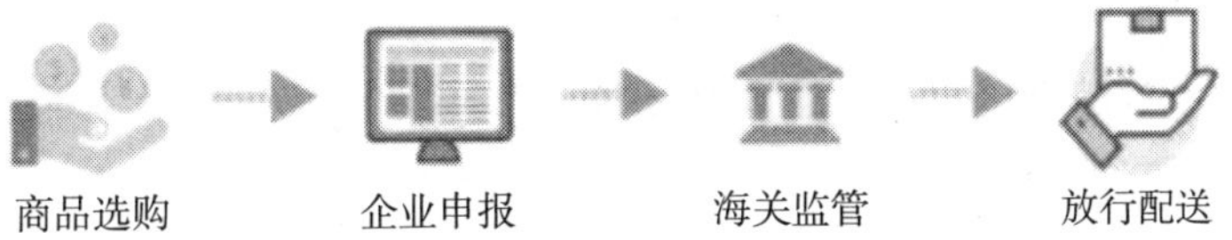

图 7－2　跨境电商进口通关

资料来源：中华人民共和国海关总署。

(一)进口商品申报

消费者在完成商品选购后，进口商品申报前，跨境电商平台企业或跨境电商企业境内代理人、支付企业、物流企业分别通过国际贸易“单一窗口”或跨境电商通关服务平台向海关传输相关的电子订单、电子运单，以及电子支付信息。如图 7－3 所示，进口商品申报时，跨境电商企业境内代理人或其委托的报关企业根据“三单”信息向海关申报《申报清单》。①

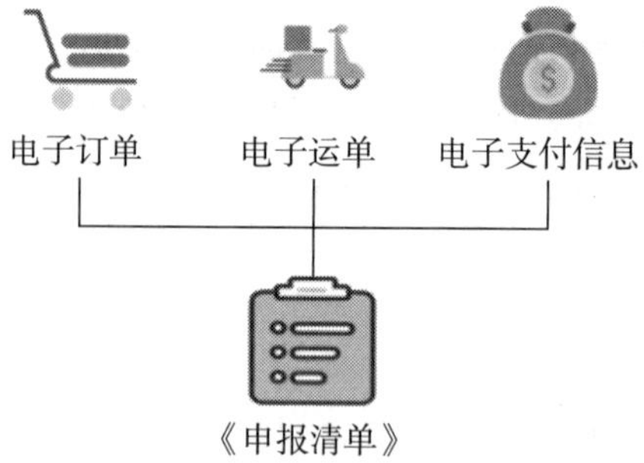

图 7-3　进口商品申报

资料来源：中华人民共和国海关总署。

(二)海关通关监管

海关依托信息化系统实现“三单”信息与《申报清单》的自动比对。一般情况下，规范、完成的《申报清单》经海关快速审核后放行，实现“秒级通关”。对于部分通过风险模型判定存在风险的，经海关单证审核及商品查验无误后方可放行。海关通关监管流程如图 7-4 所示。

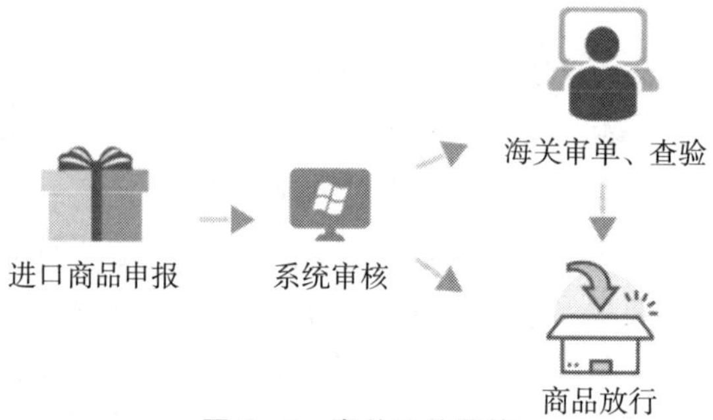

图 7-4　海关通关监管

资料来源：中华人民共和国海关总署。

(三)包裹配送签收

经海关监管放行的进口商品，企业在通关口岸可以进行打包装车配送，进口商品的主要通关流程结束；消费者收到进口商品后，完成签收（见图 7-5）。

图 7-5　包裹配送签收

资料来源：中华人民共和国海关总署。

---

① 《关于跨境电子商务零售进出口商品有关监管事宜的公告》（海关总署公告 2018 年第 194 号）。

二、跨境电商零售进口商品通关注意事项

1. 关注进口商品范围

通过跨境电商渠道申报进口的商品，需符合《跨境电子商务零售进口商品清单》范围，清单范围以外的商品无法通过跨境电商渠道进口。[①]

2. 关注税款担保额度

跨境电商零售进口商品采用“凭保放行”的模式进行监管。如果企业销量短时间内迅速增长，可能会出现企业担保额度不足，造成无法正常向海关申报《申报清单》的情况。跨境电商平台企业、物流企业或申报企业可提前评估担保额度情况，及时向海关提交足额有效的税款担保。[②]

3. 关注商品退货时效

跨境电商零售进口商品发生退货的，退货企业应在《申报清单》放行之日起30日内向海关申请，并在《申报清单》放行之日起45日内将退货商品运抵原海关监管作业场所、原海关特殊监管区域或保税物流中心（B型）。物流压力较大时，有办理商品退货需求的企业，需合理安排相关事项的申请及物流配送时间。[③]

4. 关注进口限值要求

跨境电商零售进口商品单次交易限值为人民币5 000元，年度交易限值为人民币26 000元。完税价格超过5 000元单次交易限值但低于26 000元年度交易限值，且订单下仅一件商品时，可以自跨境电商零售渠道进口，按照货物税率全额征收关税和进口环节增值税、消费税，交易额计入年度交易总额；年度交易总额超过年度交易限值的，应按一般贸易管理。

对于不符合上述跨境电商零售进口限值管理要求的进口商品，将无法通过跨境电商渠道办理通关手续，尤其是超限值的直购进口商品运抵海关监管场所后需作退运处理，会增加企业物流成本。为减少上述情况发生，企业可在销售商品前，提醒消费者提前查看年度交易限值使用情况。[④]

5. 关注促销商品报备

进口商品促销前，跨境电商企业应将商品种类、数量、价格、促销时间等向业务所在地海关现场监管部门进行报备，便于海关及时掌握企业促销情况，有效实施监管。

7.4 跨境电商出口

联合国贸易和发展会议的数据显示，2018年中国已成为B2C跨境电商出口的第一大

---

① 《关于调整跨境电子商务零售进口商品清单的公告》（财政部 发展改革委 工业和信息化部 生态环境部 农业农村部 商务部 海关总署 中华人民共和国濒危物种进出口管理办公室公告2022年第7号）。

② 《关于跨境电子商务零售进出口商品有关监管事宜的公告》（海关总署公告2018年第194号）。

③ 《关于跨境电子商务零售进口商品退货有关监管事宜的公告》（海关总署公告2020年第45号）。

④ 《关于完善跨境电子商务零售进口税收政策的通知》（财关税〔2018〕49号）。

经济体；全球跨境电商主要支付机构 PayPal 的数据显示，全球约有 26%的 B2C 跨境电商交易发生在中国。

一、支持跨境电商出口的举措

跨境电商是中国外贸的新业态，受到中国政府的大力支持。中国政府出台了全方位的措施促进跨境电商的发展：

（1）建设跨境电商综合试验区。2015 年，中国（杭州）跨境电商综合试验区成立，这是国内首个跨境电商综合试验区。2016 年 1 月国务院又批准在广州、大连、郑州和合肥等 12 个东中西部城市设立跨境电商综合试验区，跨境电商综合试验区在全国呈现出遍地开花的发展局面。目前全国已有 105 个跨境电商综合试验区。跨境电商综合试验区内的企业可以享受到无票免税①、所得税核定征收②等优惠待遇，这有效地激发了企业参与跨境电商业务的积极性。

（2）举办大型国际展会吸引国际关注。中国最早的国际展会可以追溯到 1957 年开始举办的中国进出口商品交易会。2018 年和 2021 年，中国又先后举办首届进博会和消博会。这些国际展会可以有效地提升跨境电商企业的知名度，同时也给予企业与国内外的厂商、消费者进行近距离交流沟通、了解产品的机会。

（3）加强海外仓建设。海外仓是在国外建立仓库并储存商品，可以帮助企业快速响应当地的市场需求，是跨境电商的重要基础设施。2016 年政府工作报告中明确提出要建设一批出口产品海外仓。商务部数据显示，截至 2021 年底，中国海外仓的数量达 2 000 个。近几年来，跨境电商的进出口总额不断增长，其中出口额占据较大比重，并呈现出不断增长的趋势。如图 7－6 所示，疫情冲击下我国跨境电商进出口额仍保持良好发展势头。

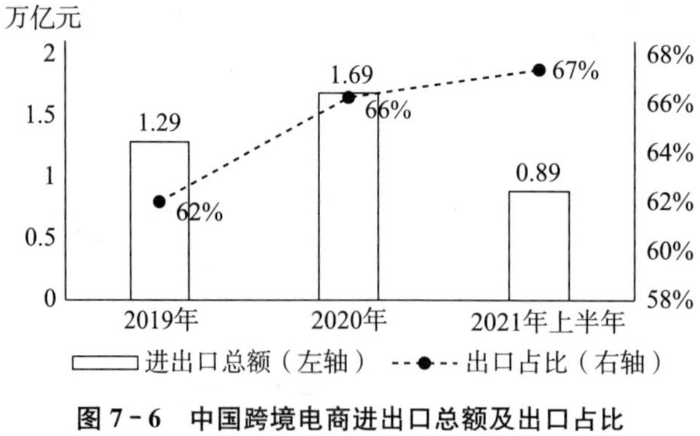

图 7－6　中国跨境电商进出口总额及出口占比

资料来源：中华人民共和国海关总署。

---

① 无票免税，即对跨境电商综合试验区内的跨境电商零售出口企业未取得有效进货凭证的货物，凡符合规定条件的，出口免征增值税和消费税。

② 所得税核定征收，即对跨境电商综合试验区内符合一定条件的出口企业试行核定征收企业所得税办法，采用应税所得率方式核定征收企业所得税，应税所得率统一按照 4%确定。

二、跨境电商出口流程

跨境电商出口流程如图7-7 所示。

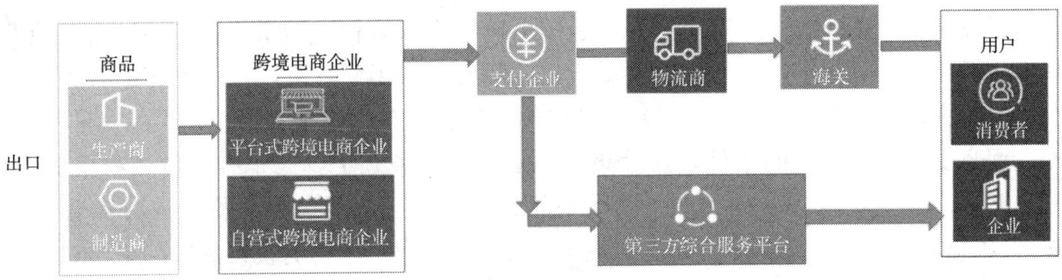

图 7-7　跨境电商出口流程

跨境电商出口涉及多个环节，如下单、商品申报、退税以及跨境物流等。其中，比较复杂的环节是商品申报及出口退税。

(一)商品申报

在传统的出口流程中，每票货物都要填写报关单，再由海关核放。对于零散的跨境电商包裹，如此逐票申报几乎没有可能。自 2014 年起，海关以“9610”监管方式开展跨境电子商务零售出口试点，历经两个阶段。第一阶段，“清单核放、汇总申报”。在这一阶段，对进口和出口、B2B 和 B2C 均未进行区分表述，海关按企业报送的清单进行实时核放，企业则需每月将清单汇总成报关单。第二阶段，“清单申报、清单统计”。2015 年 10 月，《中国（杭州）跨境电子商务综合试验区海关监管方案》通过了海关总署的批准，杭州启动了新出口试点办法，对不涉及出口征税、出口退税、许可证件管理且金额在人民币 5 000 元以内的跨境电商零售出口货物，企业可以按海关税则“四位”品目简化申报，不再按月汇总报关，海关按清单实施清单统计。由于大量包裹填写 10 位海关编码费时费力，取消汇总后，简化效果还是相当明显的。另外，在试点城市，小包直发通过“单一窗口”，可降低出口商品查验率，也便于实现汇总出口退税的落地。

(二)出口退税

传统外贸企业在拿到增值税发票之后，货物报关出口、回款结汇的同时就可以申请退税。国家鼓励出口，先征后退，退的就是采购成本中的进项税额，这里面有好几个点会成为“额外收益”，一些贸易商的利润甚至来源于此。不一样的商品将缴纳不同的税额，一般情况下在 13%～17%不等，而与之对应的退税比例则分别是货值的 5%～13%。然而，跨境电商零售出口的退税政策，规范性要求并无实质性改变，且跨境电商第三方平台也不适用、无法代办。退税流程其实很复杂，监管审核严格，要收齐按规定需向主管机关提供的退（免）税申报凭证和资料，需要到海关、外管、税务、银行等多个部门办理，占据企业财务部门人员大量的时间和精力。外贸电商从业者基本是小型公司，不掌握退税方面的专业沟通和流程规范，难以操作。

什么条件下电子商务出口享受退（免）税呢？根据规定，享受退税的四种必备条件如下：一是电子商务出口企业属于增值税一般纳税人并已向主管税务机关办理出口退（免）税资格认定；二是出口货物取得海关出口货物报关单（出口退税专用），且与海关出口货物报关单电子信息一致；三是出口货物在退（免）税申报期截止之日内收汇；四是电子商务出口企业属于外贸企业的，购进出口货物取得相应的增值税专用发票、消费税专用缴款书（分割单）或海关进口增值税、消费税专用缴款书，且上述凭证有关内容与出口货物报关单（出口退税专用）上的名称、数量、单位等有关内容相匹配（见图7-8）。而享受免税需具备的条件较为简单：一是办理税务登记，二是有出口货物报关单，三是购进出口货物取得合法有效的进货凭证。根据《出口退（免）税企业分类管理办法》，出口退（免）税企业分为四类，不同信用等级享有不同的退税便利，如果出口企业为小规模纳税人，均实行免税政策。然而，过去很少有出口跨境电商愿意去足额报税，费时费力获得的退税额还不够填"阳光化"增加的税负，加之上游采购渠道为节省资金也不主动提供增值税发票，并且跨境支付脱离传统银行，收汇并核销更无可能，最终不征不退，保持"潜水"，隐性地享受了免税政策。

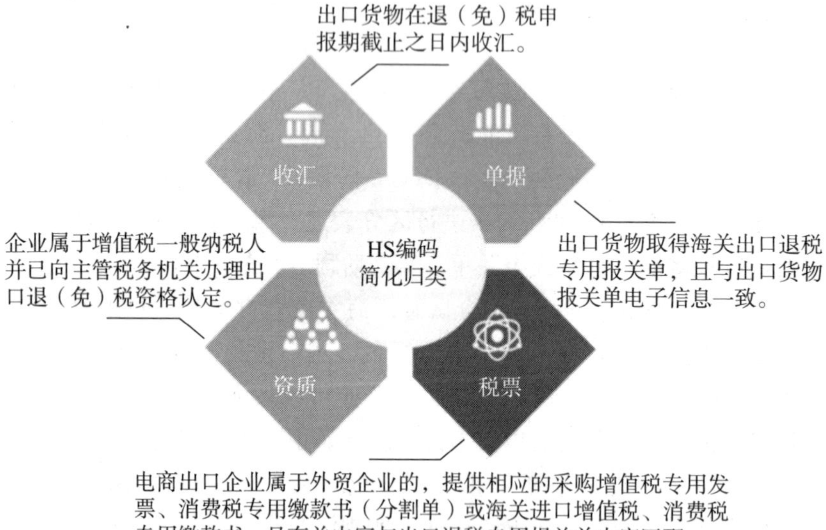

图7-8 出口退税需要的条件

跨境电商如何操作退税呢？在全面"营改增"的推动下，越来越多的上游供方企业有较多的增值税发票可以流转至电商卖家，所以很多卖家可以拿到增值税发票，从而有条件足额退税。化解出口退税难题，目前最简单的方式是通过外贸综合服务平台将出口退税外包。中小企业将自己生产的货物名义上销售给外贸综合服务平台，外贸综合服务平台以自营方式出口的货物，可按"9610"监管方式下"分送集报"跨境电商自营出口的规定申报退税（见图7-9）。第三方代理出口货物退税实务流程是：出口退税备案→申报→审核→境外收汇→结汇→税款退付→退税清算。例如，北京版外贸综合服务平台"京贸通"，主要向中小微企业提供融资、通关、出口退税及物流、保险等外贸服务，可提前向入驻企业垫付税费、赊销。在通关操作中，商品可以用北京金隅商贸有限公司的名义完成全国各口岸海关、商检的申报，提升退税效率。通过海外仓或监管仓备货模式，货物申报出口到海外仓，也能配合外贸出口拿到退税的关键凭证出口报关单，再操作退税。总之，电子化通关、无纸化办税，仍是未来提高申报通关与退税效率的关键。

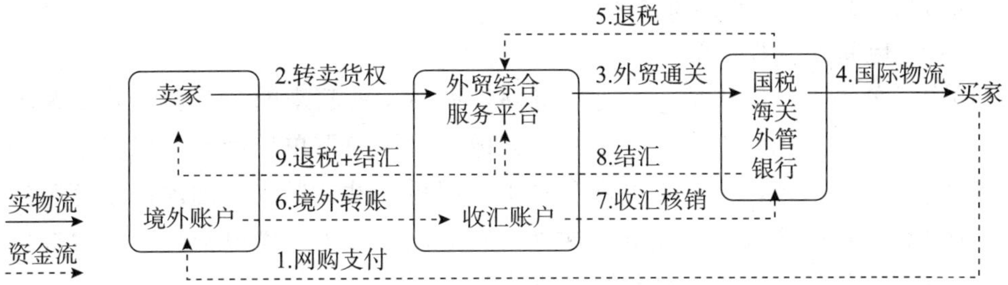

图 7－9　外贸综合服务平台通过“分送集报”帮助跨境电商结汇退税

7.5　跨境电商风险与保险

一、跨境电商风险

(一)跨境电商面临的运输风险及损失

跨境电商在货物运输过程中主要面临因自然灾害和意外事故而导致的货物损失。海上货物运输的损失又称海损（average），是指货物在海运过程中由于海上风险而造成的损失，海损也包括与海运相连的陆运和内河运输过程中的货物损失。海上损失按损失的程度可以分成全部损失和部分损失。

（1）全部损失。全部损失又称全损，是指被保险货物全部遭受损失。全部损失可分为实际全损和推定全损。实际全损是指货物全部灭失或全部变质而不再有任何商业价值。推定全损是指货物遭受风险后受损，尽管未达实际全损的程度，但实际全损已不可避免，或者为避免实际全损所支付的费用和继续将货物运抵目的地的费用之和超过了保险价值。推定全损需经保险人核查后认定。

（2）部分损失。不属于实际全损和推定全损的损失，为部分损失。按照造成损失的原因可分为共同海损和单独海损。

(二)跨境电商面临的经营风险

1. 供货风险

对于跨境电商来说，库存是痛点。库存少则影响产品销售；而库存多则占用资金，一旦产品销售不畅，企业的现金流就要承压。对于跨境电商来说，供货模式主要有三种。

（1）无货源模式。

以亚马逊平台为例，用户在亚马逊平台下单，而后卖家在国内电商平台如淘宝下单，通过淘宝平台直接将产品寄给买家，跨境电商卖家通过赚取差价获利。这种模式适合订单数量较少的新手卖家。无货源模式的优点在于如果可以找到靠谱供应商达成长期合作，那么跨境电商卖家可以获得相对较高的利润；缺点在于产品的售后服务流程比较烦琐，一旦产品出现质量问题或者退换货等问题，电商需要和供货商沟通，环节多，货物价值较小，耗时耗力但最后收益可能不大。

（2）跨境电商分销平台模式。

跨境电商分销平台模式是随着跨境电商发展而发展起来的一种新模式。跨境电商分销平台提供从生产到海外仓备货的一站式服务，用户下单后商家可以将自己的需求告知跨境电商分销平台，由跨境电商分销平台提供一站式服务。国内比较著名的跨境电商分销平台有赛盈分销、夸克等。这种模式的优点在于跨境电商分销平台提供一站式服务，电商节省精力，缺点是利润可能较低。

（3）自备货源模式。

随着订单数量增加，企业需要自己布局海外仓甚至是自建海外工厂来保证销售的持续性。自备货源模式的优点在于企业可以获得更多的利润。此外，如果是自建工厂的话可以获得对供应链的主导权。缺点是这种模式对跨境电商的现金流和供应链管理能力都提出了较高的要求。

2. 平台运营规则差异导致的风险

由于各国在语言、文化习俗等方面存在差异，不同国家的跨境电商平台运营规则存在较大差异，许多跨境电商经营者将淘宝店的运营方法照搬入亚马逊平台而吃了大亏。

国内淘宝电商在销售产品时会在快递包裹中放印有鼓励消费者好评的小卡片，如果消费者给产品好评会获得红包。这种做法鼓励用户给产品好评，同时淘宝平台也不反对这种做法。但是这种刷好评的做法在亚马逊平台却行不通了，亚马逊鼓励用户自发好评，认为放小卡片刷好评的行为是滥用评论并且违反了平台倡导的公平原则。而采取此种行为来提升店铺评级的中国电商卖家并不在少数，因此受到了亚马逊平台的处罚。数据显示，自 2021 年 4 月以来，亚马逊在 5 个月的时间内关闭了 600 余个中国品牌的销售权限，涉及 3 000 多个账号，其中不乏一些大卖家。深圳电商有棵树科技有限公司（以下简称有棵树）是跨境电商行业的龙头之一，主要经营电子产品和家居建材类产品，库存量超百万，活跃供应商超 8 000 家。因为滥用评论违反亚马逊运营规则，有棵树旗下的站点被亚马逊批量关停，被冻结资金过亿元。因为大量资金被冻结，有棵树面临着无法偿还供应商货款的困境，同时因为产品销量下降只能裁员以节省开支。

3. 同质化竞争而产生的侵权问题

亚马逊产品宣传页面包含标题、图片、功能、评价等内容，其质量决定了顾客能否快速检索到产品，同时也是影响消费者购买选择的重要因素。亚马逊平台希望在节省顾客时间的同时能给消费者推荐性价比更高的产品，因此当消费者检索产品时，亚马逊会优先向顾客推荐具有“黄金购物车”认证的产品。所谓“黄金购物车”，即位于购物网页的右上角金黄色的图标。被亚马逊评为“黄金购物车”的产品，消费者在选购时可以选择“加入购物车”或者“马上购买”，这将大大提升消费者的购买效率。由于“黄金购物车”产品是由亚马逊官方评选出来的，有亚马逊平台背书，自然要比普通商品更具有竞争力。而对于没有“黄金购物车”的产品，消费者的购物过程会变得更加烦琐。消费者如果想要在没有“黄金购物车”的卖家处下单，需要先点击“查看所有购物选项”，再选择商家购买。因此，“黄金购物车”认证成了许多商家争抢的对象。

“黄金购物车”认证受到多种因素影响。原创品牌、价格、FBA配送、订单缺陷率、产品订货量以及产品库存都是决定产品能否被评为“黄金购物车”的重要指标。由于许多中国卖家的品牌意识不强，选择代销其他品牌产品或者仿制其他品牌，因此在评选“黄金购物车”时常处于弱势局面。同时还面临着照抄品牌商家的产品页面而遭到侵权起诉的风险。如2019年中国亚马逊卖家受到3D打印笔品牌3Doodler侵权起诉，中国卖家申诉失败，产品宣传页面被亚马逊平台撤下，此后在亚马逊平台上搜索“3D打印笔”已难觅第三方卖家的身影，这次事件给中国卖家带来的损失超千万元人民币。

4. 物流供应链短缺

物流也是跨境电商中的薄弱环节，物流成本高、速度慢、清关查验困难，是许多跨境电商企业面临的难题。当前跨境电商物流的主要运输方式有国际快递、专线物流、海外仓、亚马逊FBA等，疫情导致物流成本上升，企业普遍面临运费成本高的问题。2021年11月，海外疫情再次暴发，而中国国内疫情得到良好控制，出口火爆，跨境物流一箱难求，物流运输成本飙升。叠加美国厂商要为圣诞节备货，美国港口爆仓，货物周转缓慢，影响到了中国产品到达美国的时间。

二、防范跨境电商经营风险的措施

1. 增强自主创新能力

跟风“爆款”可能会赚得一时快钱，但是长期来看却可能会使企业丧失自主创新能力。亚马逊全球副总裁曾说，亚马逊将产品质量和顾客体验放在首位，企业应关注产品研发和产品差异化，这样才能使中国卖家从初期的成本和价格优势转变为产品质量优势和创新优势。因此，对于中国跨境电商企业而言，在依靠海外代工生产获取原始积累后，增强自主创新能力或许才是长久之计。

2. 打造自有品牌

跨境电商使得消费者从供应链的一个终端走到中心，因此卖家要有能力根据消费者实时的数据反馈进行产品的迭代和更新，并持续提升为顾客带来的品牌体验。如安克创新是中国早期“出海”企业的代表，主要生产数据线、移动电源等电子设备的周边产品。安克创新是亚马逊平台的大卖家，其在亚马逊平台上的销售额占其全年总销售额的70%左右。与大部分跨境电商卖家的区别在于，安克创新选择打造自有品牌，生产差异化的产品，经过10年的深耕，安克创新已成为一家市值达500多亿元的跨境电商龙头企业。近年来，随着“出海”经验的积累，中国卖家也越来越注重自有品牌的打造，向“微笑曲线”的两端跃迁。数据显示，2017—2019年在亚马逊上完成品牌注册的中国卖家数量增长了10倍。

3. 传统外贸企业必须加快转型步伐

电商的崛起使得企业能够以轻量投入和数据运营来打造品牌，这是传统外贸企业和代工工厂所不具备的优势。传统外贸企业主要依靠线下零售店销售，参加外贸展会提升知名度。但是，随着互联网的发展，外贸行业正面临重新洗牌。疫情使得线下零售店的销售额被腰斩，外贸展会举行受限，因此传统外贸企业必须加快数字化转型，只有加强其供应链管理能力和数字营销能力，才能在激烈的行业竞争中找到生路。

4. 提升运营能力

与国内电商相比，跨境电商需要在更加复杂的环境中运营，这就对跨境电商经营者的经营能力提出了更高的要求。同时，在提升运营能力的基础上，中国的跨境电商卖家要尽可能地在多国运营，这样才能帮助企业降低对单一国家的依赖和风险。

三、跨境电商保险

(一)海洋运输货物保险

在国际货物买卖业务中，海上保险是一个不可缺少的条件和环节。其中业务量最大，涉及面最广的海上保险是海洋运输货物保险。

海洋运输货物保险条款承保的险别，分为基本险别和附加险别两类。

1. 基本险别

基本险别有平安险（free from particular average，FPA）、水渍险（with average or with particular average，WA 或 WPA）和一切险（all risks，AR）三种。

平安险的责任范围如下：

①被保险货物在运输过程中，由于自然灾害造成整批货物的全部损失或推定全损。被保货物用驳船运往或远离海轮的，每一驳船所装货物可视为一整批。

②由于运输工具遭受意外事故造成货物全部或部分损失。

③在运输工具已经发生意外事故下，货物在此前后又在海上遭受自然灾害落海造成的部分损失。

④在装卸或转运时，由于一件或数件货物落海造成的全部或部分损失。

⑤被保险人对遭受承保范围内的货物采取抢救、防止或减少货损的措施而支付的合理费用，但以不超过该批被救货物的保险金额为限。

⑥运输工具遭难后，在避难港由于卸货所引起的损失以及在中途港、避难港由于卸货、存仓以及运送货物所产生的特别费用。

⑦共同海损的牺牲、分摊和救助费用。

⑧运输合同订有“船舶互撞责任条款”，根据该条款规定应由货方偿还船方的损失。

综上所述，平安险的责任范围为自然灾害所造成的全部损失，以及意外事故所造成部分或全部损失。

水渍险除平安险的各项责任外，还负责被保险货物由于自然灾害造成的部分损失。

一切险的责任范围最大，包括平安险、水渍险和一般附加险。

2. 附加险别

附加险别是基本险别责任的扩大和补充，它不能单独投保。附加险别有一般附加险和特别附加险。

一般附加险有 11 种，包括：偷窃、提货不着险，淡水雨淋险，短量险，渗漏险，混杂、沾污险，碰损、破碎险，串味险，受潮受热险，钩损险，包装破裂险，锈损险。

特殊附加险是以导致货损的某些政府行为风险作为承保对象，它不包括在一切险范围内，不论被保险人投保哪一种基本险别，要想获取保险人对政府行为等政治风险的保险保障，必须与保险人特别约定，经保险人特别同意。否则，保险人对此不承担保险责任。特殊附加险只能在投保平安险、水渍险和一切险的基础上加保。特殊附加险包括：交货不到险，进口关税险，舱面险，拒收险，黄曲霉素险，卖方利益险，出口货物到香港（包括九龙）或澳门存仓火险责任扩展条款，罢工险，海运战争险等。

(二)运费险

运费险是一种运费保险，分为退货运费险（买家）和退货运费险（卖家）两个类别，交易成功后运费险将自动失效，运费险一般为 10～25 元，根据距离、商品重量计算。

退货运费险（买家）是为解决买家在退货中由于运费支出产生的纠纷，保险公司针对网络交易的特征，适时推出的退货运费险产品，简称退运保险。退货运费险（买家）现阶段仅针对跨境电商平台支持 7 天无理由退货的商品，买家可在购买商品时选择投保，当发生退货时，在退款完结后 72 小时内，保险公司将按约定对买家的退货运费进行赔付。

退货运费险（卖家）是指在买卖双方产生退货请求时，保险公司对由于退货产生的单程运费提供保险的服务。

本章小结

本章介绍了跨境电商物流的定义、跨境电商物流的类型，并对比了不同的跨境电商物流方式。此外，本章还介绍了跨境电商的进口流程和出口流程，跨境电商面临的风险以及可能的应对措施。

复习与思考

一、单选题

1.（　　）年是中国跨境进口元年，跨境电商通关服务试点城市由上海、重庆、杭州、宁波、郑州开始，之后广州、深圳、天津、福州、平潭陆续加入，此时各地都把跨境进口当成重点。

A. 2014　　B. 2015　　C. 2016　　D. 2017

2. UPS、FedEx、DHL 属于哪种类型的快递？（　　）

A. 邮政包裹　　B. 商业快递　　C. 专线物流　　D. 海外仓

3. 以下哪个选项不是提供专线物流服务的公司？（　　）

A. 燕文物流　　B. 俄速通

C. TNT　　D. Aramex

4.（　　）年，李克强总理强调要支持企业建设海外仓，鼓励电商企业“走出去”建立海外营销渠道，要做好 B2B 以及 B2B2C 跨境电商，海外仓由此成为政府工作报告新词汇。

A. 2015　　B. 2016　　C. 2017　　D. 2018

5.（　　）是指货物遭受风险后受损，尽管未达实际全损的程度，但实际全损已不可避免，或者为避免实际全损所支付的费用和继续将货物运抵目的地的费用之和超过了保险价值。

A. 推定全损　　B. 实际全损　　C. 共同海损　　D. 单独海损

6. 以下哪项不属于基本险别？（　　）

A. 平安险　　B. 水渍险　　C. 一切险　　D. 淡水雨淋险

二、简答题

1. 跨境电商物流和传统外贸物流相比有什么区别？
2. 跨境电商物流的主要类型有什么？各自的特点是什么？
3. 跨境电商的经营风险有什么？如何防范？

第8章 跨境电商结算

学习目标

- 了解常用的跨境电商支付方式；
- 了解常用的跨境电商支付票据；
- 掌握信用证结算方式；
- 了解跨境贸易人民币结算。

关键概念

汇付　托收　票据　信用证　人民币结算

案例导入

近年来，随着跨境人民币业务各项政策相继出台，跨境人民币业务规模不断扩大，人民币成为中国第二大跨境支付货币和全球第四大支付货币。人民币跨境支付结算需求迅速增长，对金融基础设施的要求越来越高。为满足人民币跨境使用的需求，进一步整合现有人民币跨境支付结算渠道和资源，提高人民币跨境支付结算效率，2012年初，中国人民银行决定组织建设人民币跨境支付系统（CIPS），满足全球各主要时区人民币业务发展的需要。

CIPS分两期建设：一期主要采用实时全额结算方式，为跨境贸易、跨境投融资和其他跨境人民币业务提供清算、结算服务；二期采用更为节约流动性的混合结算方式，提高人民币跨境和离岸资金的清算、结算效率。

8.1 跨境电商支付方式

跨境电商支付方式包括汇付、托收等。随着跨境电商的发展，众多小型批发商在线通过跨境电商 B2B 平台进行订购和支付，支付方式开始走向小额化和电子化。

一、汇付

汇付又称汇款，是指汇出地银行（汇出行）接受付款人（汇付人）的委托后，通过结算工具的传递和资金汇入地银行（汇入行）的协作，将款项汇交汇入地收款人，以完成款项的授受及债权债务的清偿。

根据汇付所使用的结算工具和手段的不同，银行可提供若干种汇付方式。在各类汇付方式下，尽管款项最终均可汇至收款人，但汇兑速度、成本、安全系数及便利程度等却有所不同，客户可根据需要选用。

汇付根据使用的结算工具不同，可分为电汇、信汇和票汇三种方式。随着金融 IT 技术的发展，电汇使用最普遍，票汇一般用于小额支付，信汇已经很少使用。

(一)电汇

1. 电汇的概念

电汇（telegraphic transfer，T/T）是汇出行应汇付人的申请，利用电讯工具的传输，将款项汇交汇入行并委托其向收款人解付汇款的汇付方式。随着信息技术在银行业务领域的广泛应用，电汇所使用的电讯工具已由电报、电传、电话、海底电缆等传统手段，发展为利用电子通信手段。如环球同业银行金融电讯协会（SWIFT）提供的电子通信服务，已成为银行办理国际汇付业务的主要手段。另外，网上银行也可实现资金的跨境划拨。电汇的业务流程如图 8－1 所示。

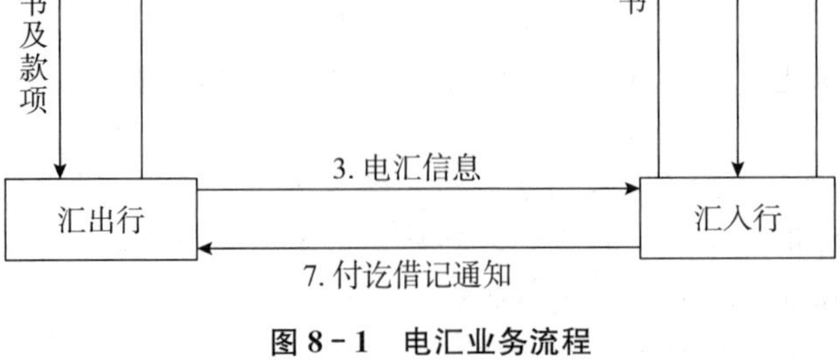

图 8－1 电汇业务流程

2. 电汇的特点

第一，资金汇兑速度快。由于电汇采用电子通信手段，电汇支付指令的发起至送达仅需极短暂的时间（如几秒钟）即可完成，因此电汇曾主要用于大额资金或紧急款项的支付。随着电子通信手段的广泛应用，客户出于效率、利率、汇率及风险规避等考虑，利用电汇进行资金调拨、传递支付指示或支付款项越来越多，电汇已逐渐成为一种主要的汇付方式。

第二，安全系数较高。由于环球同业银行金融电讯协会提供的电子通信服务已成为银行办理国际电汇业务的主要通信工具，又为国际银行同业所专用，具有较高的安全、保密性能，因而有效地避免了汇付信息的遗失、泄密等意外事故。

第三，银行难以利用汇付资金。由于汇付信息和支付指令的发起至到达只需极短暂的时间，因此在电汇的情况下，银行难以占用客户的在途汇付资金。

第四，电汇汇率是一种基准汇率。电汇在外汇交易中占有极大比重，电汇汇率已成为基本汇率，如外汇市场上所显示的汇率通常就是电汇买卖汇率，其他外汇汇率的确定以电汇汇率为基准。

(二)信汇

1. 信汇的概念

信汇（mail transfer，M/T）是汇出行应汇付人的要求，通过邮政渠道将款项汇交汇入行并委托其向收款人解付汇款的汇付方式。与电汇不同的是，信汇采用的结算工具为信函形式的信汇委托书（M/T advice）或支付通知书（payment order），其由汇出行出具后寄递至汇入行，后者据此向收款人解付汇款。信汇的业务流程可参见电汇的业务流程。

2. 信汇的特点

信汇的特点在于：汇费相对低廉；资金汇付速度取决于邮递速度，相对较慢；银行有机会占用客户的在途汇付资金。当今，在注重风险规避、讲求效率及投资回报的经济环境中，信汇的使用已经很少。

(三)票汇

1. 票汇的概念

票汇（demand draft，D/D）是汇出行应汇付人的要求，开立以汇入行为付款人的银行即期汇票并交给汇付人，由汇付人自行将汇票交至收款人，收款人通过向付款行（汇入行）提示付款，获得汇付资金解付的汇付方式。由于票汇以银行即期汇票作为结算工具，故其与电汇及信汇的业务流程有很大不同。票汇的业务流程如图 8-2 所示。

2. 票汇的特点

第一，约束力强。银行即期汇票在票汇中发挥着重要作用，其将汇付当事人的业务关系同时体现为汇票上的票据关系。因此，当事人不仅须按票汇规程处理业务，还须根据票据法规的规定，行使票据权利，履行票据义务。

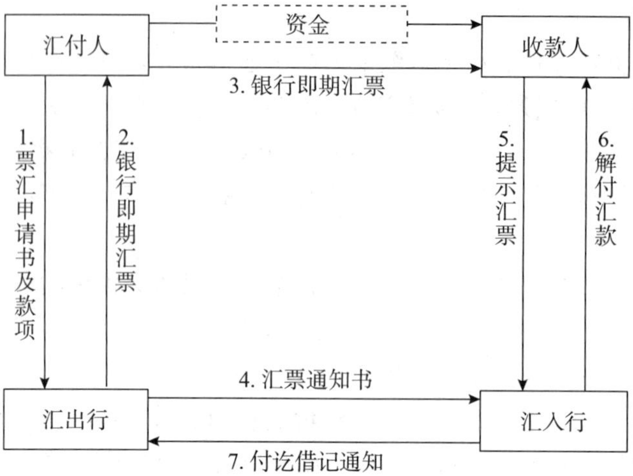

图 8-2 票汇业务流程

第二，灵活性与便利性高。如果用于票汇的银行即期汇票属可流通性质，收款人可将其背书后转让，在这种情况下，向汇入行提示付款的不再是汇票上的收款人，而是汇票的持票人，因而，票汇便利了收款人及其汇票的受让人。但从另一个角度来看，由于汇票是在银行体系以外传递，如果传递环节多，或者汇票丢失、被盗，会放慢汇付资金的转移速度，加大银行对持票人身份确认的难度，因而增大了业务风险。

第三，银行可以占用资金。由于票汇的汇兑速度取决于汇付人寄发汇票的时间及邮递速度，银行通常可以无偿占用在途汇付资金。

3. 中心汇票的应用

在银行国际业务领域，汇付是最基本、最常用的服务品种之一。虽然电子通信技术在世界金融领域的应用已相当广泛，但出于各国金融科技水平的差异及汇付的某些习惯做法，纸质票据的应用仍相当普遍。为了提高跨境资金的转账速度及汇付的业务效率，便利银行间的资金清算，中心汇票的应用是一个有效的途径。

中心汇票是指以汇票票面货币的清算中心城市的银行为汇票付款人的汇票。例如，某汇票的票面金额以美元表示，而美元的清算中心为纽约，因此汇出行在开立汇票时，应选择一家位于纽约的与其有业务代理关系的银行为汇票的付款人，该汇票即所谓的中心汇票。同理，以位于伦敦的银行为付款人的英镑汇票即为英镑中心汇票；以位于东京的银行为付款人的日元汇票即为日元中心汇票。中心汇票上的付款人通常为汇出行在各货币清算中心城市的境外联行或代理行。

利用中心汇票的好处如下：

第一，便于款项的汇达。实务中，汇付人欲将款项汇往他国某地点的收款人，需通过本国银行办理；汇出行接受客户的委托后，需通过汇入地银行的协作，将款项汇交收款人。但在某些情况下，汇出行在汇入地无境外联行或代理行，无法直接汇交款项。采用中心汇票即可解决这一问题：不论收款人位于何地，其均可通过任何一家银行将中心汇票传递至货币清算中心城市，通过票据交换向付款行提示付款，经银行间的转账划收，使收款人最终获得解付。

第二，汇出行避免资金被占压。汇出行开出中心汇票后，由于不必拨付头寸、不必寄发汇票通知书，当中心汇票提交付款行时，付款行通过借记汇出行在其开立的中心账户予以付款。因而，在从开立中心汇票至付款行付款的期间内，汇出行的资金避免被占压，有利于其流动性管理。

第三，便利了收款人。由于中心汇票信用好、流通性强，易于托收或贴现，故收款人通常乐于接受。如在票汇中应用中心汇票，结算工具将发生相应的变化，即由中心汇票替代银行即期汇票，其他业务程序不变。

二、托收

货物装运后，出口方开具汇票给进口方，要求付款，并委托出口地银行代其收取货款，这种结算方式被称为托收。

托收的基本程序如下：第一步，出口方向当地的托收行申请跟单汇票。第二步，托收行将跟单汇票寄给代收行（代收行通常是进口方当地的银行）。第三步，代收行通知进口方付款并购买提单。第四步，代收行将所收款项转给托收行，再由托收行转给出口方。

举例说明。A是英国伦敦的一家进口商，B是上海的一家出口商，A向B订购了一批鞋子，价值2万美元，双方约定以托收方式结算。B签发了一张金额为2万美元的汇票，指定A是付款人。B委托中国银行上海分行作为托收行，连同提单一并交给中国银行上海分行，由中国银行上海分行通过中国银行伦敦分行（代收行）向A收取2万美元。

整个过程共涉及4个角色，委托人及出票人是出口商B，付款人是进口商A，托收行是出口商B所在地的中国银行上海分行，代收行是进口商A所在地的中国银行伦敦分行。

托收与电汇的不同之处：托收以汇票为工具，汇票是出口方向进口方索要货款的凭证；电汇方式中则不出现汇票。此外，付款方向也有所不同，托收方式下，由出口方通过银行收汇；电汇方式下，由进口方主动付款。

如果采用托收方式，进口方承担的费用低、风险小、资金负担小，有时还能取得出口方的资金融通，该方式对进口方比较有利；对出口方来说，因为货已发出，如果进口方以市场行情不好或财务状况不佳为由拒付，即使是先付款后交单，出口方除承担货物转售的损失外还将承担来回运输的费用。

托收是出口方给予进口方一定优惠的一种付款方式。对出口方来说，托收是存在一定风险的促销手段，因此在实际中应用比较少。

三、跨境电商结算的新发展

1. 西联汇款

西联国际汇款公司简称西联汇款（Western Union），具有170多年的历史，是世界上知名的特快汇款公司，代理网点遍布全球近200个国家和地区，具有全球最大、最先进的电子汇兑金融网络。西联汇款业务中国代理行包括中国光大银行、中国建设银行、中国邮政储蓄银行等。

西联汇款分为现金即时汇款和直接到账汇款两类。现金即时汇款可通过西联网点、网上银行和银联在线三种渠道办理。

初次使用直接到账汇款服务时，收汇人应在北京时间 8:00—20:00 拨打免费服务热线核实收汇人的中文姓名、汇款监控号码（MTCN）、收汇人的有效身份证号码、收汇银行的名称和银行卡账号。

核实以后再次使用直接到账汇款服务就无须再核实信息了。但如果收汇人的信息有所改变（如汇款至同一银行的另一个银行卡账户），则需要再次核实。

2. 信用卡支付通道

欧美发达国家的信用卡发行量很大，使用频率非常高。常见的信用卡组织有 Visa、万事达、美国运通、Discover、JCB、中国银联等。因此，信用卡支付也是当前较为常见的跨境电商支付方式。

以 Visa 卡和万事达卡为例，信用卡由发卡行、卡号、CVV 码/CVC 码、有效期信息组成。

（1）发卡行：签发信用卡的银行，如中国工商银行，缩写为 ICBC。

（2）卡号：由 16 位数字组成，4 开头的是 Visa 卡，5 开头的是万事达卡，第 16 位数字是将前数位数字根据一定规则推算而成，一般根据前 6 位、后 4 位数字来查看交易记录。

（3）CVV 码/CVC 码：Visa 卡为 CVV 码，万事达卡为 CVC 码，均在信用卡的背面。

（4）有效期：信用卡能有效使用的期限。

3. PayPal

PayPal 是全球使用较广泛的网上交易工具之一，针对具有国际收付款需求的用户而设计，可用于外贸收款、提现、跨境采购、跨境消费、快捷支付等。美元、加拿大元、欧元、英镑、澳大利亚元、日元等国际主流货币，PayPal 均能接收。

PayPal 无注册费用、无年费，手续费低；可即时支付、即时到账，最短仅需 3 天即可将账户内的款项转账至国内的银行账户。

PayPal 的立场是保护买方，即从买方的角度考虑问题，买方如果不满意可以提出争议，一旦买方提出争议，卖方账户就会被冻结。

买方通过 PayPal 向卖方支付一笔款项的操作步骤如下：

（1）买方用电子邮箱注册 PayPal 账户，将一定数额的款项从信用卡转入 PayPal 账户。

（2）进入 PayPal 账户，汇出款项，并向 PayPal 提供收款人的电子邮箱。

（3）PayPal 发送电子邮件给收款人，通知其有款项到账。

（4）如收款人也是 PayPal 用户，待其决定接收后，付款人的款项即移转给收款人。

（5）若收款人没有 PayPal 账户，收款人先要注册 PayPal 账户；然后，收款人可以选择将收到的款项转换成支票寄到指定的地点，或者转入个人信用卡账户或银行账户。

需要注意的是，出现以下几种情况，PayPal 账户会被冻结。

(1) 收款后马上提现。例如，账户收款 2 000 美元，卖方马上提现 1 900 美元。PayPal 官方就会怀疑卖家存在只收款不发货的嫌疑，因而将冻结其账户。

(2) 提现金额过高。例如，账户收款 2 000 美元，结果卖方发货后临时需要资金周转，将 2 000 美元全部提现。在这种情况下，账户也会被冻结。卖方需注意，提现比例在 80%左右是比较安全的。

(3) 被客户投诉过多、退单过多。一般投诉率超过 3%或退单率超过 1%，PayPal 公司就会终止与其合作了。

(4) 所售商品有知识产权问题。PayPal 严格禁止销售仿牌或者假货，有这种情况的卖方建议不要使用 PayPal 账户。

4. 国际支付宝

阿里巴巴推出的国际支付宝可以提供第三方支付担保交易服务。以国际支付宝为交易中介，可以避免国际贸易中卖方发货后收不到钱、买方付款后收不到货的风险。

该服务支持商业快递、邮政包裹等常见物流方式的订单。交易过程中，买方先将货款转到国际支付宝账户中，然后阿里巴巴通知卖方发货，买方收到商品后确认收货，国际支付宝向卖方转款，至此，一笔交易完成。

5. 离岸银行账户

卖方可以在香港或其他地方开设离岸银行账户，用于接收海外买方的汇款，再将资金从离岸银行账户汇往国内账户。

用离岸银行账户接收电汇时无额度限制，不同货币之间可直接兑换。

6. 速汇金

速汇金公司推出一种快捷、简单的国际汇款方式，即速汇金汇款，其代理网点已超过 5 万个，遍布全球 150 多个国家和地区。国内代理速汇金收付款业务的银行有中国银行、中国工商银行、交通银行和中信银行。

单笔速汇金最高汇款金额不得超过 10 000 美元（不含），汇款人每天的速汇金累计汇出最高限额为 20 000 美元（不含）。

速汇金汇款速度快，汇出后十几分钟内即可到达收款人手中。汇款费用相对较低，无中间行费、无电报费。手续简单，收款人只要有汇款人提供的编号即可收款，且收款人无须预先开立银行账户即可实现资金划转。

使用速汇金汇款要求汇款人和收款人均为个人，且只接受境外汇款。汇款人如持现钞账户汇款，还需交纳一定的手续费。

7. Payoneer

Payoneer 成立于美国纽约，是万事达卡国际组织授权的具有发卡资格的机构。卖家在注册 Payoneer 之后，会自动获得 Payoneer 在当地国（美国、英国、德国、日本、澳大利亚等）开设的银行账号，这些账号可以用来接收来自当地电商平台的销售款项，卖家可以将收到的美元、英镑、欧元、日元、加元、澳元、墨西哥元自动兑换成人民币并转入自己在国内的银行账户。在开通 Payoneer 之后可以申请实体卡（被称为 P 卡），用实体卡可以在全球实体店刷卡消费，也可以在接受万事达卡的自动取款机上取现。

Payoneer 类似于国内商家版的支付宝。卖家在注册亚马逊卖家账号之前，需要注册收款账号。对于卖家来说，收款账号起到从亚马逊平台放款到卖家提款至国内银行卡的中转作用。与此类似的第三方收款工具还有 WorldFirst、PingPong、iPayLinks 等。

除亚马逊平台外，Wish、Lazada、Shopee、Cdiscount、Linio、Airbnb、Newegg 等平台都支持 Payoneer。

Payoneer 和 PayPal 都可以用于跨境电商平台的收款，但它们也有一些区别：Payoneer 只收取来自合作平台的资金，不接受个人转账，中国卖家也不能往里面充值；PayPal 则更开放，不仅支持平台的资金转入，也接受个人转账、收款、付款，因此自建网站的收款就需要使用 PayPal。Payoneer 收费标准如下：

（1）实体卡收费。

实体卡收取每年 29.95 美元的年费，在自动取款机上取现时会收取跨境提现费用。如果不申请实体卡，则无此费用。

（2）收款/提现手续费。

美国银行账户收取相当于转账金额 1%的手续费；转账到全球 210 个国家的当地银行账户，收取 2%的手续费；在自动取款机上直接提取人民币，每笔收取 3.15 美元的固定费用。

8. WorldFirst

WorldFirst 成立于 2004 年，是一家注册于英国的国际汇款公司，简称 WF，中文名称为万里汇，专注于为企业和个人卖家提供国际支付服务。2010 年 WF 进入中国，提供国际电商平台收款及结汇服务，为中国电商卖家提供美元、欧元、英镑、日元、加拿大元和澳大利亚元收款，并结汇到中国的银行账户。2019 年，WF 成为蚂蚁金服集团全资子公司。

WF 支持亚马逊、eBay、沃尔玛、日本乐天、Lazada、OpenSky、Newegg、Cdiscount、PiceMinister 等全球 71 个网上交易平台，同时支持欧洲增值税的支付。

WorldFirst 提供增值税付税服务，账户里的余额可直接用于向英国税务机构支付增值税税款，提升资金的利用效率，降低付税成本，每笔收取 1%的手续费。

9. PingPong

PingPong 成立于 2015 年，总部位于中国杭州，是一家中国人创立的全球收款公司，为中国跨境电商卖家提供低成本的海外收款服务，支持亚马逊、Newegg、Wish、Shopee 等多家跨境电商平台。

10. 亚马逊官方收款

早期在亚马逊平台销售商品的中国卖家只能通过开设的国外银行账户或香港银行账户收款，没有国外银行账户或香港银行账户的卖家就必须通过第三方支付平台收款，收款的资金流是：亚马逊平台—第三方支付平台—国内银行账户。2018 年亚马逊推出了亚马逊官方收款服务，中国卖家不需要再开设国外银行账户或第三方支付平台账户，即可通过国内银行账户进行收款。

对于中国卖家来说，使用亚马逊官方收款服务的好处是：对于新手卖家来说，无须开设海外账户或第三方支付平台账户即可收款；一站式管理，卖家可以统一管理亚马逊不同国家站点的收付款业务；官方收款，更安全稳定。不足之处是目前手续费偏高，且相较于第三方支付平台提供的增值税代付、提前放款、代理出口退税等综合服务，亚马逊官方收款的服务目前还比较单一。

四、银行付款责任

银行付款责任（bank payment obligation，BPO）是一种新型国际结算融资方式，其综合了信用证的安全性与赊销的快捷性，具有业务自动化操作、无纸化处理，便捷、高效、低成本、低风险等特点，未来发展空间十分广阔。

（一）BPO 的含义

所谓 BPO，是指由一家银行（通常是买方付款银行）向另一家银行（通常是卖方付款银行）做出的，在特定日期、特定交易发生后进行支付的独立和不可撤销的承诺。其既具有传统汇付简单快捷的优势，又融入了银行信用，有着不同于跟单信用证和赊销结算方式的优势，可为进出口企业提供高效、简便的支付与融资服务。

BPO 是国际商会银行委员会与环球同业银行金融电讯协会为应对大数据的挑战，以及全球供应链发展趋势和全球赊销结算占比持续上升的现实，共同创新研发的国际结算融资方式。环球同业银行金融电讯协会于 2005 年开始设计构建服务于供应链融资的云应用与贸易服务设施（Trade Service Utility，TSU）系统，2007 年 4 月在全球投入运行，银行可通过该系统平台实现贸易订单和其他贸易单据的电子化传输和自动匹配，并根据企业需求提供各种灵活的贸易金融服务。2011 年 9 月，环球同业银行金融电讯协会与国际商会正式签署了合作协议，进一步开展相关设施的建设和规则的制定。2013 年 7 月 1 日，国际商会与环球同业银行金融电讯协会合作制定的《银行付款责任统一规则》（Uniform Rules for Bank Payment Obligations，URBPO）正式实施。URBPO 是在全球范围内规范 BPO 业务的纲领性文件。

（二）BPO 的运作原理

2009 年，TSU2.0 版本投入运行并引入 BPO 和中文信息自动匹配的功能。即买方银行或其他付款银行在 TSU 系统中做出承诺，当卖方银行录入 TSU 系统的贸易单据信息与之前录入并核实的订单信息相匹配时，买方银行或其他付款银行即承担付款责任。

BPO 运作的基本流程是：买卖双方签订合同后，分别向加入 TSU 系统平台的银行提交提取自货物订单中的关键数据，债务银行即买方银行和收款银行即卖方银行就来自客户基础合同的关键数据通过 TSU 系统进行订单信息匹配，并达成基础交易框架。卖方发货后，向收款银行提交发票和运输等重要单据的关键数据，收款银行将此数据包提交到 TSU 系统，由 TSU 系统中的 SWIFT 云应用自动将这些单据数据与之前的订单数据进行匹配，当数据包与原交易框架的数据匹配成功，开立 BPO 的银行（担保银行、债务银行、买方银行）就承担付款责任，并按先前约定对外付款或承兑。

(三) BPO的特点

(1) 数据化处理。BPO处理的是数据，数据化是其核心特点。在BPO两次数据匹配过程中，银行仅根据买方或卖方提供的数据进行录入，不对买方或卖方提供数据的来源、真实性、准确性负责，也不需要审查或传递相关贸易单据。

(2) 银行信用参与。只要相关数据匹配成功，BPO建立，便由债务银行承担付款责任，解决了赊销方式下卖方收款的风险问题，增强了买卖双方的商业信用，可以确保交易按约定正常运行。

(3) 无纸化运作。由于买卖双方和银行之间，银行和银行之间所流转的是电子数据，没有信用证开立、审核及邮递单据等业务环节，实现了无纸化，从而大大缩短了整个供应链运转周期，减少了贸易处理环节，节约了成本，更加方便快捷。

(4) 标准化信息传递。ISO20022信息标准的使用和推广，为银行间信息数据交换提供了标准化的统一模式。

(四) BPO的优势

传统意义上的贸易融资是指银行基于汇付、托收、信用证等结算方式的各个环节，给予买卖双方的相关资金和信用的融通安排。与传统贸易融资相比，BPO作为一种全新的支付与贸易融资形式，具有独特的优势。

(1) 弥补了传统结算方式下参与银行只能了解一端客户情况的不足。BPO使得银行介入国际供应链的整个循环过程，从合同的签订到发运货物、付款，银行全程参与。债务银行和收款银行通过交易匹配应用平台掌握商品信息、物流信息，从而了解整个贸易周期的全貌和各个环节，有助于银行依据这些信息采取灵活的风险控制手段，给予买卖双方相应的供应链融资服务。

(2) 确保贸易融资业务的顺利进行。在BPO运作之下，买方和卖方通过各自的银行，使用标准化的信息数据格式，向交易匹配应用平台提交合同数据要素和发票及运输等其他商业要素进行数据匹配，在贸易链条跨境的两端均有银行参与，从而使银行在对合同信息和发票信息进行确认的同时，也共享了经过认证的信息，确保基础交易的真实性。

(3) 便于银行真实了解国际贸易交易实际进展状况。BPO使用ISO20022信息标准进行的两次数据匹配，即合同信息匹配和商业信息（数据集）电子数据匹配，使得银行掌握相关交易数据、记录，并获得信息是否匹配的报告，成为银行向买卖双方提供融资服务的基石。BPO使卖方获得了更为明确的以银行信用为担保的付款承诺。由于银行的参与，信用风险从买方转移到债务银行，为卖方获得装运前和装运后融资提供了保障。

(4) 有利于银行做出贸易融资决策。BPO通过ISO20022信息标准进行的数据匹配过程，将银行从以往跟单信用证业务烦琐、费时的审单工作中解脱出来，提高了工作效率，降低了交易成本，同时也避免了主观因素对数据匹配过程的影响，从而有利于银行快速做出贸易融资决策。由于BPO兼具信用证、托收、T/T付汇的优势，从全球化和信息技术发展趋势的角度看，未来其完全有可能替代信用证等传统结算方式。但这一过程将面临诸多挑战，需要进一步开展多方面的创新以及全球合作。

8.2 跨境电商支付票据

票据是指出票人约定自己或委托付款人见票时或在指定的日期向收款人或持票人无条件支付一定金额，并可以流通转让的有价证券。常用票据有以下几种。

一、汇票

汇票是一种典型票据，集中体现了票据的基本功能，在实际中应用较为广泛。

1. 汇票的概念

汇票是由出票人签发，委托付款人在见票时或者在票据指定日期，无条件支付确定金额的货币给收款人或持票人的票据。

2. 汇票的当事人

汇票的当事人包括以下几种。

(1) 出票人（drawer)。出票人是开立和签发汇票并向其他人交付汇票的人。

(2) 付款人（payer）或受票人（drawee)。付款人或受票人是接受支付命令的人。

(3) 收款人（payee)。收款人是汇票的受益人，是收取票款的人。

(4) 背书人（endorser)。收款人在汇票背面签章并交付给受让人，同时也转让了票据权利，收款人成为第一背书人，以后若汇票继续转让，还会出现第二背书人、第三背书人等。

(5) 被背书人（endorsee)。接受背书的人被称为被背书人。被背书人若不转让汇票，就称大持票人。

(6) 持票人（holder)。持票人是拥有票据的人，包括收款人、被背书人。

3. 汇票的主要内容

汇票的主要内容如下：

(1) 注明“汇票”字样，以区别于本票和支票。例如，“Exchange for USD 100.00”或“Draft for USD 100.00”。

(2) 无条件支付命令，即对汇票的支付命令不加任何限制，不带任何附加条件，若附加，则汇票无效。这有利于保障汇票付款的切实、可靠，有利于保护持票人的票据权利。

(3) 出票地点和出祟日期。出票地点是极为重要的，根据国际惯例，在某地发生的出票行为，就以所在国的法律为依据，来判定汇票必要项目是否齐全、汇票是否成立和有效。

(4) 付款时间和付款期限。付款时间和付款期限是付款人履行付款义务的日期。

(5) 一定金额的货币。汇票以支付一定金额的货币为目的，一定金额的货币在各国票据法中被视为绝对必要项目。

（6）收款人名称。收款人是指出票人在汇票上记载的受领汇票金额的最初票据权利人，汇票上收款人的名称通常被称为抬头，抬头决定了汇票是否可流通。

（7）付款人名称和付款地点。

（8）出票人签章。

汇票示例如图 8－3 所示。

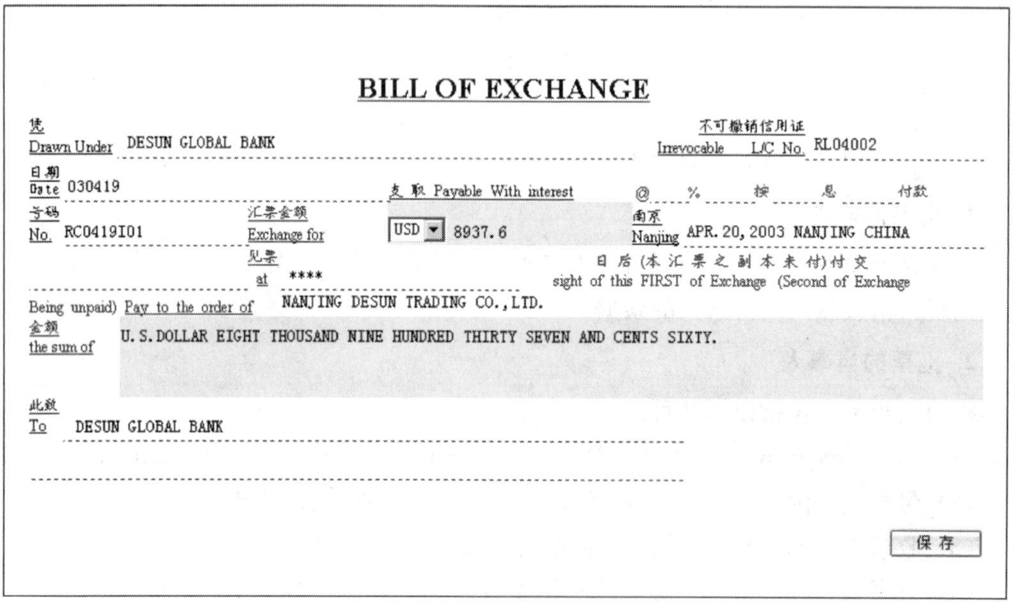

BILL OF EXCHANGE

凭 Drawn Under DESUN GLOBAL BANK　　不可撤销信用证 Irrevocable L/C No. RL04002

日期 Date 030419　　支取 Payable With interest @ % 按 息 付款

号码 No. RC0419I01　　汇票金额 Exchange for USD 8937.6　　南京 Nanjing APR. 20, 2003 NANJING CHINA

见票 at ****　　日后(本汇票之副本未付)付交 sight of this FIRST of Exchange (Second of Exchange

Being unpaid) Pay to the order of NANJING DESUN TRADING CO., LTD.

金额 the sum of U.S. DOLLAR EIGHT THOUSAND NINE HUNDRED THIRTY SEVEN AND CENTS SIXTY.

此致 To DESUN GLOBAL BANK

保存

图 8－3　汇票示例

4. 汇票的票据行为

（1）出票。出票是指出票人签发汇票并将其交给收款人的行为。一张汇票一旦出票，出票人就要承担债务责任，担保汇票被承兑和付款；收款人则取得了债权，成为持票人。收款人有向付款人要求承兑及付款的权利；汇票遭拒付时，收款人有向出票人追索的权利；收款人有依法转让汇票的权利。

（2）提示。持票人向付款人出示汇票，要求承兑或付款的行为被称为提示。提示分为承兑提示和付款提示两种。持远期汇票要求付款人承诺到期付款的提示为承兑提示。持即期汇票或到期的远期汇票要求付款人付款的提示则为付款提示。

（3）承兑。在持票人进行承兑提示时，远期汇票付款人明确表示同意按出票人的指示付款的行为为承兑。

（4）付款。付款是即期汇票的付款人和远期汇票的承兑人接到付款提示时，履行付款义务的行为。

（5）背书。持票人在汇票背面签上自己的姓名或再加上受让人的姓名，并把汇票交给受让人的行为称为背书。通过背书，票据权利被合法转让。

背书的方式包括限制性背书、空白背书和记名背书。限制性背书属于不可转让背书。空白背书也被称为不记名背书，只凭交付即可转让，票据背面只有背书人签名而无受让人签名。记名背书指汇票背面既有背书人签名，又有被背书人签名。对于这种背书，受让人可继续背书将汇票转让。

（6）拒付与追索。持票人要求付款人承兑或付款时被拒绝的情形被称为拒付，又称退票。汇票遭到拒付后，持票人要求其前手背书人、出票人或其他票据债务人偿还汇票金额及费用的行为被称为追索。

二、本票和支票

1. 本票

本票是由出票人签发，承诺自己在见票时无条件支付确定金额的货币给收款人或持票人的票据。本票的主要内容包括：有“本票”字样；无条件支付承诺；收款人名称或其指定人；付款期限；付款地点；出票日期和地点；一定金额；出票人签字。

本票和汇票的区别如下：

（1）本票是无条件支付承诺，汇票是无条件支付命令。本票的出票人自己出票、自己付款，是承诺式的票据；汇票是出票人要求付款人无条件地支付给收款人的书面支付命令，付款人没有义务必须支付票款，除非他承兑了汇票，所以汇票是命令式或委托式的票据。

（2）当事人不同。本票的当事人是出票人和收款人；汇票的当事人是出票人、付款人和收款人。

（3）本票的出票人就是付款人，所以远期本票无须提示承兑；而远期汇票需由持票人提示。

（4）本票出票人自始至终是主债务人；汇票在承兑、背书前是主债务人，在承兑、背书后是从债务人。

（5）本票只能开出一张；而汇票可成套数份签发。

（6）汇票票据行为的规定均适用于本票；本票票据行为的规定不一定适用于汇票。

2. 支票

支票是由出票人签发，委托办理支票存款业务的银行或者其他金融机构在见票时无条件地支付确定金额的货币给收款人或持票人的票据。支票的当事人是出票人、付款人和收款人。

支票与汇票的区别如下：

（1）支票必须是即期付款，无到期日记载；汇票既可以见票即付，又可以在将来的某个时间支付。

（2）支票没有承兑、保证等票据行为；而此类票据行为都适用于汇票。

（3）支票的付款人仅限于银行；汇票的付款人既可以是银行，又可以是企业或个人。

（4）支票的出票人和付款人之间必须先有资金关系；而汇票则不一定。

（5）支票只能作为结算工具；汇票既可以作为结算工具，又可以作为信贷工具。

（6）支票只有一张；汇票可一式数份。

8.3 信用证结算方式

一、信用证的概念

信用证（letter of credit，L/C）是国际结算中的一种书面文件。它是由付款人（申请人）向银行（开证行）申请，银行根据相关信用证条款和有关规定，向第三方（受益人）或其他指定方付款的重要凭证。也就是说，信用证是一种由银行开具的向卖方有条件地承诺付款的凭证。

二、信用证的当事人

信用证是国际贸易中广泛使用的结算方式。

信用证的当事人包括开证申请人、开证行和受益人，以及其他关系人，即通知行、议付行、付款行、偿付行、保兑行、承兑行、转让行。

（1）开证申请人。向银行提出申请开立信用证的人被称为开证申请人，其也是信用证交易的发起人。开证申请人一般为进口方。

（2）开证行。根据开证申请人的申请开立信用证的银行被称为开证行。开证行一般是位于进口地的银行，信用证一经开出，开证行即承担起付款的责任。

（3）受益人。信用证上指定的有权使用该信用证的人就是受益人，受益人一般为出口方。受益人有权按信用证的规定签发汇票，向所指定的付款银行索取价款，同时作为汇票的出票人，其要向其后的持票人担保该汇票必获承兑和付款。

（4）通知行。通知行是应开证行的请求将信用证通知受益人的银行。一般是由出口方所在地的银行而且通常是开证行的代理行来担任通知行。通知行如愿意将信用证通知受益人，则应鉴别信用证的表面真实性，如不愿通知或无法鉴别，则必须毫不迟延地告知开证行；如无法鉴别而又决定通知受益人，则在通知时必须告知受益人它未能鉴别该信用证的表面真实性。除此之外，通知行无须承担承付或议付的任何责任。

（5）议付行。根据开证行的授权买入或贴现汇票及单据的银行被称为议付行。议付行可以由开证行在信用证中指定，也可以不具体指定。如果开证行不指定议付行，那么所有的银行均有权议付。议付行审单无误后垫付汇票的款项，在扣减垫付利息后将净款付给受益人。

（6）付款行。信用证上指定承担付款责任的银行即为付款行，付款行可以是开证行，也可以是开证行委托的其他银行。

（7）偿付行。受开证行的指示或授权，对有关付款行或议付行的索偿予以照付的银行就是信用证的偿付行，偿付行并不审查单据，不负单证不符之责。

（8）保兑行。应开证行请求或授权对信用证加具保兑的银行即为保兑行，保兑行的责任和地位与开证行相同。保兑行一经在信用证上加具保兑，即承担付款责任。付款后，无论开证行倒闭或无理拒付，保兑行都不能向受益人追索。在实际业务中，保兑行通常由通知行兼任，也可由其他银行加具保兑。

（9）承兑行。在汇票正面签字承诺到期付款的银行被称为承兑行。开证行、通知行或其他指定的银行均可作为承兑行。承兑汇票后，承兑行即丧失了付款能力，开证行必须承担最后的付款责任。

（10）转让行。应信用证第一受益人的委托，将信用证转让给信用证的第二受益人的银行被称为转让行。转让行可以由通知行、议付行、付款行或保兑行担任。

三、信用证的内容

信用证主要包括以下内容：

（1）信用证本身的说明：如信用证编号、开证日期、交单期限、到期日和到期地点等。

（2）信用证的当事人：开证申请人、开证行、通知行、受益人等。此外，有的信用证还有指定的付款行、偿付行、承兑行、议付行等。

（3）信用证的种类：是否经另一家银行保兑、可否转让等。

（4）信用证的兑付方式：即期付款、延期付款、承兑及议付等。

（5）汇票条款：包括汇票的种类、受票人、出票人、出票条款、出票日期、付款期限等。不需要汇票的信用证则无此内容。

（6）支付货币和信用证金额：支付货币的缩写，信用证金额用大写文字与阿拉伯数字书写。

（7）货物条款：包括货物的名称、数量、包装、规格、价格等。

（8）装运与保险条款：如装运港或起运地、卸货港或目的地、可否分批装运、装运期限、可否转运等，以及CIF或CIP术语下投保的金额和投保险别等。

（9）单据条款：商业发票、运输单据和保险单据，以及装箱单、重量单、检验证、产地证等包装单据。

（10）特殊条款：视具体交易的需要而定。常见的有要求通知行加保兑，限制由某银行议付，限装某船或不许装某船，不准在某港停靠或不准选取某条航线，具备规定条件信用证方始生效等。

除此以外，信用证通常包含开证行的责任条款、根据《跟单信用证统一惯例》开立的文句，以及开证行签字和密押等。

信用证示例如图8-4所示。

四、信用证的收付程序

信用证的收付程序一般都要经过订立买卖合同，申请开证，开证，通知，审证、交单、议付，索偿，偿付，付款赎单8个环节。现以最为常见的即期跟单议付信用证为例，简要说明其收付程序，以及各环节的具体内容。

即期跟单议付信用证收付程序示意图如图8-5所示。

	Credit No. 信用证号码
[] Issued by Mail 信开 [x] Issued by Teletransmission / SWIFT 电开	**Expiry Date and Place** 有效期及地点 2022-2-29
Applicant 申请人 RayiTEK Hi-Tech.Film Company.Ltd.,Shenzhen Add: Hua Mei Industrial Park, Da Tian Yang Industrial Zone, SongGang Town, Bao An District, Shenzhen city, Guangdong, 518105, China	**Beneficiary** 受益人 SIMPLAS SPA Add:Via Giusti, 34 21050, Bisuschio(Varese), ITALY
Advising Bank (at your option or as follows)通知行 BANCA POPOLARE COMMERCIO & INDUSTRIA SPA BRANCH BISUSCHIO SWIFT CODE:POCIITM1212 Add:IT 26 U050 4850 6700 0000 0114 780	**Amount** (in figures and words) 金额（大、小写） EUR FIFTY-FOUR THOUSAND AND SIX HUNDRED ONLY.(EUR54,600)
Partial shipments 分批装运: [ ] Allowed [√] Not allowed **Transhipment 转运**: [ ] Allowed [√] Not allowed Shipment form 装运从 GENOVA,ITALY For transportation to 运至 HONG KONG,CHINA Latest date of shipment 最迟装运日 2021-07-30 **Terms** 价格条款 [ ] FOB [ ] CFR [ ] CPT [√] CIF [ ] CIP [ ] FCA [ ] or other terms	Credit available with 此证可由 __ bank 银行 By () **sight payment** 即期付款 () **acceptance** 承兑 (√) **negotiation** 议付 () **deferred payment** 迟期付款 against the documents detailed herein 连同下列单据 (√) and Beneficiary's draft(s) at 180 day(s) sight drawn on Issuing bank for 65% of contract value +5% of contract value. 受益人按合同总价 65%+合同总价的 5%出具以开证行为付款人，期限为 180 天的汇票。

Documents required: (marked with "x") 所需单据

PartA:

(√) Signed **Commercial Invoice** in 1 original+ 5 copies indicating L/C No. and Contract No. SZRHT070118 and Shipping mark.

(√) Clean **on board ocean bills of lading** made out to order and blank endorsed marked "freight prepaid" notifying applicant .

(√) **Insurance Policy / Certificate** in duplicate for 110 % of the invoice value, blank endorsed, showing claims payable at Shenzhen, China , in the currency of the draft, covering all risks and war risk.

(√) **Packing List / Weight Memo** in 5 original indicating quantity, gross and net weight of each package.

(√) **Certificate of Quantity / Weight** in 2 copies issued by manufacturer.

(√) **Certificate of Quality** in 2 original issued by Beneficiary.

(√) **Certificate of Origin** in 2 issued by the local Chamber of Commerce .

(√) **Beneficiary's Certified copy of fax/telex** dispatched to the applicant within 3 day(s) after shipment advising L/C No., name of vessel, date of shipment, name of goods, quantity, weight and value of goods.

(√) Declaration of heat treatment according to ISPM rule issued by the beneficiary certifying that all wood package have been IPPC marked.

PartB: 5% of contract value shall be paid within 180 days after shipping date indicated on the bill of lading.

Description of goods 货物描述

TYPE:L64 CN TO PH Lapp 1150MM for PI(SEE "SCOPE OF SUPPLY")

Total value of the contract is EUR 78,000(Say EUR seventy-eight thousand Only.)

Additional instructions: 附加条款

(√) All banking charges outside the Issuing bank including reimbursing charges are for account of Beneficiary.

(√) Documents must be presented within 15 days after date of issuance of the transport document but within the validity of the Credit.

(√) All banking charges and interest if any outside opening bank are for account of beneficairy.

图 8-4 信用证示例

1. 订立买卖合同

针对外贸交易条件进行磋商，进出口双方达成交易，订立国际货物买卖合同。

2. 申请开证

进口方（开证申请人）在合同规定的时间内向所在地的银行递交开证申请书，申请开立信用证。申请开证时，进口方（开证申请人）应向开证行交付一定比例的押金。

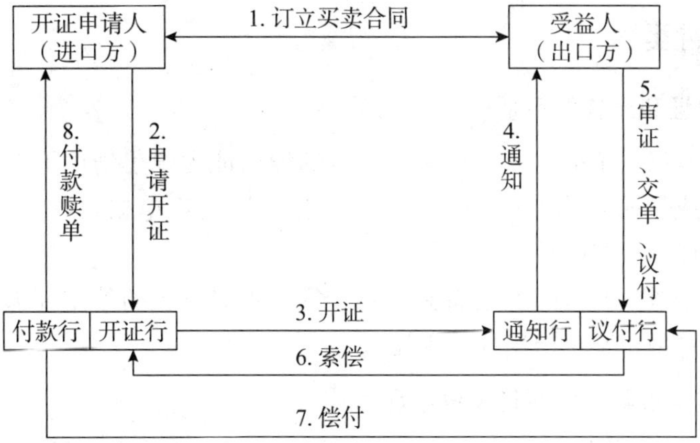

图 8-5 即期跟单议付信用证收付程序

3. 开证

开证行收到开证申请书后，按申请书的内容向指定的出口方（受益人）开立信用证，并将信用证寄给出口方所在地的代理银行（通知行）。

4. 通知

通知行收到信用证后，核对开证行的签字与密押，留存副本或复印件备查，尽快将信用证转交给出口方（受益人）。

5. 审证、交单、议付

出口方（受益人）收到经通知行转来的信用证后，审核信用证中所列的条款与国际货物买卖合同中所列的条款是否相符，如发现不符，应通知进口方（开证申请人）修改信用证。货物发运完毕后，出口方（受益人）取得信用证所规定的全部单据，开立汇票，将汇票连同信用证正本，在信用证规定的交单期和信用证的有效期内，递交议付行办理议付。

国内习惯把议付称作买单。议付行办理议付后成为汇票的正当持票人，如遇开证行拒付，可向其前手出票人，即出口方（受益人）进行追索。

6. 索偿

议付行办理议付后，凭单向开证行或其指定的银行（付款行）请求偿付。

7. 偿付

开证行或指定的银行（付款行）收到议付行寄来的汇票和单据后，经核验认为与信用证的规定相符，应立即将票款偿付议付行。如发现汇票和单据与信用证的规定不符，可以拒付，但应在不迟于收到汇票和单据的次日起 5 个营业日内将拒付告知议付行。

8. 付款赎单

开证行或指定的银行（付款行）履行偿付责任后，应立即向进口方（开证申请人）提示单据，经进口方（开证申请人）核验单据无误后，办理付款手续。进口方（开证申请人）付款后，即可从开证行取得全套单据。信用证的要点是单证一致。如有不符点，一是改单或改证；二是不符点交单，但在不符点交单前，最好和客户沟通。

五、信用证的种类

1. 跟单信用证和光票信用证

凭跟单汇票或仅凭单据付款、承兑或议付的信用证为跟单信用证。这里的单据是指代表货物所有权或证明货物业已装运的货运单据，即运输单据、商业发票、保险单据、商检证书、产地证书、包装单据等。

开证行仅凭受益人开具的汇票而无须附带货运单据付款的信用证为光票信用证。在国际贸易货款结算中，跟单信用证使用较多。

2. 即期付款信用证和延期付款信用证

规定受益人开立即期汇票随附单据，或不需要汇票仅凭单据即可向指定银行提示，请求付款的信用证为即期付款信用证。

凭受益人提交的单据，经审核单证相符，延长一段时间至到期日付款的信用证为延期付款信用证。确定付款到期日的方法有 3 种：交单日后若干天；运输单据显示的装运日期后若干天；固定的将来的某一日期。这种信用证的受益人不开具汇票，因此也无须开证行承兑汇票，进而也不能贴现。在实践中，延期付款信用证大多用于金额较大的交易，而且付款期限较长，一年或数年不等，所以常与政府出口信贷相结合。

3. 即期信用证和远期信用证

开证行或其指定的付款行在收到符合信用证条款的汇票后立即付款的信用证为即期信用证。在使用即期信用证方式付款时，进口方在开证行或其指定付款行付款后，也须立即偿付由开证行或其指定付款行垫付的资金，赎出单据，而不能像远期信用证那样，可获得进一步的资金融通。

开证行或其指定的付款行在收到符合信用证条款的汇票后，在规定的期限内保证付款的信用证为远期信用证。

4. 可转让信用证和不可转让信用证

可转让信用证可按受益人的请求，使其全部或部分供另一个受益人（第二受益人）兑付。可转让信用证只能转让一次。进口方开立可转让信用证并不等于买卖合同已被转让。如果第二受益人不能交货，或交货不符合合同规定、单据不符合买卖合同的要求，原出口方仍要承担买卖合同规定的卖方责任。

对买方来说，使用可转让信用证要承担一定的风险。因为买方对受让人的资信和经营能力并不了解，对受让人提供的货物是否符合买卖合同的要求也不确定，所以，除非有特殊需要和第一受益人的可靠保证，否则买方一般不会同意开立可转让信用证。

凡是没有注明“可转让”字样的信用证，均为不可转让信用证。不可转让信用证只限受益人本人使用。

5. 循环信用证

受益人在一定时间内使用规定的金额后，能够重新恢复信用证原金额并再度使用，周而复始，直至达到该信用证规定使用次数或累计总金额用完为止的信用证被称为循环信用证。对进口方来说，循环信用证可节省逐笔开证的手续和费用，减少押金，有利于资金周转；对出口方来说，循环信用证既可减少逐笔催证和审证的手续，又可获得收回全部货款的保障。

8.4 结汇和退税

我国出口业务使用议付信用证比较多。这种信用证的出口结汇方式主要有以下三种。

1. 收妥结汇

议付行收到受益人提交的单据后，经审查确认与信用证条款相符，将单据寄交国外付款行索汇。待付款行将货款划给议付行后，议付行再按当日外汇牌价将货款折算成人民币拨入出口企业的指定账户。

2. 定期结汇

议付行根据向国外付款行索偿所需的时间，预先确定一个固定的结汇期限，并与出口企业约定该期限到期后，无论议付行是否已经收到国外付款行的货款，都主动将票款金额折算成人民币拨入出口企业的指定账户。

3. 买单结汇

议付行根据信用证条款买入出口企业的汇票和单据，从票面金额中扣除从议付日到估计收到票款之日的利息，将余款按议付日外汇牌价折算成人民币，拨入出口企业的指定账户。银行做出口押汇，是为了促进出口企业的资金融通，从而加速出口企业的资金周转。

出口退税是指货物输出国对输出境外的货物免征其在本国境内消费时应缴纳的税金或退还其按本国税法规定已缴纳的税金（包括增值税、消费税）。

办理出口退税的基本程序如下。

（1）申请。

出口企业应在货物报关出口之日起90日内，向退税部门申报办理出口货物退（免）税手续。出口企业要提供出口货物退（免）税申报表及相关资料，同时附送出口货物报关单（出口退税联）、出口收汇核销单（出口退税专用联）、增值税专用发票（抵扣联）、出口货物外销发票等凭证。

（2）上报。

由出口企业所在地主管出口退税业务的税务机关进行审核，对于符合条件和要求的，税务机关上报上级税务机关。如申报资料不准确、纸质凭证不齐全，退税部门不予接受该笔出口货物的退（免）税申报。

（3）批复。

税务机关接到退税通知后，签发税收收入退回书，一式五联。第一联交申请出口退税企业，凭此进行账务处理。

8.5 跨境贸易人民币结算

一、跨境贸易人民币结算的概念

所谓跨境贸易人民币结算，是指经国家允许指定的、有条件的企业在自愿的基础上以人民币计价进行跨境贸易的结算。商业银行在中国人民银行规定的政策范围内，可直接为企业提供跨境贸易人民币相关结算融资服务。其业务种类包括进出口信用证、托收、汇款等多种结算方式。

2009 年开展试点以来，跨境贸易人民币结算金额逐年增长，据中国人民银行发布的《中国区域金融运行报告（2022）》，2021 年跨境人民币收付金额合计 36.6 万亿元，同比增长 29%。

二、跨境贸易人民币结算的特点及优势

第一，控制风险。对我国企业来说，在跨境贸易交易中使用人民币进行支付结算有助于控制汇兑损益，降低企业运营风险，锁定利润空间，规避因人民币和其他外币间的汇率波动而带来的损失。

第二，简化核销手续，管理更优。使用人民币进行跨境贸易结算，便于境内企业进行财务安排和资金调拨，明细成本核算，方便企业核算损益；不纳入外汇核销管理，企业在报关或者办理出口退税时无须提供外汇核销单，收款无须进行出口收汇联网核查；企业主要与银行进行业务往来，无须办理人民银行、外汇局相关审批。

第三，政策支持。跨境贸易人民币结算是目前政府极力支持和推进的结算模式，同样可以享受出口退税政策，以人民币计价的对外负债（如延期付款、预收货款等）不占用外债指标；为满足企业实际需要，允许企业将出口人民币收入存放境外，与外币计价进出口一样可异地报关。

第四，提供人民币贸易融资。国际贸易活动中的金融支持不可或缺，其中贸易融资发挥核心作用。跨境贸易人民币结算运作中，采用人民币融资结算产品，例如以人民币开立的信用证，有助于进出口企业解决跨境融资难题，加快资金周转。

第五，结算融资产品渐趋多样。为了满足企业对跨境贸易人民币结算融资服务的需求，商业银行纷纷推出多款产品，如人民币信用证、人民币跟单托收、人民币直接汇出汇款、人民币转汇款、人民币协议付款以及结构性人民币结算融资产品等。在跨境贸易人民币结算中，对进出口企业而言，除了从采用美元融资结算产品转为采用人民币融资结算产品之外并不会有明显的差异感，而真正的变化在于境内外银行之间的后台结算部分。比如，中国某出口企业在与海外买家进行商务磋商时，可以要求采用人民币信用证进行融资结算，海外买家则依据双方约定向其付款行申请开具人民币信用证，随后完全按照信用证规程与要求，进行发货、交单、议付以及付款等业务操作。

三、跨境人民币支付清算安排

(一)跨境人民币清算模式

在境外各离岸人民币中心开展的人民币业务中，有一项被称为人民币跨境清算或跨境结算，这是离岸人民币中心最为基础、核心的业务之一。建立人民币跨境支付清算体系是我国推进人民币国际化的主要措施和目标。

跨境人民币清算是指实现境内外金融机构参与人民币跨境和离岸业务所产生的人民币资金划拨与支付结算的金融安排。

跨境人民币清算主要有两种模式。

1. 境内代理行模式

境内代理行模式是指具备国际结算能力的中国境内银行（被称为境内代理行）与境外银行（被称为境外参加行）签署人民币代理结算协议，由前者为后者开立人民币同业往来账户。境内代理行与境外参加行之间通过SWIFT系统传递清算信息，通过人民币同业往来账户完成跨境人民币资金的划拨。境外机构若与中国境内机构发生人民币业务往来，则可通过当地人民币跨境清算的参加行实现人民币支付结算业务。

具备国际结算能力的中国境内银行均可作为境内代理行为境外参加行开立人民币同业账户，境外银行也均可自由选择中国境内银行建立代理结算关系。境内银行基于人民币同业账户为境外银行提供的服务包括经常项目、资本项目交易的结算清算、人民币兑换跨境融资、银行间债券市场代理结算等。

2. 境外清算行模式

境外清算行模式是指在部分离岸人民币业务发展较快的境外国家和地区，经中国人民银行和当地金融监管部门认可，授权当地一家或几家金融机构（境外清算行）为该地区提供人民币结算和清算服务。境外其他商业银行可申请作为自己所在国家已成立的人民币清算行的参加行，境外机构若与中国境内机构进行交易，则可利用当地清算行的参加行获得人民币支付结算服务。

境外清算行模式相对境内代理行模式而言，具有以下特点：

(1) 人民币境外清算行需中国人民银行授权，其人民币清算业务同时接受中国人民银行和当地货币当局监管，需遵守当地的相关法律法规，因此目前人民币境外清算行基本都为中国国内商业银行在海外的分支机构。(2) 中国境外清算行主要接受当地商业银行作为其人民币业务参加行，同时也为少数非本地的海外银行提供人民币代理清算服务。(3) 中国境内代理行直接接入中国现代化支付系统（CNAPS）中的大额支付系统（HVPS），境外参加行可在境内代理行开立人民币同业往来账户进行人民币跨境和离岸资金清算。人民币境外清算行中只有中国香港和澳门清算行直接接入大额支付系统，其他清算行通过其总行或者母行接入大额支付系统，所有清算行以大额支付系统为依托完成跨境及离岸人民币清算服务。

随着人民币跨境支付结算的快速发展，除了以上两种跨境人民币清算模式以外，一些境外机构若想与中国境内机构进行交易，还可直接在中国境内商业银行（被称为境内开户行）开立人民币账户办理人民币结算业务。其优势在于，境外机构无须在境外银行开立人民币账户，再由后者通过人民币代理行或人民币境外清算行完成与中国境内机构的交易结算，减少了资金流转环节，提高了支付结算效率。

(二)人民币跨境支付系统

2015 年 10 月 8 日上午 9 时，人民币跨境支付系统（Cross-border Interbank Payment System，简称 CIPS）一期正式上线，从而在原有的两种清算模式之外，向广大境内境外的人民币需求者提供了一个崭新的人民币支付结算的国际平台。

相关阅读

开发建设 CIPS（一期）的背景

近年来，随着跨境人民币业务各项政策相继出台，跨境人民币业务规模不断扩大，人民币成为中国第二大跨境支付货币和全球第四大支付货币。人民币跨境支付结算需求迅速增长，对金融基础设施的要求越来越高。为满足人民币跨境使用的需求，进一步整合现有人民币跨境支付结算渠道和资源，提高人民币跨境支付结算效率，2012 年初，人民银行决定组织建设人民币跨境支付系统，满足全球各主要时区人民币业务发展的需要。

CIPS 分两期建设：一期主要采用实时全额结算方式，为跨境贸易、跨境投融资和其他跨境人民币业务提供清算、结算服务；二期采用更为节约流动性的混合结算方式，提高人民币跨境和离岸资金的清算、结算效率。

CIPS（一期）系统功能

CIPS（一期）的主要功能是便利跨境人民币业务处理，支持跨境货物贸易和服务贸易结算、跨境直接投资、跨境融资和跨境个人汇款等业务。其主要特点包括：一是 CIPS（一期）采用实时全额结算方式处理客户汇款和金融机构汇款两类业务。二是各直接参与者一点接入，集中清算业务、缩短清算路径，提高清算效率。三是采用国际通用 ISO20022 报文标准，采纳统一规范的中文四角码，支持中英文传输，在名称、地址、收费等栏位设置上更有利于人民币业务的自动处理。CIPS 报文设计充分考虑了与现行 SWIFT MT 报文的转换要求，便于跨境业务直通处理并支持未来业务发展需求。四是运行时间覆盖亚洲、欧洲、非洲、大洋洲等人民币业务主要时区。五是为境内直接参与者提供专线接入方式。

CIPS（一期）上线运行后对现有人民币跨境清算模式的影响

现有人民币跨境清算模式主要包括境外清算行模式和境内代理行模式。境外清算行模式下，中国香港和澳门清算行直接接入大额支付系统，其他境外清算行通过其总行或者母行接入大额支付系统，所有境外清算行以大额支付系统为依托完成跨境及离岸人民币清算服务。境内代理行模式下，境内代理行直接接入大额支付系统，境外参加行可在境内代理行开立人民币同业往来账户进行人民币跨境和离岸资金清算。CIPS（一期）上线后，现有人民币跨境清算模式将基于市场需求继续发挥作用。

CIPS（一期）的运营机构

CIPS（一期）由跨境银行间支付清算（上海）有限责任公司负责运营，该机构为公司制企业法人（以下简称运营机构）。2015 年 9 月 8 日，运营机构在上海正式成立，全面负责 CIPS（一期）的系统运营维护、参与者服务、业务拓展等各方面工作。CIPS（一期）上线后，CIPS 运营机构将按照市场需求，逐步完善 CIPS 各项功能，强化内部管理，提高 CIPS 清算效率和竞争力。未来，CIPS 运营机构还将加强与国际其他清算组织和金融基础设施运营机构的沟通与合作，努力拓展国际市场。此外，为更好地运营 CIPS，跨境银行间支付清算（上海）有限责任公司将视需要考虑增资扩股，选择适当时机改制为股份有限公司。该公司接受人民银行的监督和管理，人民银行已经制定和发布了《人民币跨境支付系统运营机构监督管理办法》（银发〔2015〕290 号），对经营范围、业务运营等做出了规定。

CIPS（一期）的运行时序安排

CIPS（一期）按照北京时间运行，以中华人民共和国的法定工作日为系统工作日，年终决算日是中华人民共和国每年最后一个法定工作日。CIPS（一期）每日运行时序分为营业准备、日间处理、业务截止和日终处理四个阶段，日间处理支付业务的时间为 9：00—20：00，今后可根据市场需求进一步延长 CIPS 运行时间。

CIPS（一期）首批参与者

CIPS（一期）的首批参与者共有 19 家，分别为：工商银行、农业银行、中国银行、建设银行、交通银行、华夏银行、民生银行、招商银行、兴业银行、平安银行、浦发银行、汇丰银行（中国）、花旗银行（中国）、渣打银行（中国）、星展银行（中国）、德意志银行（中国）、法国巴黎银行（中国）、澳大利亚和新西兰银行（中国）和东亚银行（中国）。这 19 家参与者是人民银行根据商业银行的参与意愿，结合境内各银行跨境和离岸人民币业务量、技术开发能力和外资银行国别地域分布情况等，经过技术检验统筹确定的。2015 年 6—9 月，人民银行先后组织了模拟运行、技术验收和业务验收，检验首批参与机构的技术与业务能力是否具备投产上线的条件，确定 19 家首批参与者于 10 月 8 日上线。

CIPS 对参与者的管理

CIPS 参与者分为直接参与者和间接参与者两类。CIPS 为每个参与者分配系统行号作为其在系统中的唯一标识。直接参与者在 CIPS 开立账户，可以通过 CIPS 直接发送和接收业务。间接参与者通过直接参与者间接获得 CIPS 提供的服务。

为了鼓励直接参与者为间接参与者提供更好的服务，CIPS 的业务规则和系统功能均支持一个间接参与者与多个直接参与者建立业务关系。

CIPS 的账户管理

人民银行批准 CIPS 在大额支付系统开立清算账户，该账户是 CIPS 所有直接参与者的共同权益账户，账户内的资金属于所有 CIPS 直接参与者，并按照 CIPS 中的账户余额享有对应的权益。CIPS 在大额支付系统开立的清算账户不允许透支，日终余额为零。直接参与者加入 CIPS 时，运营机构同步为其在 CIPS 开立账户。该账户不计息、不透支，日终账户余额自动划回到该机构大额支付系统账户，日终账户余额为零。

CIPS（一期）的流动性管理

日间，直接参与者可以通过大额支付系统利用注资、调增和调减等方式从本机构在大额支付系统的账户获得流动性。此外，各直接参与者还可以利用现有的全国同业拆借中心的交易平台，按照有关规定通过同业拆借方式获得流动性。CIPS（一期）暂不支持为直接参与者提供日间透支功能。为满足CIPS（一期）直接参与者流动性管理需要，人民银行大额支付系统已于2015年9月21日将运行时间延长至20:30。

CIPS（一期）与大额支付系统的关系

CIPS（一期）是独立运行的实时全额结算系统，其采取多种措施，满足境内外银行业金融机构跨境和离岸人民币使用需求，业务受理时间为9:00—20:00。人民银行运行的大额支付系统是境内银行业金融机构资金清算结算的共同平台，主要服务于境内银行间资金清算、结算业务，正常业务受理时间为8:30—17:00。两系统之间紧密联系，CIPS（一期）在大额支付系统开立清算账户，CIPS（一期）直接参与者通过其在大额支付系统的账户完成自身注资、调增、调减、清零。

8.6 数字货币

一、数字货币的概念与特征

1. 数字货币的概念

近年来，随着网络技术和金融科技等迅速崛起，货币的形态也更加无形化、数字化，数字货币在此背景下应运而生。数字货币不是突然出现的，它产生于电子支付，是由电子货币、虚拟货币等新型货币概念演化而来。由于新型货币的不断发展与创新，政府对数字货币的监管政策日新月异，特别是各国央行开始推动数字货币发行和应用后，数字货币的概念也在不断地变化。学术界一般把数字货币区分为狭义数字货币与广义数字货币。狭义数字货币专指电子货币，包括第三方支付以及使用银行卡进行交易时所用的货币；广义数字货币则不仅包含电子货币，还包括使用区块链加密技术的虚拟货币，如比特币以及央行发行的法定数字货币等。

2. 数字货币的特征

（1）无形性。

数字货币是不依赖于物理载体的新型货币，是具有传统货币多种职能的“观念化”货币，是在数字化技术高度发达的基础上产生的一种无形货币。

（2）具有实际价值。

虽然数字货币不具有货币实体，但是数字货币的背后必须存在真实的价值支撑，这种支撑可以来源于货币当局或者权威的金融机构，以保证数字货币具有价值性。

（3）可交易性。

数字货币可以与商品或者其他形式的资产进行自由交换，且数字货币的交换方式更为方便快捷，能够更好地发挥支付手段和流通手段的职能。

(4) 可分割性。

传统货币受制于物理载体，无法满足低于单位币值的超小额支付，而数字货币具有无限的可分割优势，可以满足日常交易中的较小交易额。

(5) 可存储性。

数字货币可以通过数字形式存储在使用者的各种设备中，满足使用者任意时间的存取、划转、支付以及查询等操作。

数字货币利用的是计算机网络以及信息化技术，可以有效地降低其发行成本以及使用时的交易成本。传统的纸币需要经过印制、发行、流通到销毁等一系列工作，在各个环节都需要采取合理的措施进行管理，因此在管理过程中需要消耗一定的管理成本。相较而言，数字货币依托于计算机网络平台进行交易活动，可以有效地缩减各类成本。此外，由于数字货币自身的特殊性，可以在全世界范围内使用，数字货币可以用于国际贸易中的交易结算，能够促进国际贸易的开展。数字货币的发展为跨境电商的结算提供了新的选择，例如，2021 年 3 月，特斯拉 CEO 马斯克宣布美国市场可以使用比特币来购买特斯拉。当然，各国央行开始发行数字货币之后，未来数字货币可能成为跨境电商的主要支付工具之一。

二、全球主要加密数字货币

1. 比特币

数字革命推动了经济发展，越来越多的消费者依赖并享受在线交易，逐渐降低对实物货币的依赖。比特币的出现颠覆了人们对货币职能和本质的认知。

比特币的概念是在 2008 年由一个化名为中本聪的人提出的。比特币的特点是通过密码学知识来控制货币的发行和管理，而非将货币发行权交给特定的中央货币发行机构。2010 年 5 月 18 日，比特币论坛的一位用户使用近 1 万个比特币购买了一份比萨，这是比特币第一次在现实意义上被用来交易。

比特币不依靠特定货币机构发行，它依据特定算法，通过大量的计算产生，比特币经济使用整个 P2P 网络中众多节点构成的分布式数据库来确认并记录所有的交易行为，并使用密码学的设计来确保货币流通各个环节的安全性。P2P 的去中心化特性与算法本身可以确保无法通过大量制造比特币来人为操控币值。基于密码学的设计可以使比特币只能被真实的拥有者转移或支付。这同样确保了货币所有权与流通交易的匿名性。比特币的总数量有限，被永久限制在 2 100 万个。

获取比特币有两种方式：可以在二级市场上购买，也可以通过比特币“挖矿”来获得。所谓“挖矿”，实质上是用计算机解决一项复杂的数学问题，来保证比特币网络分布式记账系统的一致性。比特币网络会自动调整数学问题的难度，让整个网络约每 10 分钟得到一个合格答案。随后比特币网络会新生成一定量的比特币作为区块奖励，奖励获得答案的人。

由于总量固定，算法特殊，“挖矿”获得比特币奖励（可以看作原始股）越来越难，

"挖矿"需要天量的算力，必须有电力支持，对资源、环境的考验巨大，中国已经全面禁止比特币"挖矿"。

此外，比特币价格在二级市场上的波动异常剧烈。2018 年 11 月，比特币价格基本在 3 000 多美元/枚。2020 年 2 月 10 日，比特币价格突破了 10 000 美元/枚。2021 年 1 月 8 日，比特币价格涨至 40 000 美元/枚关口上方。2021 年 2 月 16 日，比特币价格升至 50 000 美元/枚上方。2021 年 2 月 20 日，比特币总市值突破 1 万亿美元大关。2021 年 3 月 13 日，比特币价格达到 60 000 美元/枚，总市值约为 1.1 万亿美元。2022 年以来，比特币价格再现过山车行情，目前已经跌至 20 000 美元/枚以下。

2. 莱特币

莱特币是受比特币的启发而推出的改进版数字货币，由一名曾任职于谷歌的程序员设计并编程实现，2011 年 11 月 9 日发布运行。莱特币与比特币在技术上具有相同的实现原理，莱特币的创造和转让基于一种开源的加密协议，不受到任何中央机构的管理。

莱特币旨在改进比特币，与其相比，莱特币具有三种显著差异。第一，莱特币网络每 2.5 分钟（而不是 10 分钟）就可以处理一个块，因此可以提供更快的交易确认。第二，莱特币网络预期产出 8 400 万个莱特币，是比特币网络发行货币量的四倍之多。第三，莱特币在其工作量证明算法中使用了 scrypt 加密算法，这使得相比于比特币，在普通计算机上进行莱特币挖掘更为容易。

虽然莱特币的价格波动也比较大，但和比特币不可同日而语，目前莱特币的价格在 50 美元/枚左右。

3. 以太坊

以太坊（Ethereum）是 2013—2014 年间由程序员维塔利克·布特林（Vitalik Buterin）受比特币启发后提出的，大意为"下一代加密货币与去中心化应用平台"，在 2014 年通过 ICO 众筹得以发展。以太坊通过其专用加密货币以太币提供去中心化的以太虚拟机来处理点对点合约。截至 2018 年 2 月，以太币是市值第二高的加密货币，仅次于比特币。

以太币的价格波动也很剧烈，目前在 1 100 美元/枚左右。

2021 年 9 月 24 日中国人民银行发布通知，全面禁止与虚拟货币结算和提供交易者信息有关的服务。从事非法金融活动将被追究刑事责任。境外虚拟货币交易所通过互联网向中国境内居民提供服务同样属于被禁行列，相关部门将强化对与之相关的一切行为的监控。至此，有关虚拟货币的挖矿、交易等在中国境内已经被全面禁止。

三、数字人民币

1. 推出数字人民币的背景

自比特币问世以来，私营部门推出各种所谓加密货币。目前有影响力的加密货币已达 1 万余种。比特币等加密货币采用区块链和加密技术，宣称"去中心化""完全匿名"，但缺乏价值支撑、价格波动剧烈、交易效率低下、能源消耗巨大等限制导致其难以在日常经济活动中发挥货币职能。同时，加密货币多被用于投机，存在威胁金融安全和社会稳定的潜在风险，并成为洗钱等非法经济活动的支付工具。

针对加密货币价格波动较大的缺陷，一些商业机构推出所谓稳定币，试图通过与主权货币或相关资产锚定来维持币值稳定。有的商业机构计划推出全球性稳定币，将给国际货币体系、支付清算体系、货币政策、跨境资本流动管理等带来诸多风险和挑战。

当前，各主要经济体均在积极考虑或推进央行数字货币研发，65个国家或经济体的中央银行中约86%已开展数字货币研究，美国、英国、法国、加拿大、瑞典、日本、俄罗斯、韩国、新加坡等国央行及欧洲央行近年来以各种形式公布了关于央行数字货币的考虑及计划，有的已开始甚至完成了初步测试。

近年来，中国电子支付尤其是移动支付快速发展，为社会公众提供了便捷高效的零售支付服务，在助力数字经济发展的同时也培育了公众数字支付习惯，提高了公众对技术和服务创新的需求。同时，经济社会要实现高质量发展，在客观上需要更为安全、通用、普惠的新型零售支付基础设施作为公共产品，进一步满足人民群众多样化的支付需求，并以此提升基础金融服务水平与效率，促进国内国际双循环，为构建新发展格局提供有力支撑。

2. 数字人民币的定义

数字人民币是中国人民银行发行的数字形式的法定货币，由指定运营机构参与运营，以广义账户体系为基础，支持银行账户松耦合功能，与实物人民币等价，具有价值特征和法偿性。其主要含义是：

第一，数字人民币是央行发行的法定货币。一是数字人民币具备货币的价值尺度、交易媒介、价值贮藏等基本功能，与实物人民币一样是法定货币。二是数字人民币是法定货币的数字形式。三是数字人民币是央行对公众的负债，以国家信用为支撑，具有法偿性。

第二，数字人民币采取中心化管理、双层运营。数字人民币发行权属于国家，人民银行在数字人民币运营体系中处于中心地位，负责向作为指定运营机构的商业银行发行数字人民币并进行全生命周期管理，指定运营机构及相关商业机构负责向社会公众提供数字人民币兑换和流通服务。

第三，数字人民币主要定位于现金类支付凭证，将与实物人民币长期并存。数字人民币与实物人民币都是央行对公众的负债，具有同等法律地位和经济价值。

第四，数字人民币是一种零售型央行数字货币，主要用于满足国内零售支付需求。

3. 数字人民币的发展历程

2014—2016年，中国人民银行成立法定数字货币研究小组，启动法定数字货币相关研究工作。2016年，中国人民银行搭建中国第一代法定数字货币概念原型，成立数字货币研究所，并提出数字人民币顶层设计和基本特征。

经国务院批准，中国人民银行自2017年底开始数字人民币研发工作，并依据资产规模和市场份额居前、技术开发力量较强等标准，选择大型商业银行、电信运营商、互联网企业作为参与研发机构。

2019年末以来，人民银行遵循稳步、安全、可控、创新、实用原则，在深圳、苏州、雄安、成都及2022年北京冬奥会场景开展数字人民币试点测试，以检验理论可靠性、系统稳定性、功能可用性、流程便捷性、场景适用性和风险可控性。2020年11月开始，增加上海、海南、长沙、西安、青岛、大连6个新的试点地区。

截至2022年上半年，人民银行继续按照“十四五”规划要求，扎实稳妥推进数字人民币试点测试，圆满完成了北京冬奥会的场景试点，使数字人民币作为科技名片在北京冬奥会、冬残奥会上完成了精彩亮相。经报国务院同意，数字人民币试点从原来的“10＋1”试点地区拓展到15个省市的23个地区，深圳市、苏州市、雄安新区、成都市4个地方取消了白名单限制，同时积极参与国际交流合作，拓展数字人民币“朋友圈”。截至2022年5月31日，15个省市的试点地区通过数字人民币累计交易笔数约2.64亿笔，金额约830亿元人民币，支持数字人民币支付的商户门店数量达到456.7万个。下一步，人民银行将稳妥有序扩大试点范围，加强场景建设和应用创新，开展重大问题研究，深化国际交流合作。

复习与思考

单选题

1. SWIFT又称（　　）。

A. 环球同业银行金融电讯协会　　B. 外汇交易市场

C. 国际货币基金组织　　D. 货币行政当局

2. 票据的有效性应以（　　）国家的法律解释。

A. 出票地　　B. 行为地　　C. 付款地　　D. 交单地

3. 对出口商最有利的贸易结算汇款方式是（　　）。

A. 先结后出　　B. 赊销　　C. 延期付款　　D. 售订

4. 不必限定在汇入行取款的汇款方式是（　　）。

A. 电汇　　B. 信汇　　C. 票汇　　D. 以上都是

5. 承兑交单方式下开立的汇票是（　　）。

A. 即期汇票　　B. 远期汇票　　C. 银行票汇　　D. 银行承兑汇票

第 9 章
订单处理与客户维护

学习目标

- 了解跨境电商客服岗位的工作目标与工作职责；
- 认识跨境电商客户的特点与差异；
- 学习对跨境电商客户进行分级分类的高效管理方法；
- 掌握提高跨境电商客户忠诚度、减少客户流失的方法。

关键概念

客户认知　客户开发　客户管理　客户维护　客户挽回

案例导入

电诉宝披露了 2020 年跨境电商平台十大典型消费投诉案例，案例涉及寺库、考拉海购、天猫国际等众多知名品牌，其中，退款问题、发货问题、商品质量问题、网络售假问题、退换货难问题等是 2020 年全年跨境电商平台投诉的主要问题。由此可见，即使是较为成熟的跨境电商平台或品牌也会因商品质量或服务水平问题引起客户不满并陷入纠纷，导致品牌口碑受损并影响销量。因此，跨境电商必须高度重视客户关系管理。

9.1 跨境电商客服概述

一、跨境电商客服岗位的工作目标

1. 塑造店铺形象

对于线上店铺来说，客户看到的商品是以图片形式呈现的，客户无法通过亲身体验来了解产品的实际情况。在这种情况下，跨境电商客服的言行均关系着客户对店铺的理解和感受。客服需要为客户提供优质的服务以塑造良好的店铺形象。

2. 增加店铺成交量

在客户选购产品的过程中，跨境电商客服要耐心、详细地解答客户对产品相关信息的咨询，并从客户角度出发帮助其解决实际问题，引导客户成功下单。在客户购买产品后，跨境电商客服要及时地跟进物流、产品使用等方面的服务，提高客户满意度，从而增加店铺的成交量。

3. 提高客户回头率

在完成第一次交易后，客户对产品、店铺服务等已经有所了解，对卖家的信任感增强。未来客户再需要同类商品时，有很大可能第一时间选择熟悉的店铺，由此提高客户回头率。

4. 降低售后成本

跨境交易距离远、物流时间长、退换货成本高，在遇到货物纠纷时，富有经验且善于沟通的客服人员会使用各种技巧，让客户尽量接受对卖家来讲损失与成本最小的解决方案。

二、跨境电商客服岗位的工作原则

1. 积极主动

当客户提出问题时，跨境电商客服应尝试理解客户提问背后的动机，针对客户实际需求进行产品推荐。跨境电商客服应尽量做到以下几点：

（1）提供解决方案。在销售全过程中，跨境电商客服都应主动为客户提供多套解决方案供其选择。

（2）言辞恰当，语气亲切。跨境电商客服可以采取使用表情、网络流行语或灵活句式等方式让客户感觉到是在与真人沟通，而不是在与机器沟通，以此拉近和客户之间的距离。

（3）积极主动。客服主动提供必要的信息可以让客户在购物和等待的过程中更有安全感，并进一步增强客户对店铺的信任感，同时有效避免纠纷，提高客户满意度。

2. 换位思考

换位思考就是站在客户的角度去思考问题，理解和尊重客户的感受。在沟通过程中，客服应该对客户的看法和观点表示赞同，并利用诚心打动客户。

3. 实事求是

客服必须如实向客户介绍商品的优点与缺点，并对商品的缺点进行合理、适度地解释以争取获得客户理解与赞同。

4. 勇于担责

在遇到客户不满意时，客服应第一时间安抚客户情绪再分辨责任。如果确实是卖方的责任，客服应第一时间主动承担，并对客户的损失进行补偿。

5. 诚实守信

客服应该始终坚持诚实守信的原则，不能为了达到销售目的而虚假宣传、过度营销或对客户做出不切实际的许诺，要做到言出必行。

6. 主次分明

在与客户交流的过程中，要注意交流和服务的重点，切忌在沟通时主次不分，浪费客户的宝贵时间，同时也不利于有效解决问题。

7. 投其所好

跨境电商消费者的需求、偏好、性格等存在差异，对待不同的客户要善于投其所好并给予适度赞美。

三、跨境电商客服岗位的工作职责

1. 熟悉产品信息

跨境电商客服需要熟悉店铺的产品信息，对于产品的特征、功能、注意事项等基本信息了如指掌，做到能够顺利解答客户提出的各种关于产品的问题。例如，客户购买高科技产品时可能会在下单前联系客服询问技术与操作方面的问题，若能顺利解答客户问题则更可能促成交易；反之，若无法解答客户问题，则可能造成客户因不确定商品使用方法而不在此店铺下单。

2. 接待来访客户

跨境电商与客户对接主要有两种方式：一种方式是通过站内信或订单留言。一方面，买卖双方关于订单的沟通都通过订单留言或站内信完成，可以避免错失重要信息；另一方面，若卖方与消费者陷入纠纷，在纠纷判责中订单留言记录可以作为证据提供参考。另一种方式是通过邮件沟通，如向客户发送营销邮件、节日祝福或通知邮件。

3. 查询产品数量

在客户进行商品浏览并打算下单时，若客户有意购买的产品库存显示为零，则客户会认为收货时间无法确定，可能导致订单流失或发货迟滞，影响店铺口碑。店铺页面上的显示库存跟实际库存可能是有出入的，因此，跨境电商客服应当经常查询产品数量，及时补货，尽量保证实际库存充足。

4. 核对订单信息

在客户付款之后，跨境电商客服需要与客户核对订单信息，包括购买产品的颜色、大小、数量、收件地址、物流方式等基本信息。这一做法不仅能降低店铺纠纷率，还可以让客户感受到贴心服务，提高客户满意度。

5. 填写订单备注

如果客户订单信息发生变化，那么跨境电商客服就有责任反馈变动信息，例如按照客户要求分拆或合并订单、填写订单备注信息等，以确保后续发货等环节顺利开展。

6. 安排订单发货

跨境电商客服务必仔细检查待发商品与客户下单的商品是否一致，避免错发、漏发或将有瑕疵的货物发给客户。对数量较多、金额较大的易碎品可以将包装发货过程拍照或录像，留作纠纷处理时的证据。由于运输距离较长，跨境电商客服务必注意商品包装的牢固程度以及安全性。

7. 发送发货通知

由于跨境网购流程多、距离远、时间长，大部分国外客户都十分关注物流问题。无论发货快慢，在货物发出去之后，以站内信、订单留言或电子邮件的方式给客户发条信息，告诉客户包裹已经发出，在一定程度上可以增加客户对店铺的好感度。

8. 追踪物流信息

在包裹发出之后，要追踪并及时更新物流信息与收货时间。跨境电商客服可以主动向客户提供可追踪的包裹单号与最新的追踪信息。

9. 关注客户评价

在客户收到货物并已确认收货之后，跨境电商客服要及时发送催评邮件，提醒客户对此次交易做出评价。对于客户的好评，跨境电商客服要给予回复并表示感谢；对于客户的中差评，跨境电商客服应当向客户表示歉意，积极与客户沟通，了解客户给差评的原因，针对问题给出解决方案，争取让客户更改评价。

10. 解决售后问题

由于跨境电商的行业特点，当遇到产品或服务问题时，售后的成本往往会高于国内电商，退换货处理模式在跨境电商中不再广泛适用。跨境电商客服在解决售后问题时，要引导客户选择对卖家而言成本最低的处理方案，尽量在保证客户满意的基础上将损失降到最低。

11. 做好客户维护

客户在交易完成之后，一旦拥有良好的购物体验，会对店铺产生更高的依赖性与信任感，从而再次购买该店铺的产品，因此做好客户的维护也是跨境电商客服的重要工作内容之一。

9.2 跨境电商客户认知

一、跨境电商客户的消费心理特点

任何企业的营销活动，其实都是针对客户的心理而采取的行动。在互联网时代，跨境电商客户的需求是个性化、多元化的，跨境电商更加需要读懂客户的心理，依据其心理特征进行客户关系管理。

1. 跨境电商客户的分享心理

在互联网时代，人们能够通过各种平台将自己买到的产品进行分享。此外，消费者在网络平台向大众询问某款产品是否值得购买也是消费者的分享心理之一。基于这样的社交分享心理，出现了以兴趣爱好或专业为分类的社区和论坛等，大众会在此类平台上询问所分享产品的购买链接，购买商品的客户由消费者变成了产品的推广者与传播者，跨境电商应该有效抓住客户在社交网络传播中的这种习性并加以运用，从而得到口碑传播。

2. 跨境电商客户的炫耀心理

人们常常会在社交媒体平台上分享购买的产品、享受的美食、旅行的风景等生活状态，希望可以得到他人的欣赏与羡慕。正是这种炫耀心理，导致了高端市场的出现。很多跨境电商利用客户的这种炫耀心理，采用高品质、个性化设计来吸引客户，舍弃了低价劣质的价格战和同质化的策略。

3. 跨境电商客户的求实心理

求实的客户往往以追求商品或服务的使用价值为目的进行消费，倾向于对比不同商品与服务之间的质量和价格差异，选择高性价比的产品进行消费。面对此类客户，跨境电商卖方需要提高店铺商品与服务的质量，增加对消费者的吸引力，同时举办降价、折扣等促销活动提高商品性价比，诱导客户进行消费。

4. 跨境电商客户的权威心理

消费者推崇权威的心理，在消费形态上，多表现为决策的情感成分远远超过理智的成分。这种对权威的推崇往往导致消费者对权威所消费产品无理由的选用，进而把消费对象人格化，从而达成产品的畅销。跨境电商也可以邀请明星或 KOL 进行代言和推广活动，利用其粉丝的推崇权威心理，大大增加店铺流量与销量。

二、跨境电商客户的消费需求特点

在“互联网+”的浪潮下，跨境电商企业不但通过网站中的客服与客户联络，还搭建了官方社交媒体平台与客户和潜在客户进行互动，形成社交圈。企业会将更多的产品信息、促销内容，甚至好玩有趣的活动通过圈子更有效地推送给消费者。而消费者在看到有趣的信息时，也会将这些信息分享到自己的社交平台，让更多人看到。如此一来，企业的品牌、产品得到了广泛传播，同时满足客户自由“吐槽”、参与经营及购买个性化产品的需求。

在互联网时代，客户在购买行为完成之后，很有可能通过购物平台和社交平台发表自己对产品的看法与评价，行使自由“吐槽”的权利。在消费者至上的时代中，客户希望拥有更多自由“吐槽”的权利以抒发自己的情绪并惊醒商家，同时也促使商家更深入地了解消费者的需求，从而提供更好的产品与服务。

客户可以通过对试用产品或服务进行反馈、对购买产品发表评价等方式参与到企业经营中。让客户参与其中，能够让客户对企业的产品和服务，甚至运营过程更深入地了解，从而对企业产生品牌认同感，让客户参与其中也满足了客户“参与其中，产生影响”的心理需求，让客户真切感觉到自己的影响力。同时，让客户参与其中也有利于商家生产出更加适销对路的产品，更好地满足市场需求。

在互联网时代，客户群体特立独行，客户需求也日趋个性化。跨境电商应该满足客户的这种心理需求，提供个性化、定制化的产品与服务以获取更多市场份额。

三、主要国家客户购买行为特点

1. 俄罗斯客户

根据 2017 年俄罗斯 B2C 电商报告，俄罗斯网购人群中 60%以上是青年人，且女性居多。俄罗斯买家具有以下购物习惯：

由于俄罗斯季节温差较大，冬季严寒，因此俄罗斯人购物季节性强，跨境电商卖家可以在产品首页突出“当季热卖”等字样以促进购买。

俄罗斯人追求较高生活品质，不同的生活情景下会有不同着装。例如，俄罗斯人居家时会穿着专门的家居服、睡衣；在进行户外运动时也会购买专业的运动服装、运动鞋；在上班时通常会穿着正式西装。跨境电商在选择售卖商品时可以从不同功能、材质的服装中选择某一垂直领域。需要注意的是，俄罗斯人的身材一般比较高大，稍胖的人也不在少数，因此俄罗斯网购者对大码服装较为偏好，卖家在选品与宣传时需要注意这一点。

除了对产品有特别的偏好外，俄罗斯人的沟通交流也别具特点。俄罗斯客户在与店铺客服人员进行联系沟通时通常会使用俄式英语，这对于客服的语言能力有较大挑战。跨境电商可以使用专业、可靠的翻译软件以便与俄罗斯客户进行更好的沟通。若客服人员能使用俄语与客户沟通则为更优选择。

需要注意的是，俄罗斯还有很多特殊的文化习俗可能会影响俄罗斯人的购买行为。例如，俄罗斯人认为不同颜色具有不同含义，黄色代表背叛和悲伤，黑色代表肃穆和不祥，电商在选择产品颜色时需特别注意；俄罗斯人认为不同动物也具有不同象征意义，认为马能带来好运，兔子代表胆小懦弱，公鸡能够避邪，并且普遍把熊作为吉祥物，卖家需要特别注意产品上是否印制动物图案。与大多西方国家一样，俄罗斯人也忌讳“13”这一数字，相反，他们认为“7”象征成功和幸福，而“666”这一在中国具有褒义色彩的数字在俄罗斯人眼里则是魔鬼的代号。以上文化习俗与俄罗斯客户的购买行为息息相关，跨境电商需要特别注意。

2. 英国客户

在英国，80%以上的人口能够熟练地进行网购，且英国的电商市场规模仅次于中国和美国，排名世界第三位。因此，英国是跨境电商卖方不容忽视的海外市场。

英国的消费者也具有自己的消费特点：英国消费者会花费大量时间进行不同产品的对比，花费在服装和电子产品上的比价时间最长，因此，卖家在考虑产品性价比与价格竞争力之外，还需要确保产品与服务的质量，需要提高自身综合优势以吸引消费者；英国消费者乐于在夜间进行购物，英国在线购物网站的访问量一般在午夜时分暴增，因此，跨境电商的客服人员在英国的午夜时间最好保持在线状态，把握订单成交的关键时间；

英国消费者热衷于追赶潮流，在精彩赛事、热门电影和综艺节目播出时，节目中的单品会在英国流行，跨境电商卖家需要关注此类“带货节目”并随时注意社交媒体流行趋势及时调整选品以满足客户需求。

3. 巴西客户

巴西的跨境电商起步较晚却发展迅速，巴西政府大力建设电子商务基础设施，且巴西的互联网用户数量超过1亿人，以上因素使得巴西成为跨境电商发展的潜力新兴市场；然而巴西对于海外包裹的入境具有非常严格的清关查验手续，且关税较高、物流较慢，卖家在选择售卖商品类型与物流方式时需格外注意。

对于巴西的买家而言，产品价格便宜是他们最为看重的，同时，巴西的买家都有很强的个性，他们也同样看中产品的设计风格与款式是否与自己的审美相契合。巴西网购者最常购买服饰（服装需要尺码较大并能够凸显身材、具有鲜艳的颜色）、首饰（夸张、能够凸显个性）、鞋包、美容产品、造型产品、运动用品、3C配件等。跨境电商卖家应充分利用商品展示图向巴西顾客展示产品的质感与细节，无色差地显示产品颜色。

巴西储蓄率相对较低，巴西客户的可支配现金较少，通常使用信用卡进行消费。因此，巴西客户在进行网购时，大多选择分期付款。如果跨境电商卖家能够接受分期付款方式将大大提高巴西客户的成交率。

9.3 跨境电商客户开发

跨境电商客户开发是指企业通过分析产品或服务的市场形势，制定企业经营目标，针对跨境目标客户的需求展开有效的营销活动，将目标客户的购买欲望和能力转化为购买行为，引导客户成为企业现实客户的过程。跨境电商客户开发是一个动态的过程，企业需要持续进行海外市场调研，持续更新客户需求，并对产品及服务进行改进；企业要不断地开拓海外市场，在开发新客户的同时维护老客户以扩大企业客户群体。

客户开发又分为营销式客户开发和推销式客户开发，其中营销式客户开发的方法可参考本书第5章的内容，接下来本节对推销式客户开发进行具体介绍。

随着社会的变迁，推销的含义也在不断地演变。从广义的角度看，推销是由信息发出者运用一定的方法与技巧，通过沟通、说服、诱导与帮助等手段，使信息接收者接受发出者的建议、观点、愿望、形象等的活动总称。从狭义的角度看，推销是指企业营销组合策略中的人员推销，即企业推销人员通过传递信息、说服等技巧与手段，确认、激活客户需求，并用适宜的产品满足客户需求，以实现双方利益交换的过程。高效推销存在着一定的方法与技巧：

1. 地毯式寻找法

地毯式寻找法是指在不熟悉客户或不完全熟悉客户的情况下，营销人员在特定的范围内挨家挨户访问推销的方法，即上门推销法。依靠挨家挨户的方式拜访跨境电商客户难以实现，在“互联网＋”时代，要充分运用互联网开发跨境电商客户。推销人员需要在充分熟悉产品和市场后，调研国外市场主要客户，可以通过互联网搜索潜在客户信息，例如查看网上销售店铺，研究客户经营产品品类、档次、主要市场等；通过邮件、电话、社交媒体等渠道触达潜在客户，主动拓展业务。

2. 商务会议寻找法

商务会议寻找法是指企业利用各种商务会议寻找跨境电商客户的一种方法。随着社会的发展，会议已经成为各类组织传播和发布信息的重要载体，会议形式也日趋多样。很多具有商业性质的会议能为参会者提供大量客户开发机会，如路演会、研讨峰会、贸易博览会等。跨国行业演讲会或品牌技术研讨会经常会聚集世界上主要国家和地区的生产商和销售商，因此借助这类会议可以更好地开发海外市场。

3. 咨询寻找法

咨询寻找法是指企业利用社会上各种专业的市场信息服务部门或国家行政管理部门所提供的信息来寻找跨境电商客户的一种方法。与企业自己寻找客户相比，咨询寻找法更加方便迅速，所得信息也更加可靠。同时，采用咨询寻找法还可以节省企业的推销时间，节约开支。但是采取此方法也需要注意鉴别二手信息的准确性与可行性。

4. 委托寻找法

委托寻找法是指委托与目标客户有联系的人协助寻找目标客户的方法。在目标客户身处海外，与跨境电商距离遥远且存在较大文化差异的情况下，利用更了解当地市场状况的推销助手，既可以及时有效地获取促销情报，又可以降低促销成本，提高推销的经济效益。同时，委托助手开发客户时，助手以第三方的公正形象出现，具有更强的说服力。但是需要注意：强大的助手可能会将开发的客户据为己有，实力欠佳的助手开发跨境电商客户的能力又有限。因此，获取得力助手往往较为困难。

5. 核心影响力方法

核心影响力方法是指将特定范围内一些具有影响力的人物或组织发展成为企业客户，在他们的影响和帮助下，在该范围内开发其他客户。一般来说，中心人物或组织往往在公众中具有较高社会地位与影响力，其购买与消费行为就可能引导其“粉丝”进行购买与消费。使用此方法的关键是寻找、确定中心人物或组织。这需要企业进行精准的市场细分，在各个目标子市场范围内寻找有影响力的中心人物或组织并与之建立良好关系。

6. 挖掘对手客户法

挖掘对手客户法是指企业通过各种竞争手段，例如推出差异化产品、提供增值服务、降低产品价格等，从竞争对手处抢夺目标客户、获取市场份额的方法。使用此种方法需要明确产品定位，抓住对手产品缺点，凸显自身竞争优势以获取更多客户。

9.4 跨境电商客户管理

一、跨境电商客户等级管理

在客户等级管理中，对客户进行细分的方式多种多样，如按照客户的消费行为特点、客户的地理位置、客户的职业、客户知识层次、客户生命周期价值等进行细分。根据跨境电商客户管理的特点，对客户细分较为常用的方法是 RFM 客户细分模型（见图 9-1），主要通过最近一次消费的时间、消费频率和消费金额三个维度来衡量客户的价值。

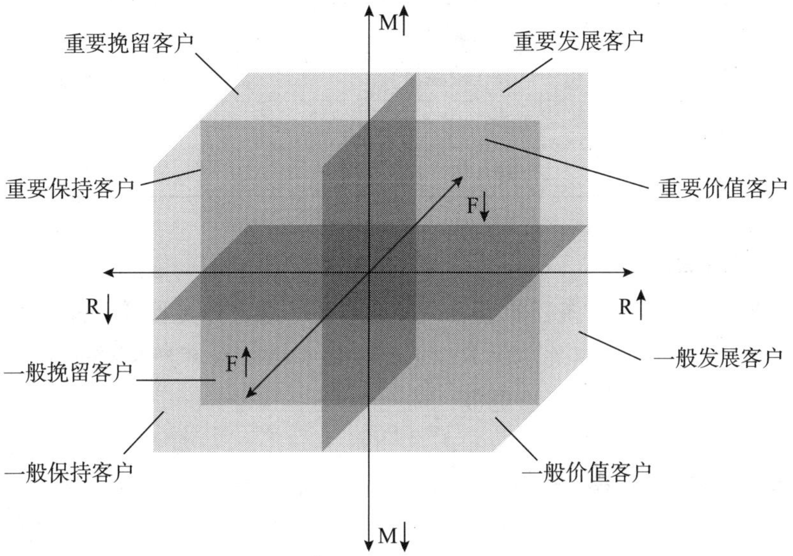

图 9-1　RFM 客户细分模型

（一）RFM 模型含义

R（recency）指最近一次消费的时间，也就是客户上一次在店铺成交的时间。理论上，客户购买的时间越近，对店铺的记忆程度越高，也相对容易再次购买商品。

F（frequency）指消费频率，即在单位时间内的消费次数。消费次数越多，说明客户的满意度越高，对店铺的忠诚度也越高。

M（monetary）指消费金额。根据帕累托法则——企业 80%的收入来自 20%的顾客，跨境电商应将有限的资源投入能够为企业带来更高价值的客户身上。

（二）实施 RFM 分级的步骤

1. 收集客户交易数据

RFM 客户细分模型操作流程的第一步是收集客户交易数据，包括客户 ID、客户名称、交易日期、交易产品和交易金额等。在进行数据收集时，需要注意区分仅浏览未下单的数据和实际成交数据。

2. 整理交易数据

RFM 客户细分模型操作流程的第二步是对收集到的客户交易数据进行分类并按照客户 ID 或客户名称进行排序整理。

3. 确定 RFM 划分维度和层级标准

RFM 客户细分模型操作流程的第三步是对客户数据按照最近一次消费的时间、消费频率和消费金额进行等级划分。一般来说，较常用的是按照以上三个维度划分为四个等级（见表 9-1）。

表 9-1　RFM 模型等级划分

最近一次消费的时间（R）	消费频率（F）	消费金额（M）
R1（最近）	F1（最频繁）	M1（最高）
R2（较近）	F2（较频繁）	M2（较高）
R3（较久）	F3（较少）	M3（较低）
R4（最久）	F4（仅一次）	M4（最低）

4. 客户群分类管理

RFM 客户细分模型操作流程的最后一步是对客户进行分类管理，针对不同客户定制营销方案、推广活动。应重点关注由 R1 级、F1 级和 M1 级客户组成的重点客户群，重点客户的交易频率更高、花费金额更多。

二、跨境电商客户沟通管理

（一）客户沟通定义

沟通是指人与人、人与群体、人与社会之间双向地传递、接收、交流、分享信息的活动过程。客户沟通是指企业通过与客户建立互相联系的桥梁或纽带，拉近与客户的距离，加深与客户的感情，从而赢得客户满意与客户忠诚所采取的行动。

（二）跨境电商客户沟通的特点

1. 沟通主体分属不同关境

跨境电商客户沟通的主体分属于不同的关境，可能具有不同的语言、文化、思维方式、消费行为等，双方的差异可能对二者之间的沟通构成阻碍。跨境电商客服需要充分掌握差异，才能更好地进行客户关系管理，最终促进销售业绩的增长。

2. 沟通主要采用电子商务手段

跨境电商客户沟通的整个流程主要采取电子商务手段，使用依托于网络的沟通工具。

全球速卖通、敦煌网等知名跨境电商平台开发了自己的在线即时通信工具，供卖家及买家用户进行在线交流。TradeManager 是全球速卖通平台的在线即时通信工具，拥有在线沟通、联系人管理、消息管理、登录记录查询等基本功能。用户可以通过 TradeManager 主动和同行业的买家进行交流联系。对于卖家而言，该软件不仅具有在线沟通功能，还支持店铺、网站快捷入口、定位沟通对象及文件图片互通等强大功能，能够与消费者更便利地进行沟通。敦煌网为平台商家开发了敦煌通作为沟通工具，它能让卖家更加方便快捷地了解客户的需求及问题，并具备聊天、记录买家信息、自动回复、可见客户输入内容等功能，能够大幅提升买卖双方间的沟通效率。

除了平台自己开发的沟通工具外，也可以选择合适的即时性沟通工具与客户交流，国际上常见的沟通软件有以下几种：

（1）MSN。MSN是最早的在线聊天工具之一，MSN账号存在对应邮箱，在日常生活中被广泛使用。目前某些场景下MSN需要与Skype绑定使用。

（2）Viber。Viber的使用方式与微信类似，在有网络的情况下可以免费使用，能够与世界各地的人进行交流。

（3）WhatsApp。WhatsApp的使用方式与Viber类似，但WhatsApp的用户大部分是中东人、南美人。

（4）Facebook。Facebook是全球最大的社交网站之一，目前拥有超过10亿的实名注册用户。在Facebook上既可以看到客户的动态更新，同时也可以与客户连线对话、建立群组等，还可以进行关键词搜索，并将搜索到的对象加为好友，其性质类似于国内的微博。

（5）Twitter。Twitter是非常实用的社交网络服务网站之一，可以推送博文，也具有私信功能。

3. 跨境沟通贯穿跨境电商业务全流程

在跨境电商业务中，跨境沟通贯穿于跨境电商业务的售前产品展示环节、售中业务洽谈环节和售后服务环节，跨境电商应构建跨境电商业务信息传播的完整体系，规划全方位的业务沟通。

在售前产品展示环节，店铺视觉展示和商品文字描述都属于与客户交流沟通的范畴。店铺视觉展示主要包括店铺标志、店铺公告栏、商品分类栏、客服栏、店铺内促销区等。商品描述一般包括图片、视频和文字。清晰美观的展示图片和视频给客户带来正向视觉冲击，能够促使客户点击商品并增加购买概率；对商品与服务清晰的文字描述也是提高客户购买转化率的关键。

在售中业务洽谈环节，跨境电商客服应对客户提出的关于商品、支付方式、物流等方面的咨询予以耐心准确的答复。遇到客户咨询或加购商品后未付款的情况，可进行适当跟踪，试图了解原因并尽量提供解决方案以完成订单。

在售后服务环节，跨境电商客服积极完成跟踪服务，并对客户反馈与评价进行及时回复，必要时进行适当的关系维系和沟通联络。跨境电商客服应争取通过恰当沟通使客户对商品给予好评，利用客户好评吸引更多潜在客户。订单完成后也需要继续完成客户维护工作，争取提高客户复购率，让客户成为忠实的回头客。

(三)跨境电商客户沟通的技巧

1. 沟通内容完整全面

跨境电商客服在面对客户提问时，除了回复客户所提出的针对性问题外，还应回复相关附带信息，实现真正的完整沟通。例如，客户询问产品的价格时，客服还可以在回复时简要介绍产品的质量、售后服务等能够促进客户下单的信息。

2. 沟通及时

在跨境电商交易中，客户与客服可能存在时差问题，容易出现回复不及时的情况。跨境电商客服人员应在24小时内回答客户问题，或根据提问关键词设置自动回复以减少客户流失概率。若客服回复时间超过 24 小时，建议在回复时首先进行道歉。采取此类沟通方式能够使客户感觉自己被尊重和关注，有利于提高客户对店铺的满意度。

3. 合理解释，勇于承担

跨境电商客服人员要从客户的立场出发，在发生令客户不满意的意外事件时给予客户易接受的合理理由与解释，将问题发生原因归至第三方或不可抗力因素，同时提出解决方法与补偿方案。然而，寻找适当理由并不意味着逃避责任，跨境电商客服人员应以平复客户情绪与解决客户问题为重点。将错误合理地归咎于第三方身上，并表明在非自身过错的情况下仍然愿意帮助客户解决问题，更能使消费者感到满意，使消费者更顺利地接受解决问题的方案。

9.5 跨境电商客户维护——忠诚度管理

一、跨境电商客户忠诚的主要概念

1. 跨境电商客户忠诚

跨境电商客户忠诚是指客户对某一跨境电商或某一品牌的产品或服务表现出一种依赖及认可，并且多次重复购买该品牌或该店铺的产品的行为方式。此类客户对电商在思想方面与情感方面的信任及忠诚，受同类产品或品牌的竞争性营销影响较小。

2. 品牌忠诚

品牌忠诚是指客户在购买某一类产品时总是选择同一个品牌或店铺。例如，家养宠物狗的客户，在亚马逊上购买狗粮时只选择 Acana 这一个品牌，这位客户即为品牌忠诚客户。品牌忠诚包含以下行为类别：

（1）完整忠诚。对品牌完整忠诚的客户在购买某一类产品时完全只认定同一个品牌，不会购买该品牌之外的商品，甚至会因为对品牌的认可和喜爱而购买该品牌的其他相关产品。

（2）偶然变换。这类客户在购买一类产品时通常认定一个品牌，但偶尔可能会更换或尝试其他品牌，或者在原品牌库存不足、无法购买时，不得不更换购买品牌。但是，原品牌依然为购买此类商品的首选品牌。

（3）转换忠诚。这类客户原先并不是某品牌的忠诚客户，但可能由于得到了店铺的贴心服务、认可店铺的产品质量或得到店铺赠品与回访等原因而成为某店铺的忠诚客户。

（4）分割忠诚。这类客户在跨境电商平台较为常见，他们忠于多个品牌，而非仅锁定某一品牌。当需要购买某类产品时，会在某几个品牌范围内进行选择，按需求择优购买，并不固定选择某一品牌。

（5）无忠诚。此类客户认为各品牌间差异度较小，决定其购买行为的主要因素是产品的价格。跨境电商对此类客户进行营销的成本较高，可能只有在店铺进行大力促销活动时此类客户才会产生一次购买行为。

3. 品牌忠诚态度

品牌忠诚态度这一概念，不仅包含客户对品牌的重复购买行为，还包括客户对品牌的认可、信任、情感依附水平及对品牌的偏好程度。品牌忠诚态度主要分为以下三类：

（1）无忠诚态度。这类客户重复购买某品牌商品的可能性较小，对产品的价格较为敏感，更倾向于购买优惠力度最大或价格优惠的商品。

（2）伪忠诚态度。这类客户对产品的品牌并没有深入了解，也并不明确各品牌的特色以及品牌间的差异，他们的重复购买行为可能只是习惯使然。例如，在需要购买袜子时，为了节省时间，客户可能会习惯性地从上次下单的商品链接直接点击再次购买。此类客户即使有多次重复购买行为，却并未对品牌表现出强烈的忠诚态度。

（3）潜在忠诚态度。此类客户购买频率较低，但对品牌有着强烈的忠诚态度，认可品牌的产品特色、产品质量或相关服务，且有明确的购买意向与购买欲望。例如，许多年轻女性面对高端美妆产品时，或许对该品牌有明确的偏好，认可其产品并希望回购，但是由于产品价格较高，没有经常购买产品的经济能力。

二、跨境电商客户忠诚的意义

1. 降低客户服务成本

（1）节约开发新客户成本。

新客户并未接触或购买过卖家的产品，在下单前通常会有较长的观察期，因此卖家需要投入更多的精力争取新客户。跨境电商需要投入大量人力、时间及资金成本来利用各大平台提供的挖掘新客户的渠道。例如，在全球速卖通平台上，需要进行联盟营销、参加平台活动、购买全球速卖通“直通车”推广、参加平台大促、进行社交媒体营销等活动。投入较多可能导致新客户给店铺贡献的利润在很长时间内低于开发新客户的成本。相比于开发新客户的投入，店铺维护老客户的成本则低得多。只需要确保产品质量，做好售后服务、保持联系，以及定期回访或进行有效沟通等就能够大概率完成好老客户维护。

（2）降低交易成本。

忠诚客户对卖家的店铺、产品或品牌已经有较为深入的了解，接受卖家的品牌理念，认可品牌的产品质量，对卖家的店铺有较高的信任感，忠诚客户在购物时通常选择直接下单，无须与客户进行反复沟通确认，在很大程度上降低了卖家的交易成本。

（3）降低服务成本。

由于新客户对品牌或产品不了解，其关于产品的咨询、疑问、纠纷会比忠诚老客户多得多。在遇到产品使用体验不佳、物流延迟、包裹遗失等订单问题时更容易对卖家持否定态度，需要客服投入大量精力，服务成本较高。而忠诚度高的老客户对产品和卖家比较信任，在遇到问题时会积极地与卖方协调沟通，同时，客服也熟悉老客户的预期和接受服务的方式，能更有针对性地为老客户提供服务，提高服务效率，降低店铺的服务成本。

2. 树立良好口碑，壮大客户队伍

现在越来越多的消费者不再盲目地相信广告，而是更相信口碑。即许多消费者在进行购买决策时，会受到周边好友或 KOL 推荐的影响，因此，树立良好的产品口碑与品牌形象将极大地促进产品销售。忠诚客户常常会将使用产品或服务的满意体验通过好评或社交媒体途径向周边的人进行宣传，也会主动地向亲朋好友进行推荐，成了跨境电商最

有利的宣传者，帮助企业树立良好的形象。

3. 降低经营风险，为企业增收

如果企业不断地流失客户，企业经营过程中面临的不确定因素将会增加，带来更高的经营风险。尽管跨境电商面对的零售客户比传统贸易的大客户管理起来要复杂许多，但是相对稳定的客户群体和良好的客户关系，同样能够帮助卖家排除一些不确定的干扰因素。卖家不再需要花费太多时间用于应付不断变化的客户群体，可以集中精力和资源为稳定的忠诚客户群体提供更完美的服务。卖家熟悉忠诚客户的品质要求与服务需求，可以高效而熟练地为他们提供服务，更容易提升客户满意度，并且降低经营风险。

4. 有助于店铺发展进入良性循环

拥有忠诚客户越多的店铺，利润增长速度越快，店铺资金回收越快，生产销售速度也会加快，店铺规模也会随之扩展，员工待遇得以增加，员工对企业的满意度和忠诚度也会进一步提升，更能激发员工士气。员工干劲十足，工作效率更高，也能为客户提供更令人满意的产品与服务，有利于跨境贸易企业稳定忠诚客户资源，强化客户忠诚。而忠诚客户群体的不断增加，将为企业带来更多的经营收益，使企业发展进入新的良性循环。

三、客户忠诚度的衡量

1. 客户重复购买次数

客户重复购买次数是指在一定时期内，客户重复购买某一跨境电商店铺内产品的次数。客户对某一店铺的产品或店铺内某一品牌产品购买的次数越多，说明其对这一店铺或品牌的忠诚度越高，反之则越低。

2. 消费金额

客户在某一店铺或某一品牌支付的消费金额与购买同类产品支付的总金额的比值可作为衡量客户忠诚度的重要指标。此比值越高，则说明客户忠诚度越高，反之，则客户忠诚度越低。

3. 选品时间长短

由于对店铺或品牌的信任度不同，客户挑选商品的时间也有所不同。如果客户对某一店铺或品牌有足够的忠诚度，则此客户对店铺服务或品牌品质有足够的信任，挑选商品的时间会比较短，更倾向于直接在店内下单。反之，选品时间越长表示客户对店铺内的产品选择不够坚定，忠诚度也相对较低。

4. 价格的敏感程度

如果对于店铺里的某一品牌商品，客户对其价格变动的承受能力强，则说明其价格敏感度低，同时也能体现他有较高的忠诚度。反之，若客户对商品价格变动的承受能力弱，即价格的变化会影响他的购物决策，那么他的价格敏感度则较高，也说明该客户对这一店铺品牌的忠诚度低。例如，若客户在产品涨价时依然愿意购买，则体现出该客户对品牌的认可与依赖。

5. 对竞品的态度

如果客户在选择商品时对平台上出售同类产品的其他品牌产品感兴趣并且更有好感，则说明其品牌忠诚度较低；反之，若客户仅对经常购买的品牌感兴趣，几乎不考虑购买其他品牌的同类产品则忠诚度较高。

四、客户忠诚度的影响因素

1. 客户利益

客户不会无条件、无理由地忠诚于跨境电商的店铺或品牌。客户忠诚于品牌或店铺的本质原因是希望从高忠诚度行为中得到相应的实际利益，如优惠等。如果卖家对高忠诚度客户不提供任何的特殊照顾，待遇与新客户并无差异，则客户很可能将不再忠诚于该店铺或品牌。

2. 与客户的情感联系

客户关系的本质是建立客户与企业之间的情感联系，只有真正站在客户的角度，与客户建立超越经济关系之上的情感关系，才能赢得客户的心，赢得客户的忠诚。当前越来越多的客户在进行购买决策时具有情绪化、情感诱导特征，跨境电商应重视与客户间的情感关系。

3. 转换成本

转换成本是指跨境电商客户在有购买需求时，从一个店铺更换到另一个店铺需要增加的成本与付出的代价。转换成本既包括经济成本又包括时间、精力的付出。例如，客户在对某一类产品有购买需求时，要重新寻找一家新店铺进行消费，那么对比各店铺产品优劣花费的时间和精力就是转换成本。转换成本越高，客户忠诚度也越高。

4. 可替代选择

可替代选择是指客户能够购买的其他店铺或品牌的同类型产品。在通过电商平台搜索商品时会显示出很多相似甚至相同的产品，这些产品之间形成替代关系。具有替代性的可选择产品越多，客户忠诚越难以维系。

5. 客户自身因素

（1）产品体验。当前的跨境电商客户群体以年轻人居多，他们在购买产品时更注重产品使用体验并且更愿意去尝试新的产品与服务。此类客户往往难以完全忠诚于某一店铺或品牌。

（2）自身需求。客户可能会因为需求的变化而变更购物店铺。例如，原先一直在一家跨境电商店铺回购童装的客户，因为孩子长大了，这家店铺的服装不再适合，所以不会再光顾。

（3）收入水平。客户可能因为收入的变化，导致购买力改变，而不再选择原先常购的店铺或品牌。

五、如何提升客户忠诚度

1. 提升客户满意度

客户满意是形成客户忠诚的基础。跨境电商卖家应通过树立良好的品牌形象与口碑，使消费者形成对企业的良好印象与购物预期。同时，跨境电商还应提高客户的感知价值，努力让客户的感知价值超过预期。提高客户感知价值的途径包括：增加客户感知到的产品价值、服务价值、品牌价值等；降低客户的货币成本、时间成本等。例如，推出为客户量身定制的产品，并提供全流程的追踪与保障服务。

2. 激励忠诚客户

（1）消费回馈。

消费回馈能够让客户在重复购买中获益，通过向经常购买店铺商品的客户提供激励，来达到维护客户忠诚度的目的。例如，销售儿童玩具和礼品的店铺，买家第一次购买可以享受卖家设置的平台活动，例如店铺满立减等活动；后续的每一次回购都可得到购物金10%的返利，返利累积到一定程度即可兑换店铺商品。

（2）赠送礼品。

赠送礼品的方式能够给客户带来预期之外的收获，从而提升客户对店铺服务的认可与满意度。需要注意的是，赠予的礼品最好与客户所购买的产品有所关联，让客户在使用购买产品时也能感知到赠品的用途与意义，让客户感觉到被认真用心对待。

3. 维系与客户的感情

在客户的订单完成后，还应努力与客户建立交易之外的联系，通过巩固和强化与客户之间的关系提高客户转换购买的精神成本。跨境电商客服应根据客户分级积极地与客户进行定期或不定期的沟通，了解客户的想法与意见；通过重要客户留下的一些信息在一些重要的节假日以恰当的方式予以问候。

4. 提高产品的不可替代性

当今消费者的需求个性化程度日益提高，亚马逊、eBay等电商平台根据消费者的个性化需求有针对性地推出了个性化的推荐服务，即根据客户的浏览习惯、购买记录等行为特征，将一些符合其消费习惯及品位的商品推荐到他们的购物首页。跨境电商卖家若能够为客户提供独特的、不可替代的产品或服务，包括个性化的产品外观、个性化的售后服务、个性化的技术支持、个性化的专属定制方案等，就可以将自己和竞争对手区分开来，发展成不可替代的优势，提高客户的依赖程度，实现客户忠诚。

5. 综合管理客户群

跨境电商可以通过设立会员卡的方式管理客户群体，并推出"入会立减"等针对会员的优惠活动，增加客户黏性；还可以通过建立群聊或官方社交媒体账号等方式在网络上与老客户进行互动，定期在客户群内发布内部限定的优惠活动。

6. 培养员工忠诚

对于跨境电商来说，客服人员是与客户最直接接触的一个群体，因此，跨境电商需要培养忠诚的员工来为客户提供令其满意的产品和服务。需要跨境电商在招聘和培训环节，以及设立客服规章制度等方面付出努力，培养出认真敬业、客户至上的客服人员；需要注意对客服人员给予尊重与关怀，以恰当方式激发客服人员的工作热情与动力。

9.6　跨境电商客户纠纷预防

一、选品环节客户纠纷预防策略

1. 确保货源充足

跨境电商平台上的卖家在选品环节要充分考虑产品的供货稳定性，以确保客户在中意某款产品准备下单时不会遇到缺货无法下单的现象，避免因缺货导致客户流失；同时，货源充足能够使卖家在客户下单后较短时间内发货，及时快速发货可以提升客户的满意度，增加客户对店铺的信任感。

2. 确保产品符合当地文化与市场需求

跨境电商要为不同国家和地区的消费者制定差异化、本土化的选品策略，在进行选品时应充分考虑目标消费市场的文化风俗，避免因文化冲突而冒犯消费者，甚至可能使得店铺陷入不必要的纠纷，为店铺带来不小的损失。反之，选择适销对路的产品能够更好地吸引当地消费者，在提升商品成交率的同时也使顾客感受到店铺的尊重与用心，从而提升客户满意度。

图 9－2 为跨境电商经常使用的第三方选品专业工具，通过对大数据进行分析为卖家精准推荐适合在当地市场进行销售的产品，提高跨境电商卖家的选品效率，降低选品风险。

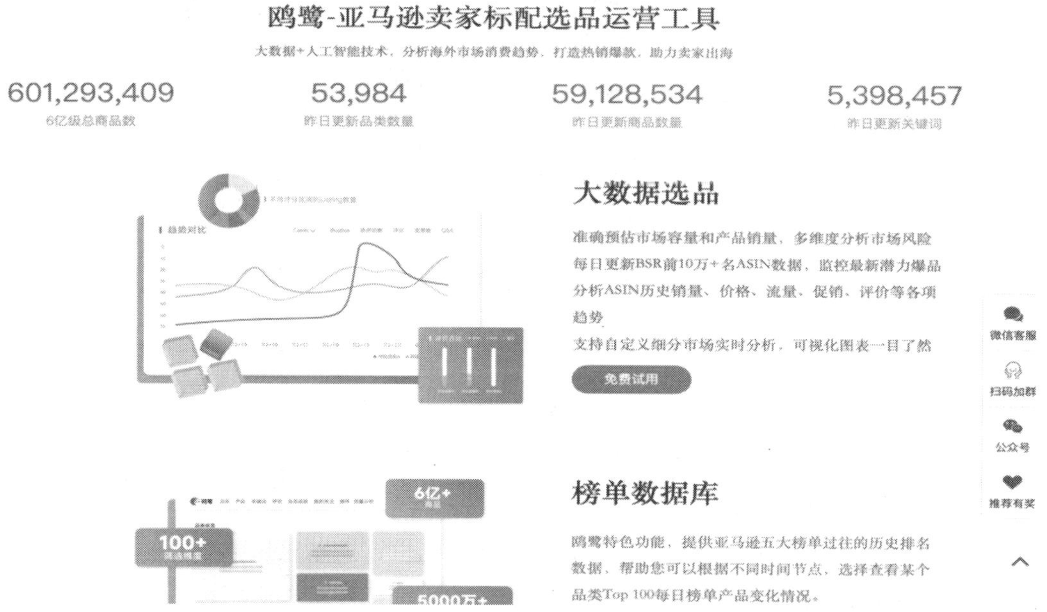

图 9－2　某专业选品工具

3. 确保产品不存在侵权问题

跨境电商卖家在选品环节要考虑产品的知识产权情况，避免产品侵权问题。卖家在海外销售自研产品时要查询产品商标等是否已经被注册使用。卖家销售从供应商处采购的产品时，要获取相关专利授权，确保手续合规、完整，避免因产品侵权导致纠纷。

4. 确保产品质量合格

跨境电商在选品环节要注重产品质量，严把产品质量关。跨境电商平台上很多低价、销量大的店铺发生客户纠纷的数量也较多，纠纷原因集中在产品质量不过关、产品不耐用等方面。跨境电商要积极与供货商沟通，确保产品来源稳定与产品质量过关，利用高质量产品给顾客留下好的印象，树立良好的企业形象，增加客户回购率，减少因质量问题引起纠纷而造成的不良影响。

二、销售环节客户纠纷预防策略

1. 商品展示图清晰、真实

跨境电商卖家在上传商品主图时，首先要符合跨境电商平台的规定，部分平台在产品拍摄的背景、像素等方面存在要求。其次，进行商品拍摄时要多角度地拍摄，并对商品细节进行呈现和展示，以便顾客从展示图中获取所需信息。最后，拍摄出的展示图不应过度美化，确保商品实物与图片不存在较大色差、尺寸差异等，同时在详情页面对商品进行全面的展示与说明，避免因图片与实物不符而导致客户投诉。图 9 - 3 是亚马逊网站上某品牌保温杯的细节图展示，卖家从不同角度展示商品，顾客能够在网页中放大商品细节，使得顾客获取更多信息，促成购买。

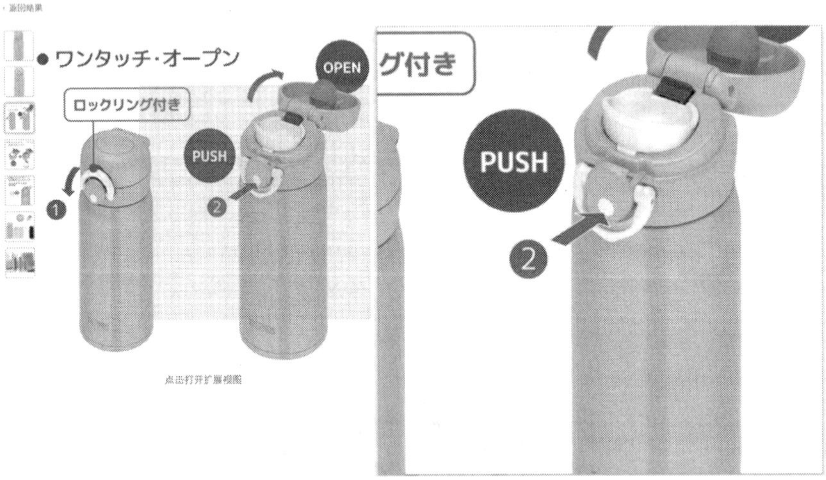

图 9 - 3　某品牌保温杯商品展示

2. 准确填写商品相关信息

跨境电商卖家要了解所售商品，以确保能够准确填写商品属性信息，同时对消费者释放更多有关商品的信号，例如商品的颜色、包装、邮寄方式、所用材料、注意事项等信息。准确填写商品信息可以使卖家避免因信息填写错误或引起歧义而陷入纠纷；同时，准确填写商品属性信息也有利于客户在进行商品搜索时高效地找到符合自己预期的商品，提高客户完成订单的概率。

3. 设计客户咨询的解答模版

客户在遇到疑问或感到不满时通常会联系店铺客服人员，跨境电商应根据自身所售的商品特点提前考虑客户在购买过程中可能会出现的问题，并设计解答方式，便于为客户更有效、更迅速地解决问题。例如，饰品店铺经常发生因为产品有瑕疵或有色差而引发顾客纠纷的问题，针对此类情况，卖家应该在商品详情页列明客户未收到货物或收到货物之后有问题时的处理流程，让客户知悉处理方式，同时在客户联系客服时要求店铺客服按照设计的模板进行回答，避免加重客户的不满和愤怒。

4. 注重包装材质与质量

由于跨境电商的邮寄距离通常较远、所需时间较长，因此商品的包装应做到能够保护货物的安全，避免货物在运输途中因颠簸或磕碰遭到破坏。对于易碎商品，跨境电商卖家应采取充气包装或在包装箱内塞入减震纸团，并对商品与包装箱进行相对固定，同时还要在包装箱外注明“易碎”标识。注重包装质量能够减少客户因商品包装不当而导致货物受损提起纠纷，增加顾客对店铺的认可与信任。

5. 商品包装符合客户要求

跨境电商的客户有时可能会要求店铺对商品包装进行特别设计，例如在节日、纪念日等特殊日子时客户可能会要求卖方提供礼盒包装并在包装内侧放置祝福卡片或在包装外印制祝福语等。在此类情况下，若卖方未能按照要求进行包装则可能会引起客户的不满从而导致发生纠纷。在不能按照客户要求进行包装时，要及时明确地告知客户并协调解决方案。除此之外，商品的包装要根据不同国家客户的风俗习惯、文化禁忌采取有针对性的处理，尤其是对图案、色彩、数字等包装细节要充分尊重各国家民族的喜好，尊重其文化，避免导致客户纠纷。

6. 利用商品包装传递信息

跨境电商平台卖家为了给客户提供良好的售后服务，一般会在包装上印有店铺的相关信息，如店铺的品牌名称、联系方式、店铺二维码等。以上标识信息有利于客户收到货物后向卖方反映意见和建议，加强买卖双方的沟通交流，有利于更有效地维护客户。

三、物流环节客户纠纷预防策略

1. 根据配送时间要求选择物流方式

跨境电商平台的卖家应对不同国家市场的特点进行综合考虑选择物流方式，最大限度地提高物流的时效性，减少清关及配送等环节给跨境出口造成的影响。例如，对于我国跨境电商卖家而言，运往美国的包裹通常选择覆盖范围广、物流成本较低、清关稳定的邮政包裹，顾客一般 20 天左右收到货物；运往欧洲的包裹，一般选用运输较快的顺丰等商业快递。此外，跨境电商企业也应该积极利用海外仓库，通过空运或海运将产品运至海外仓库，再由当地车辆将产品从海外仓库配送至消费者手中，大大缩短配送时间，提升客户满意度，改善客户购买体验。

2. 准确追踪物流信息

跨境电商卖家可以与专业的跨境第三方物流公司合作，并结合不同客户需求，采用智能分单系统，根据目的国、重量、品类选择最佳的物流配送模式，为客户提供高效、快捷、个性的境外物流方案。同时要确保可以有效地追踪包裹物流信息，让客户在等待商品的时间里及时掌握发货、配送进度，提升客户满意度。

3. 妥善处理退回或配送失败的包裹

跨境电商卖家需要与客户核对收件信息，保证物流单据上买卖双方的物流地址完整、准确，同时还要与可靠的物流公司合作，确保用于邮寄的标志条形码可被识别，并且提供商品税号；当商品被海关要求退回时，假如该商品本身价值小于等于物流费用，就地销毁，避免为企业带来更大成本；在目的国境内投递遭遇退回或妥投失败的包裹，卖家应及时与顾客联系询问地址是否正确或退件原因，并提供上门取件服务。建议跨境电商企业采用海外仓销售模式，此模式不仅能够避免清关麻烦，同时也能够提供快速的退换货服务，避免包裹直接退回卖方国内产生高额的物流费用。

9.7 跨境电商客户的流失与挽回

一、跨境电商客户流失的概念

跨境电商客户流失是指跨境电商客户为企业带来的价值减少的状态，不仅包括客户与企业完全中断业务关系，还包括客户减少对企业的产品或服务的消费，减少购买数量。客户流失可能是新客户的流失，也可能是与企业来往密切的老客户的流失，通常老客户的流失率小于新客户。

二、跨境电商客户流失的特点

1. 难以觉察

企业与跨境电商客户之间的关系建立标志是客户的首次购买行为，由于消费者与企业间属于非契约关系，客户在首次购买之后是否会继续消费往往难以判断，企业与跨境电商客户关系即使终止也很难被企业提前观察或意识到。

2. 流失率高

由于跨境电商的交易打破了地域限制，因此消费者购物时面对的可选商品范围更广，很有可能转而购买其他品牌或店铺的商品，而转向其他商铺或品牌几乎不存在转换成本，因此跨境电商客户的稳定性较差，流失率较高。

三、跨境电商客户流失分类

1. 从流失结果来看，跨境电商客户流失可分为完全流失和部分流失

完全流失是指客户不再购买该店铺的商品或服务，在一段时间内交易次数为零。部分流失是指客户在购买某店铺的产品和服务的同时也购买竞争对手的产品和服务，使得在某个时间段内客户在本店铺的交易相对减少。

2. 根据客户流失原因，跨境电商客户流失可分为自然消亡流失、需求变化流失、价格敏感流失和失望不满流失

自然消亡流失是指客户因去世、移民等，无法再享受企业的产品或服务。

需求变化流失是指客户自身的消费需求或偏好发生变化，不再需要原类型产品或服务。

价格敏感流失是指由于竞争对手的降价促销等营销活动，客户转为竞争对手的客户。

失望不满流失是指由于对跨境电商提供的产品或服务不满意，客户不再在该店铺进行消费。客户因失望不满而流失的具体原因可能是多方面的，例如：产品存在缺陷、客服态度欠佳、物流时效较慢等。

3. 根据客户流失的时间长短，跨境电商客户流失可分为缓慢流失和突然流失

缓慢流失是指客户在完全不在店铺进行消费前存在消费频率减少、消费金额降低的阶段过程。在这一过程中，如果跨境电商对客户消费行为的变化缺乏敏感性，则可能导致在不知不觉中失去客户。跨境电商企业应关注客户的消费记录，定期对客户的消费数据进行统计分析，及时发现问题，及时采取行动挽留客户。

突然流失是由于某些突发事件所引发的客户流失，在结束客户关系前毫无征兆。对于跨境电商而言，此类流失往往更加难以察觉与预防。

4. 从时间角度来看，跨境电商客户流失可分为永久性流失和暂时性流失

永久性流失是指客户终止了与企业的合作关系，不再发生消费行为。

暂时性流失是指客户在某一段时间内不购买店铺的产品与服务，但是过段时间又再次发生购买行为。对于暂时性流失客户，企业可以通过一定的策略进行客户挽回。

四、跨境电商客户挽回策略与原则

(一)防止跨境电商客户流失策略的制定原则

跨境电商企业在制定控制客户流失的策略时，通常考虑以下原则：

1. 可行性

跨境电商企业在制定策略时切忌凭空想象，制定出的策略都应该能够进行实操，策略具有可行性是策略能够具有挽回客户的实际效果的前提。跨境电商企业应计划好触达流失客户的方式、与客户沟通的工具，以及针对不同类型流失客户的具体话术等。

2. 时效性

伴随互联网与即时通信工具的发展，客户对跨境电商企业高效服务的要求也越来越强烈。跨境电商企业如果不能及时了解客户的需求、准确掌握客户动向，则可能导致客户流失。同时，针对流失客户制定的挽回策略必须能够起到立竿见影的效果，以免在未对客户采取挽回措施前客户已经被其他电商产品和服务吸引或成为其他店铺客户，导致挽回难度增加。

3. 针对性

在对跨境电商流失客户进行分析的时候，要进行有针对性的深入分析，如上文中提到，跨境电商客户流失的原因多种多样，各不相同。在制定防止客户流失的策略时应注意分清主次，把握对客户流失影响重大的因素，并根据重要因素制定防止客户流失的策略和挽回流失客户的策略。

(二)防止跨境电商客户流失策略的应用

跨境电商企业应在产品价格和质量、服务质量、客户满意度等方面全面发力，同时还要通过加强与客户的沟通、增强客户对店铺的印象、针对客户推出差异化个性化的产品与服务以及邀请客户通过给予建议等方式参与店铺运营管理等方面入手加强客户关系管理。同时，跨境电商企业还可以通过提高跨境电商客户的转移成本、降低机会成本来保留客户，防止客户流失。具体而言，跨境电商客服应通过多种渠道访问流失客户并尽可能进行客户挽回。挽回客户的具体行动包括：在发现客户流失后第一时间通过电话、短信、邮件等方式访问客户，访问客户时对客户不再在店铺进行消费的原因进行礼貌询问，若客户有对店铺不满意之处，客服应诚恳地表示歉意，并给予客户优惠券或小礼品进行弥补。在解决客户不满意的问题后，跨境电商客服还应该就店铺商品质量、商品种类、服务水平等方面询问客户的意见与建议，以便进一步提升店铺运营水平。在挽回客户之余，企业也应该制定防止客户流失的策略以及快速发现流失客户的措施，以最大限度地维持客户规模。

在防止客户流失及挽回客户的行动中，由于客户流失的原因不同，客户挽留的成功概率也不尽相同，客户挽留的价值亦不同。跨境电商企业应根据客户流失的具体原因类型选择是否对此类客户采取挽回措施。价格敏感流失的客户和失望不满流失的客户更有可能挽留成功，其中，挽留的重点应选择失望不满流失的客户。自然消亡流失或需求变化流失的客户一般无法成功挽回。

跨境电商企业不应该一味地挽回流失客户，相反，适度的客户流失可能更有利于跨境电商企业的良性发展，企业需要做的是将客户流失率稳定维持在较低的水平。当客户经过客观评估已经转变为低价值客户，或挽留客户的成本已经远低于客户能够为企业带来的利润贡献时，企业应主动放弃该客户从而提高企业的整体盈利水平，提高企业有限资源的利用效率，优化资源配置。

本章小结

本章以跨境电商客服应知应会的内容为主，围绕跨境电商客服工作内容进行介绍，从客户开发、客户管理、客户维护等方面进行理论知识与实用技巧讲解，帮助读者更好地了解跨境电商客服这一岗位及工作所需技能。

复习与思考

一、单选题

1. 以下不属于品牌忠诚行为类别的是（　　）。

A. 完整忠诚　　B. 转换忠诚　　C. 偶然变换　　D. 潜在忠诚

2. 以下属于客户更换购买店铺时的情感转换成本的是（　　）。

A. 时间成本　　B. 利益损失成本

C. 品牌关系损失成本　　D. 学习成本

3. （　　）是客户分级的主要参考因素。

A. 消费习惯　　B. 为企业贡献的价值

C. 个性特征　　D. 购买次数

4. 以下不属于跨境电商客户消费需求特点的是（　　）。

A. 自由“吐槽”的需求　　B. 参与的需求

C. 购买个性化产品的需求　　D. 购买廉价产品的需求

5. 客户分级的主要目的是区分出（　　）以重点关注。

A. 普通客户　　B. A 级客户　　C. 关键客户　　D. 小客户

6. 以下不属于跨境电商开发潜在客户方法的是（　　）。

A. 发布需求信息　　B. 发送邮件

C. 上门拜访　　D. 主动联系有需求的客户

7. 以下哪项不是按流失原因进行的跨境电商客户分类？（　　）

A. 自然消亡流失　　B. 失望不满流失

C. 突然流失　　D. 需求变化流失

8. 以下哪项不是制定防止客户流失的策略时应注重的原则？（　　）

A. 简便性　　B. 针对性　　C. 时效性　　D. 整体性

二、案例分析

2017 年 7 月 4 日，一位巴西女客户在全球速卖通平台上购买了 2 件绑带式塑身美体内衣，并在订单留言处附上了个人税号。售后客服考虑到巴西海关非常严格，清关手续烦琐，为了不耽误客户的收货时间，便发站内信再三确认：“个人税号是否如实？包裹清关时能否安排有进口许可资质的进口商安排进口清关事宜？”但是，经过 5 天的等待仍未收到客户的回复，而平台的发货期限为 7 天。所以，卖家选择了中邮挂号小包进行发货，面单上提供客户税号，并通知客户已发货的信息。除快递类物流，其余物流方式到达巴西的基本等待时间为 2～3 个月。9 月 26 日，产品完成清关。9 月 29 日客户收到包裹。10 月 1 日晚，客户咨询售后，塑身衣如何穿戴。当时正值中国的国庆假日，售后客服均已放假休息。客户等待 2 天一直没有客服回复，认为客服工作效率低且不负责任，以及物流时间过长，从而向平台提出货不对板纠纷。

假设你是该店铺的客服人员，你会如何操作？

第10章 跨境电商风险及其管理

学习目标

- 掌握跨境电商风险的基本概念；
- 了解跨境电商风险的类型；
- 了解跨境电商法律风险的分类及特征；
- 了解跨境电商交易风险的分类及特征；
- 掌握跨境电商知识产权风险的定义；
- 了解跨境电商知识产权风险的类型及防范方法；
- 掌握跨境电商物流风险的定义；
- 了解跨境电商物流风险的类型及防范方法；
- 掌握跨境电商汇率风险的定义；
- 了解跨境电商汇率风险的类型；
- 理解跨境电商风险管理方法；
- 掌握跨境电商风险管理系统的定义；
- 了解建立跨境电商风险管理系统的要求。

关键概念

跨境电商风险　知识产权风险　汇率风险　物流风险　跨境电商风险管理系统

案例导入

2022年2月24日，俄乌冲突爆发，直接造成涉俄、乌跨境电商的物流运输、汇率波动、供应链风险。

相比于欧美、东南亚市场，俄罗斯、乌克兰所在的东欧地区开发潜力巨大，已成为中国跨境电商的新选择。2021 年数据显示，俄罗斯电商规模增至 425 亿美元，其中来自中国跨境电商的占比高达 93%。而乌克兰方面，中国跨境电商产品占乌克兰进口产品比重居于首位，规模达 109.7 亿美元，同比增长 31.9%。

然而冲突爆发后，跨境电商面对多重风险挑战：欧盟将 7 家俄罗斯银行从 SWIFT 系统中剔除，PayPal 暂停俄罗斯服务阻碍跨境结算通路，造成的交易风险使跨境电商蒙受结汇损失；通胀压力上升、俄罗斯卢布贬值带来的汇率风险导致跨境电商利润缩水；油价飙升、物流停滞带来的物流风险使跨境电商货物被迫滞留；未来欧美国家进一步制裁举措带来的政治风险迫使跨境电商寻求资源转移……

10.1　跨境电商风险概述

一、跨境电商风险的定义

跨境电商风险是指在跨境贸易过程中由于各因素变化导致跨境贸易主体成本或收益不一致，从而造成跨境电商在经营过程中遭受物质损失的可能性。相比传统出口贸易，跨境电商具有业务环节复杂、交易主体差异大等特点，使其风险更具有多发性、偶然性和复杂性。

二、跨境电商风险的类型

1. 政治风险

政治风险指的是一国发生的政治事件或者一国与其他国家的政治关系发生变化时对跨境电商造成不利影响的可能性。跨境电商作为对外贸易转型升级的一种新形式，各国的对外贸易政策直接影响着跨境电商的交易规模和数量。跨境电商政治风险通常包括政策变动风险、政治动荡风险、贸易壁垒风险以及主权违约风险等。

（1）政策变动风险。

政策变动风险是常见的跨境电商政治风险之一。在市场经济条件下，受价值规律的影响，跨境电商企业不可避免地在竞争机制下争夺市场资源、争取市场规模的最大化，而这种行为具有触犯国家有关政策的风险；同时，跨境电商作为对外贸易的组成部分，也具有打破渠道垄断、降低交易成本、促进产业结构升级、打造品牌国际知名度、提升国家对外开放水平等优点。国家依据宏观经济条件以及跨境电商市场情况，通过调整其对外贸易相关政策来限制、约束或鼓励、刺激跨境电商经营活动。

对于国内而言，政策变动通常包括出口退税或补贴政策的调整、海关监管政策的变化、外汇政策的变化等；对于国外而言，在一般性政策变动风险的基础上，还包括政权更迭、政治动荡、贸易壁垒影响下的政策变化。

拓展案例

英国脱欧对跨境电商的影响

2020 年 1 月 31 日，英国宣布正式退出欧盟。对于跨境电商而言，英国脱欧带来的政治风险将从仓储配送、商品合格认证、品牌注册、增值税法规等方面产生影响。

从仓储配送方面来看，自 2021 年 1 月 1 日起，英国正式退出欧盟单一市场及海关联盟，英国和欧盟间设立海关边境，因此跨境电商如亚马逊正式停止英国与欧盟间的边境运输配送，两者将分别使用不同的仓储限制规则；从商品合格认证方面来看，制造商对英国销售的商品需更改商品合格认证标志（使用 UKCA 标志取代此前的 CE 标志）；在品牌注册方面，脱欧后英国与欧盟不再有统一品牌认证，跨境电商卖家在注册品牌时需注册英国与欧盟两个品牌，已有欧盟品牌的卖家将自动分裂出一个英国品牌供其在英国销售使用；在增值税法规方面，英国自 2021 年 1 月 1 日起实施一套新的增值税法规，需要跨境电商卖家提前做好应对。

（2）政治动荡风险。

政治动荡风险包含战争、内乱、冲突、恐怖活动等暴力行为带来的风险，通常会直接导致跨境电商贸易正常经营活动的中断或停止，且由于暴力行为的突发性和规模性，其造成的影响往往对跨境电商企业的实体资产具有更大的危险性和破坏性。但是，由于受局势动荡影响下的地区往往有着较低的准入门槛和较弱的市场竞争，跨境电商在其中的经营活动可以获得相对更高的回报，因此也有相当数量的跨境电商企业选择在存在暴力风险的区域开展经营活动。

政治动荡风险同样包含国家因政局不稳、政权更迭等原因带来的风险。政权频繁更迭不仅会造成跨境电商贸易政策的方向改变，更会因其政治制度缺陷带来主权债务危机、金融危机等多重风险，对跨境电商企业造成的间接伤害显而易见。

跨境电商企业应当正视政治动荡风险的存在，切不可报以侥幸心理，对自身、市场、国家造成不可避免的损失。

（3）贸易壁垒风险。

跨境电商面对的贸易壁垒风险指的是一国对外国跨境电商企业商品进口所设置的人为限制，即一国通过实行各种限制措施干扰市场竞争机制和正常商品流通。贸易壁垒通常包含关税壁垒和非关税壁垒。关税壁垒指的是国家对跨境电商企业征收高额进口税、各种进口附加税或其他起到同等效果的捐税，目的是限制和阻止外国跨境电商商品进口；非关税壁垒指的是国家对商品流通实施数量限制、对跨境电商企业实行各种歧视和特殊对待措施、对本国企业给予补贴、利用许可证人为划分市场范围等行为。

关税壁垒包括：关税减让、关税税则分类、关税高峰、关税配额等。非关税壁垒包括：进口许可、出口许可、进口配额、进口禁令、技术性贸易壁垒、出口限制、政府采购、补贴、自愿出口限制、当地含量要求、国家专控的进出口贸易、卫生与动植物检疫措施、反倾销、反补贴、保障措施、贸易救济措施等。

拓展案例

中美贸易战对跨境电商的影响

2018 年 3 月，美国特朗普政府出于减少美国对华贸易逆差、提升制造业就业率目的，宣布对进口自中国的产品征收约 600 亿美元的惩罚性反倾销关税，随后中国政府做出约 30 亿美元的报复性关税予以回击。随后 2018—2019 年的多轮中美磋商并未打消美国实施关税制裁的决心，美国“极限施压”，双方就三个核心问题（取消全部加征关税问题、贸易额问题、文本问题）出现重大分歧，谈判陷入停滞。2019 年 5 月 9 日，美国政府宣布，自 2019 年 5 月 10 日起，对从中国进口的 2 000 亿美元清单商品加征的关税税率由 10%提高到 25%，随后国务院关税税则委员会于 5 月 13 日决定，自 2019 年 6 月 1 日 0 时起，对原产于美国的部分进口商品加征 5%～25%的关税税率。

2019 年 5 月 10 日美国出台的关税清单涉及 6 031 项产品，内容涵盖了电机电气设备和机械器具等高端制造业行业，棉花、纸板纸浆、木制品等低端制造业产品以及食品、纺织品、家具等消费品，总体占据中国 2017 年向美国出口总额的 38%～46%。中国出口美国的跨境电商在这样的关税法案下面临着原材料涨价、税负成本增加等多重负担，骤然增加的贸易成本严重影响了出口企业的销售额以及利润率，为中国跨境电商成本优势带来压力。同时，在美跨境电商企业面临着更为严格的知识产权审查和物流冲击，增加了市场不确定性，负面影响很大。

（4）主权违约风险。

主权违约风险指的是跨境电商在他国经营过程中，东道国政策法规变动、贸易保护主义抬头造成对贸易协议条款的违反，具体体现为：政策法规变动、协议项目适用范围变动、撤销许可证、没收或征用跨境电商企业资产等。主权国家违约的主要原因包括债务危机、货币危机、财政危机、经济危机、政治危机以及政府还债意愿不足等几个方面，其深层原因是出于东道国优势，认为违约成本不高，于是选择牺牲本国对外贸易信誉而违背协议。

2. 法律风险

法律风险指的是跨境电商在经营过程中，由于本国或外国法律环境变动、区域性法律环境或国际法律环境变动对跨境电商企业造成损失的可能性。法律风险在狭义上强调商业银行所签署的各类合同、承诺等法律文件的有效性和可执行能力，在广义上强调与法律风险类似或密切相关的风险，包括外部合规风险和监管风险。跨境电商企业在一般企业法律风险的基础上，更要关注东道国对外法律风险，如以下法律的变动风险：外国投资法、外国公司经营法、营销和销售法、外汇法、环境法、互联网和电子商务法、合同法等。

（1）政府监管风险。

政府监管风险是跨境电商法律风险的一种。通常外国政府在国际贸易一般进出口业务中的监管对象是当地经销商和零售商，然而跨境电商业务的出现打破了传统监管模式的流程。由于跨境电商企业在境外直接作为经销商和零售商，外国政府对跨境电商的监管不再通过境内企业加以传导，其监管结果直接影响到企业的日常经营和现金流，法律后果随处理周期加快而更为严重。

2018 年 11 月 30 日，商务部、发展改革委、财政部、海关总署、税务总局、市场监管总局六部门联合发布《关于完善跨境电子商务零售进口监管有关工作的通知》，通知要求跨境电商企业：

承担商品质量安全的主体责任，并按规定履行相关义务，应委托一家在境内办理工商登记的企业，由其在海关办理注册登记，承担如实申报责任，依法接受相关部门监管，并承担民事连带责任。

承担消费者权益保障责任，包括但不限于商品信息披露、提供商品退换货服务、建立不合格或缺陷商品召回制度、对商品质量侵害消费者权益的赔付责任等。当发现相关商品存在质量安全风险或发生质量安全问题时，应立即停止销售，召回已销售商品并妥善处理，防止其再次流入市场，并及时将召回和处理情况向海关等监管部门报告。

履行对消费者的提醒告知义务，会同跨境电商平台在商品订购网页或其他醒目位置向消费者提供风险告知书，消费者确认同意后方可下单购买。

建立商品质量安全风险防控机制，包括收发货质量管理、库内质量管控、供应商管理等。

建立健全网购保税进口商品质量追溯体系，追溯信息应至少涵盖国外启运地至国内消费者的完整物流轨迹，鼓励向海外发货人、商品生产商等上游溯源。

向海关实时传输施加电子签名的跨境电商零售进口交易电子数据，可自行或委托代理人向海关申报清单，并承担相应责任。

（2）知识产权风险。

知识产权风险指的是跨境电商企业在生产经营过程中，有关知识产权事项的不确定性或者管理不当造成的负面影响，以及潜在的因侵犯知识产权而造成的损失。知识产权风险包括专利风险、商标风险、著作权风险及商业秘密风险等，既包含侵犯他人专利、商标、著作权的风险，也包含被侵害专利、商标、著作权的风险，以及商业秘密流失、被非法占有的风险。应当注意的是，知识产权的保护具有地域性，跨境电商企业极有可能遭遇其国内销售的、具有合法知识产权的产品在国外并不能合法销售的情况，因此企业应当将知识产权风险防范作为知识产权管理的重要内容，建立健全知识产权风险防控体系，有效规避各类知识产权风险，以保障企业可持续发展。

跨境电商企业主要是通过第三方平台销售，平台对于知识产权纠纷的处理有着很大程度的主导权。各主要跨境电商平台知识产权规则如下：

全球速卖通：若用户发布、销售涉嫌侵犯第三方知识产权的商品，则有可能被知识产权所有人或者买家投诉，平台也会随机对商品（包含下架商品）信息进行抽查，若涉嫌侵权，则信息会被退回或删除，并根据侵权类型执行处罚。商标、著作权、专利权一般违规处理办法为：首次违规扣 0 分，其后每次重复违规扣 6 分，累计达 48 分者关闭账号。严重违规处理办法为：三次违规者关闭账号。此外，当用户侵权情节特别显著或极端时，全球速卖通有权直接关闭用户账号、冻结用户关联国际支付宝账户资金及全球速卖通账户资金。

阿里巴巴国际站：用户不得利用网站服务从事侵犯他人知识产权的行为，包括一般侵权行为和严重侵权行为，处罚如下：官方抽检发现侵权扣 2 分，店铺不当使用他人权利大于等于 2 次扣 6 分。严重侵权行为 1 次限权 7 天、2 次限权 7 天、3 次关闭账号。扣分达 60 分或售假 3 次，关闭账号，视情况给予账号限权、限制发布商品、屏蔽商品或店铺、关闭账号等处罚。

亚马逊：用户如果发现侵权行为，可以通过亚马逊平台进行投诉。如果对收到的投诉有异议，被投诉者可以回复收到的投诉通知，提出申诉。若卖家销售或供应假货，亚马逊将会立即暂停或终止其亚马逊销售账户（以及任何相关账户），并销毁其在亚马逊运营中心存储的所有假货库存。

eBay：发现侵权行为后，权利人可通过 VeRO 举报，随后平台给商家发送邮件，说明侵权原因以及如何与侵权人取得联系。若举报成功，eBay 下架侵权产品、没收侵权者 eBay 费用、取消“超级卖家”资格、限制或冻结卖家账户；侵权行为严重的，参加知识产权考试评分达标才可以正常发布商品。

拓展案例

跨境电商涉“小猪佩奇”著作权侵权

2017 年上半年，“小猪佩奇”著作权所有公司开始在全球范围内主动打击涉及“小猪佩奇”的假冒商品及未经授权的活动，并通过港口扣押和市场突击在全球查获了 25 万件假冒产品，在阿里巴巴、Mercado Libre 和亚马逊等 40 多个主要电子商务平台下架了超过 5 万件侵权商品。

2018 年 8 月 20 日，杭州互联网法院对一起“小猪佩奇”著作权纠纷案进行网上公开宣判，案件原告为艾斯利贝克戴维斯有限公司、娱乐壹英国有限公司，即美国《小猪佩奇》(Peppa Pig) 著作权登记及登记证书、中国国家版权局《佩奇、乔治、猪爸爸、猪妈妈》(Peppa Pig，George Pig，Daddy Pig，Mommy Pig) 著作权登记及登记证书所有者，被告为汕头市聚凡电子商务有限公司（以下简称聚凡公司）、汕头市嘉乐玩具实业有限公司（以下简称嘉乐公司），前者在其淘宝店铺中大量销售印有涉案作品“小猪佩奇”人物形象的玩具，而后者则是该玩具的制造商。原告认为，聚凡公司未经许可销售涉案被控侵权产品并展示图片，嘉乐公司未经许可生产、销售涉案被控侵权产品，已严重侵害其享有的美术作品著作权。

杭州互联网法院认为，生产商嘉乐公司侵害涉案美术作品的复制权、发行权，销售商聚凡公司侵犯了作品发行权、信息网络传播权，二者均应承担停止侵权、赔偿损失的民事责任。因此判决聚凡公司、嘉乐公司立即停止销售、生产侵犯原告著作权的“小猪佩奇厨房小天地”玩具，聚凡公司赔偿经济损失 3 万元，嘉乐公司赔偿 12 万元，共计 15 万元。

（3）海关事务风险。

海关事务风险指的是跨境电商企业在进出口申报缴纳关税时所面临的各类法律风险。海关是跨境电商企业最主要的监管机构，根据中华人民共和国法律法规规定，准许进出口的货物、进境物品，除法律、行政法规另有规定外，由海关依法征收进出口关税。

海关事务风险包含欠缴海关税风险、税率政策调整风险、商品归类风险、价格申报风险、原产地申报风险、未如实申报缴纳关税风险、海关稽查税款的补征与追征风险、海关退税风险、走私偷逃应缴税款风险等。其中特别应当注意的是欠缴海关税风险。《中华人民共和国海关法》第六十条明确规定："进出口货物的纳税义务人，应当自海关填发税款缴款书之日起十五日内缴纳税款；逾期缴纳的，由海关征收滞纳金。纳税义务人、担保人超过三个月仍未缴纳的，经直属海关关长或者其授权的隶属海关关长批准，海关可以采取下列强制措施：（一）书面通知其开户银行或者其他金融机构从其存款中扣缴税款；（二）将应税货物依法变卖，以变卖所得抵缴税款；（三）扣留并依法变卖其价值相当于应纳税款的货物或者其他财产，以变卖所得抵缴税款。海关采取强制措施时，对前款所列纳税义务人、担保人未缴纳的滞纳金同时强制执行。进出境物品的纳税义务人，应当在物品放行前缴纳税款。"而关税滞纳金则是在纳税义务人不按法定期限缴纳关税情况下由海关采取的课以金钱给付义务的措施。根据《中华人民共和国进出口关税条例》第三十七条，"纳税义务人应当自海关填发税款缴款书之日起 15 日内向指定银行缴纳税款。纳税义务人未按期缴纳税款的，从滞纳税款之日起，按日加收滞纳税款万分之五的滞纳金。"

（4）刑事风险。

跨境电商企业所面临的刑事风险主要为与走私相关的法律风险，其本质上是由海关事务风险所衍生的。与境内网店类似，跨境电商同样也存在"刷单"的情况，但是该"刷单"行为，因违反海关法规，逃避海关监管，而被判定为涉嫌走私普通货物、物品罪而定罪量刑，其风险远高于境内电商"刷单"的补税责任。因此跨境电商应严格防范构成走私或者走私犯罪的法律风险。自营模式下，跨境电商应做好供应链管理，同时保证所控制的物流企业的关务合规。在第三方商家入驻的模式下，跨境电商平台应对入驻商家的资质进行合理审查，保证交易的真实性和可追溯性，必要时对失信商家实行惩戒措施，发现入驻商家的走私行为及时向海关部门披露并配合调查等，避免被认定为走私共犯。

拓展案例

跨境电商走私犯罪及走私违规风险

2015 年年初，李某指使 Z 公司的经理被告人冯某某、业务主管江某某、兼职人员刘某某利用 Z 公司可从事跨境贸易电子商务业务，对外承揽一般贸易的进口货物，再以跨境电商贸易形式伪报为个人海外购进口商品，逃避缴纳或少缴税款；同时，李某指使被告人程某某为 P 公司申请跨境贸易电子商务业务海关备案、开发正路货网，用于协助 Z 公司跨境贸易制作虚假订单等资料。

同年 6 月，冯某某、江某某与梁某某经密谋，由梁某某负责揽货，Z 公司负责在香港接货，并以上述伪报贸易方式报关进口货物，再在境内交付货物。其后，梁某某安排被告人李某 1 负责与货主、Z 公司联系，负责境内外交接货物、收付相关费用等具体事务。2015 年 8 月，被告人王某委托梁某某以上述伪报贸易方式报关进口货物、在境内交付货物，梁某某遂将相关业务交由 Z 公司操作。之后，李某 1 将王某提供的装箱单、发票等资料转交 Z 公司江某某，由 Z 公司安排人员在香港接收货物并运至广州白云机场，江某某利用正路货网制作虚假个人订单信息，并通过冯某某非法获取的韵达快递单与个人订单结合生成虚假的物流信息，再由刘某某利用易某科技（北京）有限公司结合上述虚假信息制作虚假支付信息，最后由刘某某将虚假“三单”推送给海关部门，将一般贸易进口货物伪报为个人海外购进口商品，逃避缴纳税款。同期，李某还指使程某某设计相应程序批量将非法获取的个人信息导入上述的虚假个人订单中，并设计相应程序规避海关部门的监管。

从 2015 年 9 月至 11 月期间，Z 公司及冯某某、江某某、梁某某、刘某某、李某 1、王某、程某某利用上述方式走私进口货物共 19 085 票，偷逃税款共计人民币 2 070 384.36 元。

法院认为：被告单位 Z 公司与被告人梁某某、王某等人共同利用跨境贸易电子商务平台，将一般贸易进口的货物伪报为个人海外购商品，从而达到逃避缴税目的，其中，Z 公司大肆对外承接整批的货物报关业务，由其职员冯某某、江某某和刘某某相互配合、非法收购他人身份资料、快递单证等，勾结网络支付公司、跨境贸易商务平台等，制作虚假的个人订购信息、物流信息和支付信息，伪报为个人海外购商品并推送至海关部门报关进口，因此，Z 公司在走私活动中，直接违反海关规定、破坏关税管理秩序及偷逃关税，所处地位重要、所起作用重大，系共同犯罪中的主犯。判处被告单位 Z 公司犯走私普通货物罪，判处罚金 157 万元。李某作为 Z 公司的实际控制人，另案以走私普通货物罪被判处有期徒刑。

（5）税务风险。

税务风险指跨境电商企业的纳税行为不符合税收法律法规的规定，应纳税而未纳税、少纳税，从而面临补税、罚款、加收滞纳金、刑罚处罚以及声誉损害等风险，或企业经营行为适用税法不准确，没有用足有关优惠政策，多缴纳了税款，承担了不必要的税收负担。跨境电商出口企业主要面临的税务风险涉及增值税、企业所得税和个人所得税。企业应注意避免缺少增值税进项发票导致无法正常出口收汇、通过结汇到个人账户规避企业所得税、个人所得税未合规申报纳税等情况。

缺少增值税进项发票导致无法正常出口收汇：按照有关规定，出口环节如没有增值税进项发票，不仅不能退税，反而需缴纳 13％的增值税。许多跨境电商企业采购的无票货物无法正常报关出口和收汇，只能采用“0110”买单出口或者“1039”市场采购等方式解决出口通关问题。

通过结汇到个人账户规避企业所得税：居民企业应当就其来源于中国境内、境外的所得缴纳企业所得税，税率为 25％。目前部分跨境电商为了逃避高额税负，通过第三方支付机构收汇到境内个人账户，规避企业所得税是典型的偷税行为，将会面临很大的税务风险。

个人所得税未合规申报纳税：居民个人从中国境内和境外取得的所得，都需要缴纳个人所得税。工资薪金等综合所得税率为 3％～45％，经营所得税率为 5％～35％，其他所得税率为20%。目前很多跨境电商企业直接将收入汇入个人账户，但是个人收入未按照规定申报纳税。

拓展案例

跨境电商出口退税

2020年6月，为适应跨境电商国际贸易新模式，海关总署发布了《关于开展跨境电子商务企业对企业出口监管试点的公告》，增列“9710”（跨境电商B2B直接出口）和“9810”（跨境电商出口海外仓）两种监管方式代码，企业可通过跨境物流将货物运送至海外仓，再通过跨境电商平台完成交易，可采用跨境电商出口海外仓“9810”模式报关出口、申报退税。

中山市得莱卫浴科技有限公司从2020年下半年开始，主要利用亚马逊等跨境电商渠道扩展欧美国家的出口业务，出口浴室镜、镜柜、淋浴房等卫浴产品。2020年下半年，公司首笔跨境电商“9810”模式出口货物顺利通关，出口海外仓退税流程成功走通。

---

3. 交易风险

交易风险指的是参与跨境电商国际贸易的企业由于跨境线上支付平台、跨境物流系统引发的不确定性而造成损失的可能性。

（1）跨境电商支付风险。

跨境电商支付风险指的是跨境电商支付参与方未能遵守相关支付契约（违约）导致收款方未能及时、全额、顺利和无新增成本收回交易款项而导致利益损失的可能性，收款方因自身因素导致的收款风险除外。

支付参与方包括付款方、中介方和清算方。相关支付契约包括跨境电商交易契约中的支付条款，中介服务协议、清算服务协议及其支付参与方各国法律、行业规范和惯例。利益损失包括收款方经济利益损失和精神利益损失。其中，经济利益损失包括直接的应收款项、新增成本损失和间接的经营机会成本、商务延时责任成本等。

（2）跨境电商物流风险。

跨境电商物流风险指的是跨境电商在进行商品物流转运、交接、存储过程中，潜在的实物资产蒙受损失的可能性。目前，跨境电商物流包括传统跨国物流、邮政小包、专线速递、海外仓及多式联运五种模式。影响物流网络协同效应的主要因素包括物流成本、物流效率、物流损耗和物流信息等。跨境电商物流运输时间长、距离远，增加了通关、商检、退税结汇、海外仓储等环节，同时各国国情有所差异，物流设施有明显区别，这些因素都在极大程度上提高了跨境电商物流风险产生的可能性，也对跨境电商物流服务质量及效率提出了更高要求。

拓展案例

跨境物流公司瞒报商业件申请通关

2022年5月，某知名物流公司发布《关于日线经营部2021年异常损失处理结果通报》。通报显示，该公司 2021 年 10 月 11 日柜子被日本海关查验，2021 年 10 月 21 日再遭查验，出现货不对板、货证不一现象，相关负责人出于侥幸心理并未向上反馈，直至 11 月 8 日才暂停收货，但此时已有 91 个柜子涉及被查，且报关代理商无法提供抬头，造成柜子超期产生大量堆积费，随后历经 166 天才处理完全部柜子。

该事件不仅造成物流公司 1 100 万元的直接经济损失，而且有 640 家跨境电商客户货物涉及其中，造成的经济损失和账号风险无法弥补。

日线与美线选择物流方式不同。自 2020 年 4 月 1 日起日本实行逆算税金，即以逆向计算方式征收关税。此前跨境电商销售到日本的商品在清关时采用税关事务管理人的方式进口，进口后所产生的销售额因为没有注册法人和申报主体，所以并没有在日本本土缴纳任何税金，而是作为利润转回至国内，但日本本土贸易商则需要缴纳综合税率达 25%～35% 的法人税及消费税等税种。所以，为了保护本土经营主体、避免不公平竞争，日本政府实施逆算，从进口环节全额收取消费税。逆算之后货物的申报价格大概在售价的 40%～80% 左右，税费大大高于原本申报方式缴纳的税额，这就造成了日线物流公司收费不一的现象，未合理合规缴税的物流公司在日本严苛的税法下面临巨额罚款及刑罚。

---

4. 市场风险

市场风险指的是跨境电商在市场交易过程中遇到因价格波动或汇率变化而造成损失的可能性。

（1）价格波动风险。

在跨境电商进出口贸易中，交易双方按照确定的价格水平和交割时间签订买卖合同之后，货物价格的变化会给参加跨境电商交易的某一方造成一定的经济损失，由此造成的风险被称为价格波动风险。在市场机制的作用下，跨境电商企业之间、跨境电商企业与境外企业间的市场竞争易造成价格波动，影响产品价格，甚至使企业陷入得不偿失的价格战，使跨境电商企业蒙受损失。

（2）汇率风险。

汇率风险是在一定时期的跨境电商经济交易中，以外币计价的资产或负债由于汇率波动而引起的价值涨跌的可能性。影响一国汇率波动的因素包括国际收支及外汇储备、利率、通货膨胀和政治局势等。当本币兑外币汇率降低时，外币对本国商品购买力增加，有利于跨境电商出口，不利于进口；当本币兑外币汇率升高时，外币对本国商品购买力下降，有利于跨境电商进口，不利于出口。

跨境电商完成交易过程的各阶段时效是影响汇率风险的重要因素。跨境电商支付流程为：跨境电商卖家展示商品及价格，用户下单购买商品，跨境电商卖家向支付机构请求支付，支付机构向银行请求支付，得到支付结果后再返回给卖家，卖家将商品支付结果返回给用户。跨境电商卖家例行结算流程为：跨境电商企业向支付机构请求结算，随后支付机构向外汇合作银行购汇，外汇合作银行向支付机构返回购汇结果，支付机构再向跨境电商卖家付汇。在上述支付、结算流程中，每一次返回结果所需的时间不等，如用户下单、商家发货到用户收货的物流时间通常需要 3～15 天；用户收到商品后确认收货时间因用户操作习惯而异，平台自动确认收货通常为 5～7 天。在此期间一旦汇率发生大幅变动，跨境电商就有蒙受损失的可能。

近几年东南亚市场发展较快，中国对东盟的进出口延续了增长态势。东南亚新兴市场货币价值波动较为明显，如印度尼西亚盾、泰铢等货币的汇率年波动率经常达到 20%～30%。汇率波动对跨境电商经营成果的影响越来越大，因此，能否管理好汇率风险对跨境电商来说十分重要。

拓展案例

美元汇率下降造成跨境电商损失

2021 年，美国持续的通货膨胀导致美元兑人民币汇率下降。2021 年 10 月 22 日，在岸人民币对美元汇率开盘拉升近 70 点，逼近 6.39 关口，与此同时，离岸人民币对美元直线走高，升破 6.39 关口。对于在美国销售商品的中国跨境电商卖家来说，持续走低的汇率不仅降低了销售净利润，令卖家结汇困难、造成直接经济损失，同时更是让其在定价上左右为难：汇率压顶逼迫跨境电商卖家只能通过涨价来维持利润，但涨价又意味着同行业其他卖家可以轻松使用降价打法占据市场，损失其艰苦争取来的海外市场份额。

类似地，2022 年 6 月，美国核心 CPI 同比增速创三十年新高。在美元对人民币汇率下降带来损失的基础上，跨境电商又面临了新问题：通货膨胀下，美国居民消费需求依然强劲，但更多人追求高性价比的单次消费，跨境电商平台退货潮涌现。面对商品退货，跨境电商还需考虑以下成本：退货产品的仓储成本，即卖家需要承担退货产品在仓库中的长期仓储费；商品损坏成本，即卖家收到的退回产品大部分本身存在问题；二次转售成本，即跨境电商卖家将仍可使用的商品转售到二手市场所需要的运输、运营、人力成本。

---

5. 运营风险

运营风险指的是企业在运营过程中，由于内外部环境的复杂性和变动性以及主体对环境的认知能力和适应能力的有限性，而导致的运营失败或使运营活动达不到预期目标的可能性及损失。

> **拓展阅读**
>
> RCEP框架下跨境电商面临的合规风险与挑战

（1）“刷单”风险。

“刷单”风险指的是不法分子帮助某些跨境电商卖家通过“刷空单”的方式，完成多笔虚假交易，从而使商家信誉迅速提升，因而造成跨境电商卖家受到法律制裁的潜在可能性。“刷单”产业链中，商家和刷手都要在“刷单”平台上注册信息，待商家在平台注册充值后，即可发布任务，会有刷手前来领取，佣金取决于商品价格和数量。除“刷单”之外，快递公司会将“刷单”所需要的空包装入橡皮筋或纸张，向网站提供从快递公司获取的邮寄空包和快递的真实单号，帮助企业维持高销售额、高好评率。

近年来，国家不断提出和要求建立电子商务信用保障体系，为电子商务健康快速发展保驾护航。2015 年，《国务院关于大力发展电子商务加快培育经济新动力的意见》提出："发展电子商务可信交易保障公共服务，完善电子商务信用服务保障制度，推动信用调查、信用评估、信用担保等第三方信用服务和产品在电子商务中的推广应用。" 2017 年，国家发改委、中央网信办和商务部联合颁布的《关于印发促进电子商务发展部际综合协调工作组工作制度及三年行动实施方案（2016—2018 年）的通知》也要求："推进电子商务信用体系、追溯体系及统计监测体系建设"。对于日益猖獗的"刷单"行为，此次会议明确将完善包容审慎监管，严厉打击假冒伪劣，依法保护商家和消费者权益，引导相关电商平台加强知识产权维权服务。

拓展案例

亚马逊大规模封禁中国卖家账号

2021 年 4—9 月，亚马逊开启大规模平台集中治理，关停大批中国跨境电商账号、下架产品。此次封号事件涉及约 1 000 家企业，5 万多个账号，预估损失超过千亿元，其中电商收款账户被冻结金额从数千万美元至数亿美元不等。其中有约 600 个中国品牌的销售权限被关闭，涉及这些品牌的约 3 000 个卖家账号，包括消费电子、日用、家居和运动品类商品。亚马逊提供的封号理由主要是商家的违规操作，包括操纵评论、"刷单"和违规账号关联等。2021 年 9 月 17 日，亚马逊回复说此次封号事件"非针对中国，申诉成功机会不大"。

2020 年由于中国率先控制住疫情，跨境电商逆市增长。然而亚马逊的大规模封号处罚远远超出以往的力度：一是对品牌彻底封禁，二是申诉极为困难，三是扣押账户资金和库存商品，不予退回或直接没收。中国亚马逊卖家大多采用 FBA（亚马逊物流）模式，即卖家需要将货物先发送到亚马逊仓库，销售资金在一段时间内存留在亚马逊收款账户，因此跨境电商卖家普遍现金流压力较大，业务开展受到压制。

拓展案例

浙江查处首例跨境电商"刷单"案

2017 年 11 月 27 日，美国新闻报道称：一位美国女士希文·麦基汉（Heaven McGeeha）接连不断地收到从中国寄来的不值钱的小包裹，包裹内都是很廉价的头绳，但该包裹并非她所购买的商品。由于该女士曾在中国全球速卖通平台购买过商品，因此怀疑是商家泄露了她的个人信息。

获取该线索以后，金华市市场监督管理局高度重视，立即成立专案组以一体化监管理念立案查处。经查，当事人义乌市 QS 公司是一家经营跨境网络交易的公司，该公司在全球速卖通、Wish 等跨境电商平台上共开设了 499 家网店，并使用 ERP 系统管理上述网店。2017 年 1 月，当事人为提升 Wish 平台上网店的信誉和销量排行，提高产品销量，采用将其他交易平台上的真实客户信息导出，雇用专人利用导出的真实客户信息在 Wish 网站上虚假注册、虚假下单，使用跨境物流发送包裹的方式进行虚构交易。2017

年1月份至案发时止，当事人采用上述方式，共虚假注册了3 999个Wish平台买家账号，虚构交易共计27 092单，仅2017年8月一个月就采用上述方式虚构交易3 121单，客户名为麦基汉的美国消费者一个月就收到空包裹29个。当事人通过虚假注册、虚构交易的方式，提升自己网店的商业信誉。其上述行为构成了《中华人民共和国反不正当竞争法》第八条的规定情形，属于虚构交易行为。对此，金华市市场监督管理局相关负责人表示，跨境电商“刷单”案件不是个例，需要多方协作进行整治。此外，“刷单”案件需要持续打击。无论境内平台“刷单”还是跨境电商“刷单”，此行为一方面侵犯了消费者的知情权；另一方面频繁多次地寄出低价无用的包裹，影响了消费者的正常生活。

（2）促销税务处置风险。

促销税务处置风险指的是跨境电商进口企业促销时提供优惠券，开展打折、满减等优惠促销活动，其价格优惠部分不计入完税价格而计征进口关税和进口环节税造成的潜在风险。《关于明确跨境电商进口商品完税价格有关问题的通知》（税管函〔2016〕73号）规定：对直接打折、满减等优惠促销价格的认定，应遵守公平、公开原则，即优惠促销应适用于所有消费者，而非仅针对特定对象或特定人群的，海关以订单价格为基础确定完税价格。在订单支付中使用电商代金券、优惠券、积分等虚拟货币形式支付的“优惠减免金额”，不应在完税价格中扣除，应以订单价格为基础确定完税价格。

此外，在采用“包税”（如采用DDP完税后交货术语）成交方式下，无论采用直接约定包税价格，还是发放包税券的形式，所报税款都不应从完税价格中扣除；如果跨境电商进口企业为降低所包税款而低报价格，则构成违规或走私。但需注意的是，在会计处理方面，跨境电商进口企业应参照商业折扣的方式进行处理，即以实际收取的款项确认销售收入。因此，跨境电商进口企业应如实、详细区分优惠促销的具体形式，准确申报完税价格和代征代缴税费；如果跨境电商进口企业自查发现批量订单有少缴税款情形，应尽快向所在地海关主动披露并后续补税，否则少缴税款累计到一定数额或次数时，将受到海关行政处罚，甚至构成走私。

（3）营销风险。

营销风险指的是跨境电商通过分销模式、返利模式等，使消费者以提供销售渠道、推荐客户等方式获得购物优惠或返利，该营销模式若没有建立在真实商品交易的基础上，则可能被认定为传销活动的风险。现实中，跨境电商经常采用佣金推广模式，即平台注册用户可将平台上销售的商品推荐给不特定的终端消费者，平台向终端消费者配送所售产品并提供售后服务，而用户可获取一定的推广佣金。由于此种推广模式以实际商品交易为支撑背景，消费者获取此种佣金并不违法。

但需注意的是，如果跨境电商经营者利用佣金推广模式开展没有真实商品交易背景的虚假销售，从而导致在经营者与消费者之间只存在资金流通关系而不存在商品交易，则很可能会被认定为《禁止传销条例》所界定的传销行为：组织者或经营者通过发展人员，要求被发展人员交纳费用或以认购商品等方式变相交纳费用，取得加入或发展其他人员加入的资格，牟取非法利益。因此，建议跨境电商经营者注意审核交易的真实性，以防止其营销模式被认定为传销活动或成为资金非法出入境的渠道。

10.2　跨境电商知识产权风险

一、知识产权风险相关概念

1. 知识产权

（1）知识产权的定义。

知识产权，也被称为知识所属权，是指权利人对其智力劳动所创作的成果和经营活动中的标记、信誉所依法享有的专有权利，一般只在有限时间内有效。各种智力创造比如发明、外观设计、文学和艺术作品，以及在商业中使用的标志、名称、图像，都可被认为是某一个人或组织所拥有的知识产权。

知识产权具有如下特性：

知识产权具有无形性。知识产权从本质上说是一种无形财产权，其客体是智力成果或知识产品，是一种无形财产或者一种没有形体的精神财富，是创造性的智力劳动所创造的劳动成果。

知识产权具有专有性，即独占性或垄断性。除权利人同意或法律规定外，权利人以外的任何人不得享有或使用该项权利。这表明权利人独占或垄断的专有权利受严格保护，不受他人侵犯。

知识产权具有地域性，即只在所确认和保护的地域内有效。除签有国际公约或双边互惠协定外，经一国法律所保护的某项权利只在该国范围内发生法律效力。

知识产权具有时间性，即只在规定期限受到保护。

（2）知识产权的类型。

知识产权主要分为专利权、商标权和著作权。

专利权，是指国家根据发明人或设计人的申请，以向社会公开发明创造的内容，以及发明创造对社会具有符合法律规定的利益为前提，根据法定程序在一定期限内授予发明人或设计人的一种排他性权利。

商标权，是指民事主体享有的在特定的商品或服务上以区分来源为目的排他性使用特定标志的权利。商标权的取得方式包括通过使用取得商标权和通过注册取得商标权两种方式。通过注册获得商标权又被称为注册商标专用权。在我国，商标注册是取得商标权的基本途径。《中华人民共和国商标法》第三条规定：经商标局核准注册的商标为注册商标，商标注册人享有商标专用权，受法律保护。

著作权，是指自然人、法人或者其他组织对文学、艺术和科学作品享有的财产权利和精神权利的总称。在我国，著作权即版权。广义的著作权还包括邻接权，《中华人民共和国著作权法》称之为与著作权有关的权利。

（3）保护知识产权。

保护知识产权，有利于调动人们从事科技研究和文艺创作的积极性。知识产权保护制度致力于保护权利人在科技和文化领域的智力成果。只有对权利人的智力成果及其合法权利给予及时全面的保护，才能调动人们的创造主动性，促进社会资源的优化配置。

保护知识产权，能够为企业带来巨大经济效益，增强经济实力。知识产权的专有性决定了企业只有拥有自主知识产权，才能在市场上立于不败之地。越来越多的企业开始意识到技术、品牌、商业秘密等无形财产的巨大作用，而如何让这些无形资产逐步增值，有赖于对知识产权的合理保护。

保护知识产权，有利于促进对外贸易，引进外商和外资投资。我国已于 2001 年 12 月 1 日加入世界贸易组织，履行《与贸易有关的知识产权协定》，保护国内外自然人、法人或者其他组织的知识产权。如果没有知识产权保护，我国就不能参与世界贸易活动。

《中华人民共和国对外贸易法》第五章对有关对外贸易知识产权保护做出规定：

国家依照有关知识产权的法律、行政法规，保护与对外贸易有关的知识产权。进口货物侵犯知识产权，并危害对外贸易秩序的，国务院对外贸易主管部门可以采取在一定期限内禁止侵权人生产、销售的有关货物进口等措施。

知识产权权利人有阻止被许可人对许可合同中的知识产权的有效性提出质疑、进行强制性一揽子许可、在许可合同中规定排他性返授条件等行为之一，并危害对外贸易公平竞争秩序的，国务院对外贸易主管部门可以采取必要的措施消除危害。

其他国家或者地区在知识产权保护方面未给予中华人民共和国的法人、其他组织或者个人国民待遇，或者不能对来源于中华人民共和国的货物、技术或者服务提供充分有效的知识产权保护的，国务院对外贸易主管部门可以依照本法和其他有关法律、行政法规的规定，并根据中华人民共和国缔结或者参加的国际条约、协定，对与该国家或者该地区的贸易采取必要的措施。

2. 知识产权风险

知识产权风险是指企业知识产权未来的不确定性对企业实现经营目标的影响。知识产权风险常涉及的是知识产权侵权风险，可分为专利权侵权、版权侵权及商标权侵权三种。

专利权侵权是指未经专利权人允许，以生产经营为目的实施依法受维护的有用专利的做法，以及其他法律规定的危害专利权人合法权益的做法。

版权侵权是指未经著作权人允许，又没有法律上的依据，运用别人作品或行使著作权人专有权的做法，以及其他法律规定的危害著作权人合法权益的做法。

商标权侵权是指没有经商标权人的允许，在商标权核定的同一或相似的产品上运用与核准注册的商标一样或相近的商标的做法，以及其他法律规定的危害商标权人合法权益的做法。

二、知识产权风险的类型

1. 研发期内的风险

研发期内的风险包括研发立项论证时没有对现有技术进行详细检索，导致了重复开发、自主开发成果无法使用的风险；研发结束后没有对研发成果进行有效保护，导致研发成果被他人抄袭、自身被授权专利被他人使用的风险。

2. 生产周期内的风险

生产周期内的风险主要是采购环节中供应商提供的产品、技术没有进行知识产权评估，可能导致对第三方知识产权的侵权；委托他人制造时未明确规定研发过程中所涉及的知识产权的归属、使用和保密，从而引起知识产权纠纷；对上游或下游单位未明确规定知识产权归属以及保密责任。

3. 销售期内的风险

销售期内的风险是指产品商标、广告语营销方案等在产品销售活动过程中，可能引发对他人知识产权的侵犯。

三、知识产权风险的防范

1. 加强知识产权保护意识

跨境电商企业应加强本企业的知识产权保护，建立专门的知识产权管理机构或聘请提供知识产权律师服务的专业机构，对企业知识产权风险定期进行评估，帮助企业及时发现可能存在的知识产权风险；充分了解产品销售目的国的知识产权相关法律制度和强制执行流程，提高企业员工的知识产权风险意识，在保护本企业知识产权的同时，自觉尊重和保护他人的知识产权。

2. 规避潜在知识产权纠纷

跨境电商企业应做好产品生产或销售前的知识产权检索工作。当前跨境电商企业大多为销售型企业，应在产品销售前，通过相关国家的商标局、专利局等网站，查询该产品所涉及的商标、专利等知识产权注册、许可使用等情况，防止因商标等知识产权已在他国注册而引发知识产权侵权；应确保许可协议和特许协议提供了监督条款，保证知识产权按预想使用，特许合同应要求被特许人向特许人共享任何对特许资产的改良和发展，被特许人、供应商、分销商必须报告所发现的侵权行为，同时监控被特许人、分销商的任何资产侵权行为以及当地生意伙伴可能泄露重大信息和资产的活动，要求员工恪守商业机密，在所有员工合同里加入“竞业禁止”条款；应使用最新技术最小化仿冒行为，并且持续更新技术和产品，保持企业竞争力。

3. 积极应对知识产权纠纷

跨境电商企业在发生知识产权风险后应积极主动应对知识产权纠纷。

对于跨境电商企业来说，如果已经收到相关律师函，权利人准备提起侵权诉讼，应当予以高度重视，切不可置之不理。若抱有侥幸心理，不仅电子账户易被法院冻结，在境外的其他资产也可能被冻结或者被法院强制执行以偿还司法裁判认定的赔偿金。这会极大地影响跨境电商企业的经营活动，对个人信用也会产生影响，由此造成一系列的不利后果。因此，面对侵权诉讼，跨境电商企业不应采取逃避的态度，而应当积极应诉，维护自身的合法权益，将损失降至最低。面对诉讼，跨境电商企业应当及时向政府部门或者律师事务所等专业机构进行咨询，在专业人士的建议和指导下委托职业律师与对方律师交涉。最重要的就是停止售卖涉嫌侵权的商品，防止侵权的进一步扩大，并根据律师的要求提供相应的文件和材料。

以亚马逊为例，若权利人遭遇侵权，可通过亚马逊举报违规行为工具维权。具体处理流程如下：（1）以临时禁令冻结电子商户的店铺和支付平台账户。临时禁令的有效期限很短，一般不超过 14 天，无须经过听证程序以防止被申请人在得知消息后转移财产或者毁灭证据等。（2）在临时禁令失效之前（通常一周之内），原告提出颁布初步禁令的动议，以确保听证后颁布的初步禁令能够与临时禁令无缝对接。（3）在颁布初步禁令后发出传票，被告通常须在 21 日内应诉（出庭，或递交答辩状），否则法庭做出缺席判决。通常，判决会在法院收到诉状之后的一个半月左右做出，赔偿金为 10 万～200 万美元不等。对于不积极应诉的被告，程序就此完结，其被冻结的支付平台账户中的资金即被划走作为赔偿金。而如果被冻结账户的资金不足以支付赔偿金，被冻结账户一般会被永久限制。而且，原告会持续监控被告的网上行为，一旦发现涉诉店铺的其他收款账号（甚至包括国内银行账户），原告会继续申请法院强制执行。

拓展阅读

跨境电商知识产权风险简析

10.3 跨境电商物流风险

一、跨境电商物流风险的定义

跨境电商物流风险可被定义为：跨境电商物流项目所处的外部环境和条件本身的不确定性或其他相关利益者内部在主观上不能准确预见或控制的影响因素的存在，使得物流结果与初始期望相背离，从而带来损失的可能性。

二、跨境电商物流风险的类型

1. 与跨境电商物流到达国政治相关的风险

跨境电商物流可能存在一定的潜在政治风险。涉外物流往往夹杂着国际贸易体制和政治体制的影响，甚至可能发生暴力事件和地区冲突，从而降低物流的效率。在法律风险方面，不同地区的政治环境不同，甚至存在较大差异，导致法律制度不同。在不同的法律制度下，跨境电商物流可能会出现业务冲突，影响物流业务的顺利进行。此外，对于跨境电商物流，物流配送国家和地区与跨境电商企业之间存在较大的文化差异，其市场需求发生变化、国内宏观经济的影响以及贸易保护主义政策的影响，都可能导致跨境电商企业在库存、仓储、运输等方面出现问题，进而影响跨境电商企业的经营管理。

2. 跨境电商物流自身存在的风险

跨境电商物流过程是指在跨境电商平台中，由国外卖方交付给买方，或由国内代购机构将货物交付给买方所涉及的一种物流过程。物流过程有三个环节，即海外物流公司的运输、中间转运公司的运输、国内物流公司的运输。商品的交易过程是在两国之间完成的。受时间、距离等因素影响，跨境电商物流运输的时间也会相应增加。跨境电商物流过程中多主体的存在增加了物流的时间、成本和损耗，也会再次增加物流的风险。那么，跨境电商物流自身存在的风险，首先是产生损失赔偿的风险，例如，货物在运输过程中可能会发生损坏、丢失，从而造成卖方的赔偿；其次是跨境物流效率下降的风险；最后是商品流通错误或丢失的风险。

3. 与跨境电商物流交易相关的风险

不同的跨境电商平台都有特定的支付渠道，然而，支付过程中可能存在支付平台的风险隐患、物流企业信用不良以及跨境支付信息不对称等问题。由此可见，跨境电商物流交易的相关风险涉及三个方面：跨境支付风险、信用风险和信息风险。在跨境支付风险方面，第三方金融机构已成为买卖双方的资金支付平台，支付平台本身存在一定的风险隐患。此外，若汇率发生变化，将导致物流服务成本发生变化。在信用风险方面，跨境电商在参与跨境物流交易时，可能遇到物流企业信用不良问题。在信息风险方面，跨境电商企业在物流交易过程中，由于支付信息的不对称，可能会出现信息泄露等问题，从而导致物流信息的丢失。

4. 与跨境电商物流合作方相关的风险

在跨境电商企业开展物流业务的过程中，本质上是跨境电商企业与物流企业之间的合作业务。入驻平台的跨境电商企业将物流业务外包给物流企业，双方的合作关系可靠与否会给跨境电商企业带来一定的经营风险。考虑到跨境电商企业物流过程的复杂性和长期性，物流风险几乎是不可避免的。因此，选择合适的第三方物流合作伙伴是在一定程度上规避物流风险的重要方法之一。

5. 与跨境电商物流海关通关相关的风险

由于跨境电商企业经营的商品均为跨境商品，海关需要对此类商品进行法律规定的查验和申报，所需时间较长，相关工作流程也较为复杂，易导致跨境电商物流的通关风险。海关对商品的查验效率受物流目的国商品查验的电子化水平、商品本身的特性、报关的及时性和买方信息等因素的影响。即使很多跨境电商企业选择物流预通关的方式，但在通关过程中难免会出现通关时效低的问题，最终导致货物无法及时发货。此外，在通关过程中，可能存在跨境商品商标侵犯知识产权的问题，使得跨境商品无法通过物流到达国内，从而影响通关的时效性。

三、跨境电商物流风险的防范

1. 加强目标市场评估与调研

为进一步防范外部环境风险，跨境电商企业必须提前做好物流风险预警和防控工作。对此，跨境电商的物流管理人员可以通过借鉴其他企业的物流管理经验，加强对目标市场外部环境包括政治、法律和自然环境风险的评估，做好防范预案。在遇到阻碍物流推进的事件时，应提前通知买家以最大限度地减少客户的投诉。此外，还应通过相应的数据分析，构建完善的目标市场法律政策体系，同时结合以往经验，提前分析可能出现的风险，提前做好风险防范工作。

2. 完善跨境物流信息系统

跨境电商企业在物流业务发展过程中，可能存在物流跟踪信息滞后、不能及时反馈的风险。因此，进一步加强跨境物流信息系统的安全性和稳定性显得尤为重要。跨境电商企业管理者应建设跨境物流信息系统，不断优化基础搭配，提高网络硬件的安全性，明确跨境电商物流的应用范围，开发专门针对跨境物流的配套软件。在软硬件结合的情况下，对物流运输数据进行实时监控，可以避免物流货物的丢失，提高物流数据和信息的安全性。

3. 建设适宜的跨境仓储体系

针对跨境电商企业物流业务中的物流风险，有必要加强自身跨境物流体系的建设，建设适宜的跨境仓储体系。海外仓是从本国出口通过海运、陆运、空运的方式将货物批量发送至国外仓库，实现本地销售、本地配送这样的跨国物流形式。跨境电商企业应借助相关数据分析判断是否建立海外仓，或是否租用、共享海外仓；若建立海外仓，则应选择合理的海外仓位置，或选择合适的海外仓使用方式，如租赁、共享等。针对物流过程中可能出现的损失，与买方协商通过海外仓库将货物交付给买方，可以大大降低物流风险。

2022 年 4 月 20 日，我国首个跨境电商海外仓标准《跨境电子商务海外仓运营与管理服务规范》实施，该团体标准是全国首个跨境电商海外仓标准，由中国服务贸易协会、浙江省电子商务促进中心、广州市商务局、宁波市商务局、宁波跨境电商综试区及海外仓相关企业等共同起草编制，首次规定了跨境电商海外仓企业的运营与服务管理范围、服务管理要求及服务管理规范等内容，对海外仓的关键概念、海外仓关键作业流程及规范等进行了厘定与明确，为企业海外仓建设提供了统一规范。

4. 签订物流合同、积极参与投保

为了防范跨境电商物流中可能出现的不确定性，跨境电商企业应采取法律手段保证自己的合法利益。在审慎选取具有良好信誉的合作伙伴的同时，跨境电商企业还应该在进行每一笔物流业务中都反复论证其在法律上的可行性，选取有经验的法律人士参与签订合同，确保合同合法性，明确划分双方责任。跨境电商物流本身存在着诸多不可避免的潜在风险，跨境电商企业应积极通过投保的方式转移风险，摒弃投保无用的错误观念，在考虑自身业务情况和经济实力的基础上选择合适的保险产品，签订保险合同。

拓展阅读

海运价格“高烧”不退 出口企业如何挺过这一波？

10.4 跨境电商汇率风险

一、跨境电商汇率风险的定义

跨境电商汇率风险指的是跨境电商经营过程中因汇率变动造成的风险。一笔跨境电商交易一般包括交易、支付结算、物流配送等配套服务环节以及监管部门监管等。从接收订单到采购、发货再到支付资金的时间差，会不可避免地出现汇率变动，将给企业带来影响。

二、跨境电商汇率风险的分类

跨境电商汇率风险主要涉及支付结算环节的汇率风险和物流配送环节的汇率风险。

1. 支付结算环节的汇率风险

支付结算环节涉及两种货币的转换和交易日、结算日之间的时间差。我国跨境电商支付结算主要包括人民币结算和外汇结算，主要外币结算货币为美元、英镑、欧元等。对于跨境电商企业来说，其在交易平台上售出商品所得到的收入要经由第三方支付机构向银行请求支付并返回支付结果。企业结算时，也依靠第三方支付机构向外汇合作银行购汇并返回结算货币。这样的支付结算环节必然存在购汇、付汇的时间差。而且由于第三方在收到买方确认通知后才会将资金支付给卖方，因此支付资金会在第三方支付平台上作为沉淀资金停留两到三周左右。这段时间出现的汇率波动变化将显著影响跨境电商企业的经营收入。

2. 物流配送环节的汇率风险

跨境电商物流从卖方发行地开始，经国内物流运送至海关，通关后又由国际物流到达目的国。在目的地国家，货物还要再通过目的国物流，最终传递至买方手中。通常，在消费者确定收货后，跨境电商平台上的货款才能转移到卖家账户中。因此，物流复杂的中间环节会拉长从买方支付到卖方收到货款的时间，增加汇率风险。现阶段跨境电商物流能做到的最快物流时间为 3～10 天；国际快递 DHL 的基本时效为 3～5 天，UPS、FedEx、TNT 约为 4～7 天，邮政 EMS 在 7～15 天，快递清关慢、货物排仓、恶劣天气、人工处理等因素也会延长物流时间。

三、跨境电商汇率风险的防范

1. 进行套期保值

企业在经营中可以综合运用财务手段和汇率管理工具，积极管理汇率风险，避免和减少汇率波动。套期保值指的是交易人在买进实际货物的同时，在期货交易所卖出相同数量的期货交易合同作为保值手段。跨境电商企业采用包括外汇远期、掉期等在内的套期保值方法，便可根据当前市场价格锁定未来外汇成本，减少价格发生不利变动的损失，避免汇率波动对企业的影响；此外，跨境电商企业还可以利用金融衍生工具（如外汇期权和期权组合产品等），既完成外汇保值，又可以从汇率变动中获利，从而提高企业对冲外汇风险的灵活性。

2. 完善跨境支付系统

跨境支付系统是跨国或跨境的金融机构资金清算通道，目前全球居主导地位的是以美元为主要载体的 SWIFT 系统。完善后的跨境支付系统可以有效降低汇率波动风险，解决目前清算效率较低、统计监测难度大、清算渠道复杂、境外风险传导等问题，支持跨境电商企业在境内进行银行卡清算，推动系统内使用同一种货币进行交易，可有效解决支付结算中的汇率风险。

3. 使用人民币交易

人民币跨境支付系统（CIPS）是专司人民币跨境支付清算业务的批发类支付系统，旨在进一步整合现有人民币跨境支付结算渠道和资源，提高跨境清算效率，满足各主要时区的人民币业务发展需要，提高交易的安全性，构建公平的市场竞争环境。人民币跨境支付系统建成后，全国支付系统运行平稳，社会资金交易规模不断扩大，支付业务量稳步增长。有条件的企业可以逐步使用该系统、使用人民币进行交易，以降低汇率波动的风险。

2022 年 6 月，人民银行印发的《关于支持外贸新业态跨境人民币结算的通知》加大了对外贸新业态的支持力度，完善跨境电商等外贸新业态跨境人民币业务相关政策，并将支付机构跨境业务办理范围由货物贸易、服务贸易拓宽至经常项下。

4. 利用海外仓

利用海外仓加快物流速度是规避汇率风险的重要途径之一。利用海外仓，跨境电商卖家可以一次性批量申报、运输货物，在销售目的地进行货物的仓储、分拣和派送。相比本国直发货物，海外仓可以提供更快的到货速度、更低的物流成本、更高的产品曝光率和下单率。对于无法承担建立海外仓高额成本的跨境电商企业来说，可以利用第三方物流企业建立并运营的公共海外仓，以规避其高额成本。

10.5 跨境电商风险管理

一、跨境电商风险评估

1. 当前跨境电商风险的主要特点

（1）政治风险不断升高。

当前，在新冠肺炎疫情反复、经济衰退的背景下，全球政治经济格局复杂演变，地缘性矛盾冲突加剧，骚乱、暴力、恐怖活动发生概率显著提高，跨境电商在国际市场上进行电子商务贸易活动的政治风险升高。同时，2008 年金融危机的影响延续至今，又叠加 2020 年疫情对世界经济的冲击，贸易保护主义抬头和逆全球化思潮泛起。当下，在各国采取积极有效的财政货币政策以恢复经济的同时，也有部分国家选择采取贸易保护主义的手段，维护本国企业利益，挤压外国企业生存空间，对跨境电商的发展带来不利影响。

对于跨境电商而言，政治风险的提高体现在：受地缘冲突波及，造成实物资产损失；外国政府采取关税壁垒和非关税壁垒限制跨境电商进口，如进口许可证制度、进口配额制等一系列非关税政策限制跨境电商自由进口等。

（2）经济走势较不明朗。

从宏观层面来看，全球正处于疫情冲击后的恢复阶段，经济形势仍存在很多不确定性因素。供给冲击、美国货币超发以及大宗商品价格上涨等原因造成的通货膨胀正快速传导至世界各国，给跨境电商的贸易活动带来更多不利影响。从微观层面来看，全球主要经济体抬高基准利率以抑制通胀，制造业中小企业融资成本增加，资金链条收紧，产业链供应链安全隐患突出。虽然近几年跨境电商依托网络交易平台有较快发展，但经济景气度降低也带动居民消费意愿降低，跨境电商市场或有缩小。

全球经济下行对跨境电商的影响在于：制造业下行，跨境电商产品供应端不稳定性提高；海外居民消费能力下降，消费需求萎缩，跨境电商产品销售额下降。

（3）知识产权监管收紧。

《与贸易有关的知识产权协定》是 WTO 规则体系的重要组成部分，旨在通过规则的确立与实施，充分有效地保护国际贸易中的知识产权，防止因对知识产权的无视或侵害而带来的贸易障碍及贸易扭曲。近年来，针对跨境电商的知识产权监管收紧。2019 年 11 月 24 日，中共中央办公厅、国务院办公厅印发的《关于强化知识产权保护的意见》中明确提出要研究建立跨境电商知识产权保护规则，2021 年 7 月 9 日国务院办公厅发布《关于加快发展外贸新业态新模式的意见》再次明确提出，要研究制定跨境电商知识产权保护指南，引导跨境电商平台防范知识产权风险。

跨境电商侵犯知识产权的后果包括平台针对违规跨境电商账号限权、删除账号、冻结账户资金；跨境电商企业面临本国、外国法律诉讼。

（4）汇率不稳定性增加。

美元是国际结算货币，美国的货币政策不仅影响美国当地的经济状况，而且对全球经济产生影响。美联储加息以抑制不断拉升的通货膨胀，对世界各国尤其是新兴市场国家带来货币贬值压力。而中国由于率先走出疫情，供应链恢复良好，有较强经济基本面支撑，同时财政货币政策较为独立，人民币相对具有升值趋势。跨境电商应注意美联储货币政策的放松或收紧对进口国与出口国之间的汇率影响，合理利用汇率变化下的有利条件，并注意避免因汇率波动带来的损失。

（5）市场竞争逐日加剧。

跨境电商行业参与者众多，中端、低端跨境电商企业面对的竞争压力进一步加剧。只有建立企业独有的品牌力、渠道力和运营力，跨境电商企业才能建立自身的核心竞争壁垒，在产品同质化背景下实现突围。同时企业应将视野转向增量市场，在日韩、欧美等海外市场已经得到充分开发的情况下，跨境电商也可以尝试在东南亚、非洲、拉丁美洲等尚未饱和的新兴市场开展业务，分散企业市场竞争风险。

2. 跨境电商风险管理方法

面对政治、经济等多重压力，跨境电商应针对当前国际电子商务以及跨境电子贸易的新特点，全面、有效、合理地评估风险，并以此建立准确而符合实际的风险评估机制，推动企业风险防范机制作用的发挥，从而实现企业的健康稳定发展。

跨境电商企业的风险管理应建立在规范自身经营活动的基础上。面向海外的跨境电商企业直接面对多变的国际形势以及复杂的贸易风险，更有必要以严谨的态度对待生产经营过程中可能出现的风险，不断借鉴其他跨境电商企业的成功管理经验，将风险管理结合于企业的经营实际中；充分考虑到经济周期、国际政治局势影响，正确认识国际、国内经济环境，对企业的经营环境、市场形势以及面临的挑战有充分的认识，抓住企业经营的主线，坚定盈利创效的目标，在严峻的外部环境下规避风险、克服挑战；熟悉本国及外国的法律法规、行业要求和风俗习惯，保证企业自身各项业务合法合规，资质文件和许可证件的经营范围和经营期限均在政府允许范围内。

跨境电商企业应增强风险防范意识，提高风险防范能力。有条件的企业可以设立研究部门，针对公司发展方向、主营业务进行政策性研究，制定稳健的公司发展规划；建立内控制度，确定成熟的业务操作模式，实现流程化、专业化、规范化的闭环管理，专设风控部门；关注平台、客户、代理商的资信情况，对其进行评估建档并保持档案更新。

跨境电商企业应在企业内部树立牢固的风险管理意识，加强员工风险防范教育，强化责任落实和制度执行；培养企业上下对于违规违约操作的认识，避免在经营过程中发生偏差；应当注重总结过去失败的经验教训，防范风险再次发生。

二、跨境电商风险管理系统

1. 跨境电商风险管理系统的定义

跨境电商风险管理系统是跨境电商用于处理现实的或者潜在的偶然损失，从而抵御偶然损失所产生的不利效应，降低风险成本的管理系统。

跨境电商风险管理系统的基本组成包含数据库、软件、硬件、人事四部分。其中，数据库是跨境电商风险管理系统的核心，是贮存基本信息的记忆库，企业应谨慎选择需要包含的数据类别以及每种数据类别所应搜集的数量，这些数据类别的多少以及数量取决于跨境电商企业认为是否能够满足可行决策，并定期修改和检查实际数据。

2. 跨境电商风险管理系统的要求

跨境电商风险管理系统的具体建设及管理要求如下：

（1）跨境电商企业应将信息技术应用于风险管理的各项工作，建立涵盖风险管理基本流程和内部控制系统各个环节的风险管理信息系统，包括信息的采集、存储、加工、分析、测试、传递、报告、披露等。

（2）跨境电商企业应采取措施确保向风险管理系统输入的业务数据和风险量化值的一致性、准确性、及时性、可用性和完整性。对输入系统的数据，未经批准不得更改。

（3）跨境电商风险管理系统应能够进行对各种风险的计量和定量分析、定量测试；能够实时反映风险矩阵和排序频谱、重大风险和重要业务流程的监控状态；能够对超过风险预警上限的重大风险实施信息报警；能够满足风险管理内部信息报告制度和企业对外信息披露管理制度的要求。

（4）跨境电商风险管理系统应实现信息在各职能部门、业务单位之间的集成与共享，既能满足单项业务风险管理的要求，也能满足企业整体和跨职能部门、业务单位的风险管理综合要求。

（5）跨境电商企业应确保风险管理系统的稳定运行和安全，并根据实际需要不断进行改进、完善或更新。

（6）已建立或基本建立跨境电商企业管理系统的企业，应补充、调整、更新已有的管理流程和管理程序，建立完善的风险管理系统；尚未建立企业风险管理系统的，应将风险管理与企业各项管理业务流程、管理软件统一规划、统一设计、统一实施、同步运行。

本章小结

本章主要介绍了跨境电商在经营中面临的多种风险，并详细阐释了其中最具代表性的知识产权风险、物流风险、汇率风险的定义、类别以及防范方法，并对跨境电商风险管理方法以及跨境电商风险管理系统加以阐释。

复习与思考

一、单选题

1. 跨境电商政治风险不包含：（　　）。

A. 政策变动风险　　B. 贸易壁垒风险

C. 海关事务风险　　D. 政治动荡风险

2. 下列属于贸易壁垒中的关税壁垒的是：（　　）。

A. 进口许可　　B. 出口许可　　C. 进口配额　　D. 关税减让

3. 造成他国主权违约风险的深层次原因是：（　　）。

A. 财政危机　　B. 货币危机

C. 违约成本不高　　D. 经济危机

4. 阿里巴巴全球速卖通对于特别显著的侵权行为的处罚不包括：（　　）。

A. 商标权侵权扣 6 分

B. 关闭用户账号

C. 冻结用户关联国际支付宝账户资金

D. 冻结用户关联全球速卖通账户资金

5. 居民个人从中国境内和境外取得工资薪金等综合所得，税率为：（　　）。

A. 3%～45%　　B. 5%～35%

C. 3%～35%　　D. 5%～45%

6. 影响一国汇率波动的因素不包含：（　　）。

A. 外汇储备　　B. 利率

C. GDP 同比增速　　D. 通货膨胀率

7. “刷单”指的是：（　　）。

A. 通过建立电子商务信用保障体系促进电子商务健康快速发展

B. 通过“刷空单”完成多笔虚假交易

C. 通过提高关税来保护本国产业

D. 通过提供销售渠道得到跨境电商返利

8. 跨境电商营销模式不包括：（　　）。

A. 返利模式　　B. 分销模式

C. 佣金推广模式　　D. 逆算佣金模式

9. 下面不属于知识产权的是：(　　)。

A. 商标权　B. 名誉权　C. 专利权　D. 著作权

10. 知识产权不具有：(　　)。

A. 无形性　B. 地域性　C. 专有性　D. 多样性

11. 知识产权风险的类型不包括：(　　)。

A. 海关通关的风险　B. 生产周期内的风险

C. 销售期内的风险　D. 研发期内的风险

12. 面对已经发生的知识产权纠纷，作为被诉讼人的跨境电商企业应当：(　　)。

A. 拒绝偿还司法裁判认定的赔偿金

B. 逃避知识产权权利人诉讼

C. 积极应对知识产权纠纷

D. 先行通过亚马逊举报违规行为工具维权

13. 防范汇率风险应当做的行为不包括：(　　)。

A. 进行套期保值　B. 规避潜在的知识产权纠纷

C. 使用人民币交易　D. 完善跨境支付系统

14. 跨境电商防范物流风险的方式不包括：(　　)。

A. 使用人民币交易　B. 利用海外仓

C. 进行套期保值　D. 完善物流信息系统

15. 跨境电商风险管理系统的基本组成不包含：(　　)。

A. 数据库　B. 软件　C. 人事　D. 附件

二、简答题

1. 跨境电商风险可分为哪几种类型？分别是由什么因素造成的？

2. 跨境电商知识产权侵权的主要类型都有什么？

3. 跨境电商面对的物流风险都有什么？如何防范物流风险？

4. 跨境电商风险管理系统包含哪几部分？建立跨境电商风险管理系统的要求有哪些？

参考文献

[1] 查贵勇．跨境电商主要经营及合规风险解析（上）．中国海关，2021（11）．
[2] 查贵勇．跨境电商主要经营及合规风险解析（下）．中国海关，2021（12）．
[3] 陈海涛，蔡勇．跨境电商多平台运营：规则、实操及案例．北京：中国人民大学出版社，2020．
[4] 龚文龙，王宇佳．跨境电商实务．2 版．杭州：浙江大学出版社，2022．
[5] 贺培．国际结算学．2 版．北京：中国财政经济出版社，2009．
[6] 柯丽敏．张彦红．跨境电商运营从基础到实践．北京：电子工业出版社，2020．
[7] 刘婷婷．浅析不同跨境电商平台的特点．现代营销（下旬刊），2017（8）：259．
[8] 逯宇铎，孙秀英．基于SD的跨境电子商务风险分析管理模型研究．商业研究，2017（12）．
[8] 罗俊，黄毅．跨境客户关系管理．北京：电子工业出版社，2018．
[10] 苏朝晖．客户关系管理——理念、技术与策略．4 版．北京：机械工业出版社，2021．
[11] 汤扬，武悦，董晓颖．全球数字贸易规则发展趋势及我国基本对策．互联网天地，2022（3）．
[12] 伍蓓．跨境电商理论与实务．北京：人民邮电出版社，2020．
[13] 肖旭．跨境电商实务．3 版．北京：中国人民大学出版社，2020．
[14] 徐进亮，李俊，丁涛．国际贸易单证实务与案例．北京：机械工业出版社，2015．
[15] 易传识网络科技．跨境电商多平台运营实战基础．3 版．北京：电子工业出版社，2020．
[16] 曾美艳．国际商务单证操作能力训练．天津：天津大学出版社，2009．
[17] 张燕．国际贸易单证实务．北京：清华大学出版社，2015．
[18] 赵薇．国际结算与融资．2 版．南京：东南大学出版社，2015．

图书在版编目（CIP）数据

跨境电商实务 / 刘春生主编. --北京 ：中国人民
大学出版社，2022.10
经济管理类课程教材. 国际贸易系列
ISBN 978-7-300-31044-2

Ⅰ.①跨… Ⅱ.①刘… Ⅲ.①电子商务—商业经营—
高等学校—教材 Ⅳ.①F713.365.2

中国版本图书馆 CIP 数据核字（2022）第 176643 号

经济管理类课程教材·国际贸易系列
跨境电商实务
主编 刘春生
Kuajing Dianshang Shiwu

出版发行	中国人民大学出版社		
社　址	北京中关村大街 31 号	**邮政编码**	100080
电　话	010－62511242（总编室）		010－62511770（质管部）
	010－82501766（邮购部）		010－62514148（门市部）
	010－62515195（发行公司）		010－62515275（盗版举报）
网　址	http://www.crup.com.cn		
经　销	新华书店		
印　刷	天津鑫丰华印务有限公司		
规　格	787 mm×1092 mm　1/16	**版　次**	2022 年 10 月第 1 版
印　张	18.25 插页 1	**印　次**	2024 年 11 月第 2 次印刷
字　数	414 000	**定　价**	42.00 元

教学支持说明

1. 教辅资源获取方式

为秉承中国人民大学出版社对教材类产品一贯的教学支持，我们将向采纳本书作为教材的教师免费提供丰富的教辅资源。您可直接到中国人民大学出版社官网的教师服务中心注册下载——http://www.crup.com.cn/Teacher。

如遇到注册、搜索等技术问题，可咨询网页右下角在线 QQ 客服，周一到周五工作时间有专人负责处理。

注册成为我社教师会员后，您可长期根据您所属的课程类别申请纸质样书、电子样书和教辅资源，自行完成免费下载。您也可登录我社官网的“教师服务中心”，我们经常举办赠送纸质样书、赠送电子样书、线上直播、资源下载、全国各专业培训及会议信息共享等网上教材进校园活动，期待您的积极参与！

2. 高校教师可加入下述学科教师 QQ 交流群，获取更多教学服务

经济类教师交流群：809471792

财政金融教师交流群：766895628

国际贸易教师交流群：162921240

税收教师交流群：119667851

3. 购书联系方式

网上书店咨询电话：010-82501766

邮购咨询电话：010-62515351

团购咨询电话：010-62513136

中国人民大学出版社经济分社

地址：北京市海淀区中关村大街甲 59 号文化大厦 1506 室　100872

电话：010-62513572　010-62515803

传真：010-62514775

E-mail：jjfs@crup.com.cn